GAODENG JIAOYU GUANLI YU XINLIXUE YANJIU

高等教育管理与心理学研究

吴 杰 张 帅 主编

文化发展出版社
Cultural Development Press

图书在版编目（CIP）数据

高等教育管理与心理学研究 / 吴杰，张帅主编 . —北京：文化发展出版社，2019. 12

ISBN 978-7-5142-2910-3

Ⅰ. ①高… Ⅱ. ①吴… ②张… Ⅲ. ①高等教育—教育管理—研究—中国②高等教育—教育心理—研究—中国 Ⅳ. ① G649. 21 ② G44

中国版本图书馆 CIP 数据核字（2019）第 274641 号

高等教育管理与心理学研究

主　　编：吴　杰　张　帅

责任编辑：唐小君　　　　责任校对：岳智勇

责任印制：邓辉明　　　　责任设计：侯　铮

出版发行：文化发展出版社有限公司（北京市翠微路 2 号　邮编：100036）

网　　址：www. wenhuafazhan. com　www. printhome. com　www. keyin. cn

经　　销：各地新华书店

印　　刷：阳谷毕升印务有限公司

开　　本：787mm×1092mm　1/16

字　　数：334 千字

印　　张：18.125

印　　次：2020 年 6 月第 1 版　2021 年 2 月第 2 次印刷

定　　价：52. 00 元

I S B N：978-7-5142-2910-3

◆ 如发现任何质量问题请与我社发行部联系。发行部电话：010-88275710

编委会

作　者	署名位置	工作单位
吴　杰	第一主编	苏州科技大学
张　帅	第二主编	苏州科技大学

前　言 PREFACE

21 世纪以来，高等教育在国家发展战略中的地位越来越突出，高等教育在经济社会发展中的作用也从间接推动转变为直接拉动，经济和社会发展比任何时候都更加依靠知识的更新、人们素质的提高、科技的创新及教育的发展。因此，世界各国均对高等教育改革予以高度的重视。

我国高等教育主要在新中国成立以后才有所发展，特别是改革开放以来，其积累和发展速度、成就以及影响之大为世人所瞩目。随着我国高等教育大众化提速，高校大量合并，高校招生体制改革引发了一系列问题，高等教育管理也面临着前所未有的挑战。同时，创新型国家建设与和谐社会目标的确立，科学发展观的实施与和谐文化的提出，也为我国高等教育发展提供了新的历史机遇。一定意义上说，一个国家的高等教育管理理论研究的发展状况折射并且决定着该国高等教育管理实践的整体水平。改革开放以后，我国才真正开始系统地进行高等教育管理研究并把它看作一门学科。从起步到成长，从摸索到明确，从经验总结到理论创建，我国高等教育管理学的发展踏过了一条不平坦之路。我国在高等教育管理的研究上，历经了经验总结与政策阐释到理论探索以及理性研究的发展阶段，走上了高等教育管理学学科建设与研究的正轨，涌现了一批特有标志性的研究成果。

教育心理学是教育与心理学相结合的产物。教育心理学的首要任务在于揭示学生掌握知识和技能、发展智力和能力、形成道德品质、培养自我意识、协调人际关系的心理规律，揭示学生的学习活动和心理发展与教育条件和教育环境的依存关系，从而使教育工作建立在心理科学的基础上，提高教育教学的科学性，促进教育事业的发展。

本书在编写过程中参阅了许多前辈及同行专家们的著作和文献资料，从中受益良多，在此谨向有关的编著者和出版者表示深切的谢意。由于我们的水平有限，编写的疏漏和错误在所难免，诚恳地欢迎大家批评指正。

目　录

CONCENTS

第一章　高等教育管理概述

第一节　高等教育管理的基本概念

一、管理的一般概念

管理一般是指在特定的环境下，对组织所拥有的资源进行有效的计划、组织、领导和控制，以便完成既定的组织目标的过程。学科体系的理论研究中提到过，管理是人们依据社会发展的客观规律和在特定历史条件下对各种规律的表现方式进行有意识地调节社会系统内外的各种关系和资源，以便达到既定的系统目标的过程。很显然，这两个方面的表述并不矛盾，只是表述的方式稍有差别而已。前面的表述直接一些，比较简练直观，后面的表述比较宏观一些，从社会系统的角度和方法进行表述。

管理的含义包括以下三个方面的内容：

第一，管理是为实现组织目标服务的，是一个有意识的、有目的的活动过程。管理是任何组织不可或缺的，但绝不是孤立存在的。只要有组织及其活动．就存在管理问题。就管理本身而言，管理不具有自己的目标，不存在为管理而管理，没有活动也就不存在管理问题，管理是依附于活动而存在的，组织活动的目标就是管理的目标，而管理是服务于组织目标的。

第二，管理活动是通过一系列相互关联的资源要素所进行的，管理工作就是要综合运用组织中的各种资源要素，通过计划、组织、控制等来实现组织目标，达到活动的目的效果，这就成为管理的基本职能。

第三，从管理本身来讲，管理活动应该按照自己的规律进行，但是，现实管理活动中的资源并不是孤立存在的，管理工作是在一定环境条件下进行的，管理是一种社会活动，有效的管理必须充分考虑组织的特定环境。

“一般管理理论”最早诞生在法国。当泰勒及其追随者正在美国研究和倡导生产作业现场的科学管理原理和方法的时候，大西洋彼岸的法国诞生了组织管理的理论，被后人称之为“一般管理理论”或者“组织管理理论”。与泰勒主要研究基层作业的管理理论不同的是，“一般管理理论”是站在高层管理者的角度研究组织管理问题，在此基础上，现代管理理论的研究发展很快，形成了许多管理的经典理论和理论体系。根据研究管理的对象不同，可分为广义的管理和狭义的管理。广义的管理可以是针对大自然中的万事万物的管理，狭义的管理只是针对某项具体活动，以及这些活动中的资源所进行的计划、组织、领导、控制，一般我们研究的管理是指狭义的管理，是指组织管理、行为管理、活动的管理。活动的结果，实际上是人的能动性的结果，管理的实质是人，是管理者与被管理者之间发生的矛盾的解决。既然这样，那么，管理就是管理者、被管理者、事项三方形成的特定的活动。

对于管理的分类，现代管理一般可以从多个方面来进行划分。一是从活动的规模与大小可以分为宏观管理和微观管理，二是从具体的活动的内容可以分为综合管理和专项管理。另外，从管理的形式上，又可以分为紧密管理和松散管理。当然，这些区分也只是相对的。

二、管理的基本理论

管理的基本理论是很多的，特别是随着现代社会的发展，人们的认识水平的不断提高，社会活动的不断丰富，社会财富与利益驱动机制更加强烈，新的管理理论在创新，在发展。而系统管理理论、人本管理理论、目标管理理论、标准化管理理论、组织管理理论、模糊管理理论、混合管理理论等只是众多管理理论中的一部分，他们既是管理的理论，也是管理的思想和方法。

（一）系统管理理论

系统管理理论指出，管理的任务就是协调系统中的各个子系统以及系统要素，以保持系统的动态平衡，取得系统最佳运行效果。这种管理理论及其方法的核心是把管理作为一个整体的系统，系统就要有系统要素，系统要素就是人、物、活动及其项目。这种管理理论和方法一般应用在大的军事战略、建设工程、大型活动（内容复杂、组织规模大、投入量大、长时间与长周期）较为合适，当然，这些也只是相对的，因为大和小本身就是相对的。

（二）人本管理理论

人本管理理论和方法是以人为中心的管理，实际上，这种管理理论与方法是最难以做好的，如果把握不好，甚至有时候还会出现偏颇。有效的人本管理实质是人的权力的利用和利益的分配，在这种过程中，既要尊重人，又要让人的潜能充分发挥，是一对很特殊的矛盾，往往有时候存在一个两难的矛盾。以人为本的管理目的就是发掘人的最大潜能，这种潜能并不完全是指被管理者的，同时也包括管理者，管理者的潜能是工作的积极性和表现出来的工作效益，被管理者的潜能是管理者的思想和艺术施加结果的体现，二者的结合才能达到管理的最大效果。人本管理理论虽然是一个相对比较早的管理理论，但是在实践中成熟应用的并不是很多很好。究其原因，传统的、单纯的人本管理理论十分强调管理的“人”这个素质，可以说，低素质的人是绝对运用不好人本管理理论的，一个管不好自己的人同样地也是管理不好别人的，更不用说有效地运用好人本管理理论。不过，现代的人本管理理论加入了一些新的元素，在人本管理中加入制度管理，人本管理加制度，形成一种新的意义上的人本管理理论，可以说是现代的人本管理理论的发展。

（三）目标管理理论

目标管理理论和方法是一种与利益相关联的刚性管理模式。这种管理理论和方法实际上是与价值理论密切相关的，甚至可以说是以价值理论为基础的。要有一个预先设置的价值目标，然后以这种价值目标的实现为核心而展开的管理活动。价值目标的认同是关键，是目标管理的前提。价值目标的确立也是十分重要的，价值目标必须通过全体成员认同，目标管理理论强调组织目标的制定要得到所有组织成员的认同，没有认同感的组织目标是不切实际的目标，是难以达到组织目标的。有人说目标管理只是注重结果，这是十分错误的，最新的目标管理理论不仅仅是注重管理活动的一头一尾，除了最先确定价值目标、最终对完成价值目标的检验结果外，还对过程实施严格监督，让目标按既定的方向完成，不要等到问题成了堆，最后成为一个很糟糕的结果，既成事实不是目标管理的目的，要让管理者与被管理者通过共同的努力，一步一步向既定目标靠近。实现以价值目标为中心而组织的目标管理活动，是一种刚性的量化管理，因此执行也是刚性的。目标管理理论除了注重价值目标外，具体的应用还有一个公平理论问题，这是由目标管理理论的刚性所决定的。

（四）标准化管理理论

这种管理理论和方法是在专业化管理的基础上，由管理者组织专家制定管理的标准，要通过一定的法律法规程序予以确定。这种管理的思想十分明确，最朴素的道理就是“没有规矩不能成方圆”。标准化管理虽然是组织和专家行为，但标准并不是武断和空穴来风，既要有权威性，又要有社会基础和群众基础，通过科学的过程来制定。在这一过程中有两个十分重要的环节，一个是标准的制定，另一方面是标准的执行。第二个方面是标准化管理的要害，有时候可能还是成败的关键，在管理活动中，有了标准不好好地执行，或者执行起来走样，必将导致标准化管理的全面失败。当然，这不是标准化本身的问题，是实施标准化管理的实践问题。

（五）组织管理理论

组织管理理论和方法的实质是最高决策层通过设置管理的各级组织，规定各级组织的职能，通过领导核心、组织授权、组织实施等进行的管理。组织管理的重点是组织结构的设计，关键是组织职能的授权。同时，也有人把它归结到组织的层级管理理论、组织的能级管理理论、组织的行为管理理论，组织管理理论要有严密的组织结构，要有明确的组织目标和组织功能，同时，要有一套有效的组织运作机制，否则，再好的科学组织，再完善的组织功能，没有好的运作机制它不可能活起来，甚至导致组织管理活动不可能有效地展开。

（六）模糊管理理论

这是一种现代的管理思想和方法，特别是在软管理方面，运用模糊数学的管理思想与技术进行管理。这是一种在高层次的人群中实施的行为管理，是一种软性管理。简单管理没有必要运用模糊管理，一般是在复杂的、庞大的、中长周期的、高智商的管理活动中实施。

实际上，我们通常的组织活动中，特别是比较大的组织系统中，运用的比较多的是混合管理模式。混合管理是多种管理思想和方法的组合，在规模比较大的大型组织中，管理的内容又比较复查，头绪又很多.多种活动项g的性质差距较大，运用某一种方式来进行全盘的统领往往是不可能的，这就需要运用混合管理的理论和方法来完成。

三、高等教育管理概念

根据高等教育的目的和发展规律，调配高等教育资源，调节高等教育系统内外的各种关系，进行有效的计划、组织、领导和控制，以便达到既定的高等教育系统目标的过程。这是通常给出的高等教育管理的定义。

从教育管理的层面上讲，高等教育是中等教育基础之上的教育，因此，它是指高等教育这一特殊的专业层面上的管理。

从管理的分类上讲，也可以分为宏观高等教育管理和微观高等教育管理。

从管理的内容上讲，可以分为宏观高等教育管理中的战略规划管理、宏观调控管理，微观高等教育管理中的教育组织内部的具体的教育管理活动。

从定义分析，高等教育管理具有三层含义：

第一，高等教育管理的依据。高等教育管理的概念首先指明了高等教育管理活动的依据是高等教育的目的和发展规律。高等教育的目的是为社会提供各级各类高级专门人才，各级各类高级专门人才的教育是指：在类别上为普通高等教育，成人高等教育：在性质上分为公办高等教育，民办高等教育；在层次上为专科教育，本科教育，研究生教育。这些教育的目的和目标是管理的根本依据。高等教育受到学生身心发展的影响，通过德育、智育、体育、美育等过程，培养全面发展的人，只有把人作为社会关系的总和来看待，才能对人的发展有全面的理解。因此，各级各类教育过程都有其自身的客观内在规律，只有正确认识它们的客观规律，才能实施科学的管理。高等教育必须受到一定社会的经济、政治，文化所制约，并为一定的经济、政治、文化发展服务。因此，生产力和科学技术的发展水平，社会的制度、文化传统都对高等教育活动产生制约；无论是国家宏观的高等教育发展政策的制定，还是高等学校培养人的过程，都必须遵循高等教育的目的和高等教育发展的客观规律。这也是高等教育管理的出发点。

第二，高等教育管理的任务。高等教育管理的概念指出了高等教育管理的任务，这就是有意识地调节高等教育系统内外各种关系和高等教育资源，以适应高等教育系统发展的客观规律。从一个国家或者地区来讲，高等教育系统是国家或者地区社会系统中的一个子系统，从高等教育组织系统来讲，高等学校也是一个社会子系统。由于系统中存在着多种矛盾，因此，高等教育管理的任务就是协调并最终解决系统中存在的矛盾。在高等教育管理中，要用系统论的眼光来设计高等教育的整体和各部分之间、要素与要素之间、学校系统与外部环境之间、学校系统内部的子系统之间的相互关系．树立整体的观念，并通过有效的管理实现系统要素间的整体优化。

第三，高等教育管理的目的。高等教育管理的概念还指明了高等教育管理的结果是不断促成高等教育系统目标的实现。高等教育管理的目的最终也只是高等教育目的的一种辅助性（工具性）目的。在高等教育系统中，培养人的目的是高等教育的根本目的，高等教育系统的一切工作（包括管理工作）都必须围绕这一目的展开，对高等教育系统中各种关系和资源的协调构成了高等教育管理的目的，它的目的是通过有效的管理，确保高等教育实质性目的的实现。因此，高等教育管理最终也只能是手段。当然由于高等教育管理有其自身的需要，其自身也有目的，如效率就是管理的目的之一，但它是通过有效的管理来保证高等教育目的有效实现的。

综上所述，不论是宏观的高等教育管理还是微观的高等教育管理，所依据的是国家的教育方针，组织的发展目标，活动的制度规则，高等教育的基本规律，社会政治、经济、文化的发展背景与环境，通过立法的、行政的、经济的、市场的等手段进行协调和控制，保证高等教育人才培养质量、推动科学文化知识创新、促进社会进步等目标的实现，最终实现高等教育的可持续发展。

第二节　高等教育管理的特点

事物之间的区别在于它具有一定的特点，有其特殊性。了解了高等教育管理的特点，我们就能遵循它的本质规律，有针对性地协调管理活动中的各种矛盾，清醒地驾驭各种管理活动。

一、高等教育管理目标的特殊性

高等教育系统目标的特殊性决定了高等教育管理目标的特殊性。高等教育系统的主要目标是根据高等教育的功能来确定的，因此，对管理的功能与目标相应地提出了它的特定要求。高等教育管理的功能就是要通过计划、组织、协调、控制等使高等教育更加符合社会发展的要求，符合社会生产力的要求，这种要求表现在教育的层次、结构、规模、质量等方面的目标。另外，在微观方面，高等教育管理要使组织中的每个成员按高等教育规律办事，更好地完成既定的目标。高等教育系统的目标是根据高等教育规律和社会发展对高等教育的需求来制定的.所以，高等教育系统的协调活动也应该以高等教育的规律为指导，而不能简单地、照抄企业管理中的某些方式方法。从这个意义上说，高等教育的微观管理是以更好地培养人才并且着眼于提高人才的质量为根本目标的管理活动.它不能、也无法以只追求经济效益(更不能以追求利润为目的）为目标。在市场经济体创下，高等教育要不要考虑经济效益的问题，一直以来都是政府行政管理部门和管理工作者闭口不谈的问题，好像一谈经济效益就乱，就偏离教育方向，而不谈经济效益就“死”，因为，在市场经济体制下没有不讲经济效益的组织，没有不讲经济效益的管理活动。与行政管理、企业管理等其他管理所不同的是，如何将社会效益和经济效益有机地结合，纳入高等教育管理的目标中，正确地处理好社会效益与经济效益的关系，这就是高等教育管理工作者值得研究的，这也正反映了高等教育管理目标的特殊性。

高等教育管理具有两个最基本的目标功能：一是尽其所能地将系统内的各种关系和资源凝聚起来，形成一个整体，这也就是管理的“维系”功能；二是最大限度地围绕系统的整体目标，发挥要素的主动性、积极性，更好地实现高等教育系统的整体目标，这也就是管理的“结合”功能或“放大”功能。高等教育系统是由有关教育行政机关和各级各类高等学校所组成的系统.它的结构与功能与其他社会系统有所不同。高等教育在同其他社会系统进行物质、能量和信息交换的过程中，在为社会提供的精神产品的同时，也提供物资产品，这种物资产品表现在劳动力方面、科学技术成果方面、现代文明与文化产品方面，也可能形成工业产品。高等教育系统是最具创造力的社会系统，通过各成员、各要素主观能动性的发挥，可以最大限度地实现“系统大于部分功能之和的效果”。但反过来，如果教育者及教育资源中的人的主观能动性发挥不好,这比其他任何社会系统都更有可能制约生产力的发展。所以，高等教育管理者要充分认识到这两大功能的特殊性，并注意将此二者有机地结合起来，用凝聚力推进整体的结合力，用系统的发展加强整体的凝聚力。

二、高等教育管理资源的特殊性

不论是宏观高等教育管理还是微观高等教育管理，高等教育管理资源要素的特殊性具体表现在三个方面。第一，这是由一群高级知识分子组成的特殊的群体，组织及其成员的特殊性就构成了要素的特殊性。从高等学校管理的主体和客体来看，即管理者和管理对象两个方面看，组成高等教育系统的主体要素之一是教师，是创造和掌握专门知识的群体。因此，对他们的管理要符合这一群体的心理活动和以个人脑力劳动为主的集体性活动的特征。另外一个高等教育系统的主体性成员之一是学生，是一群 18 岁以上、受过完全中等教育的青年，对他们的管理和协调方式要符合他们身心发展阶段的特殊性。正是由于高等教育系统组成人员的特殊性，管理中存在着一种特殊的管理现象，这种现象强调和要求自我管理。应该说，自我管理是任何管理中都存在的一种现象，但是，在高等教育管理中，自我管理尤为重要，他是一种身心和智力发展的自我管理，他们需要学到或养成具有自我管理、自我组织、自我发展的能力。他们的心理特征也表明，在教育过程中，完全有必要让其发挥自己的自我组织管理的能力，才能更好地促进发展。所以，管理对象是高等教育管理要素最重要的特点。第二，教育投资与经费的管理是一项复杂的工作，因为它的用途是复杂的，有时候还不能用绝对的量化管理来处理，有时候投入产出还不能短期内就能见到成效，经济回报率可能很低。这就是高等教育的经费管理有别于企业管理、行政管理、经济管理等的特殊性。第三，教学与科研的物资设备的管理特殊性，表现在这类资源不完全是生产性资源，这些物资设备是建立在教学科研功能上的，是为了完成教育教学实验实习、科学研究开发等，它不仅仅是一套设备，可能是一个一个教学实验和科学研究的基本平台。

高等教育资源的特殊性构成了高等教育管理的特殊性。高等教育资源是指整个社会用于教育领域中的人力、物力和财力以及知识产品、文化产品等的总和，有效的、可利用资源是指高等教育的主办者对高等教育的投入所形成的资源，主要表现在经费投资方面。社会用于教育资源的来源又与社会中的区域发展相关联，与政府对教育的投资相关联，教育是一种事业投资，但是它又不仅仅是纯粹的事业投资，因为他时投资对象决定了不可能完全是事业投资，事业的投资的对象主要是对针对公共事业，公共事业是针对大众的，基本上所有的民众都可以享受到。而高等教育的对象群体不是单纯的享受公共事业的群体，毕竟当高等教育还没有达到普及化的时候，高等教育就不可能是一种完全的事业行为，虽然，高等教育的结果是回报了社会，但是，受教育者只是整个社会群体中的一部分。那么，为什么不能普及高等教育，这是由高等教育的资源的有限性决定的，这些资源又受到整个社会政治经济的发展所制约。所以，从一个方面讲，高等教育的投入来自政府、学生家长、学校自身和社会的多方融资构成了投资的特殊性，这就决定了高等教育资源的特殊性。马克思指出："要改变一般的人的本性，使他获得一定劳动部门的技能和技巧，成为发达的和专门的劳动力，就要有一定的教育或训练，而这就得花费或多或少的商品等价物。"要进行教育活动，首先需要从社会的总劳动力中抽出一部分劳动力，这就是从事教育的劳动者和进入劳动年龄的受教育者，他们要消耗一定的学习资源、生活资源，还必须有一定的物质技术条件，如校舍、图书、仪器设备等。由于高等教育财力资源不是自然资源，也不是通过生产方式就可以生产制造出来的，而是要通过长时间打造和培育出来的，随着社会的发展与需求逐步形成的。资源的有限性，在满足了人的再生产以及所需要的物质再生产以后，社会所能用于教育的资源就很有限了，难于满足社会和个人对教育的需求，这也是教育管理中的一对特殊矛盾。因此，如何去获得更多的教育资源．如何有效地使用稀少的教育资源，就成为社会领域和教育领域共同关心的问题。高等教育资源投资的特殊性构成高等教育管理资源的特殊性。

三、高等教育管理活动的特殊性

从宏观高等教育管理来看，高等教育事业具有很强的战略性、前瞻性。高等教育的管理活动整体的发展规划关乎长远的社会民生问题，需要许多专家系统来完成，活动的内容涉及民族文化、区域经济、人口发展、科学技术水平、社会环境等。从微观高等教育管理来看，高等教育管理活动的特殊性体现在高等教育组织管理的活动中，最主要的表现特点之一就是要协调学术目标与其他目标之间的矛盾。学术目标是一种高智力投入和高智力劳动的追求，除了个体的高智力劳动外，同时还要强调高智力劳动的结合、高智力劳动者的团结协作。高等教育系统的主导性活动是传授知识、创造知识，高等教育所培养的各类专门人才和高等学校所提供的各种科技成果主要是通过学术水平和应用价值的高低来衡量的，管理活动的学术性十分强，而这种学术性不可以用一般行政性的方法进行管理。因此，学术目标的组织、协调、实现等是高等教育管理活动中特殊矛盾，这就要求高等教育管理活动一定要重视学术这一特殊目标，使这一特殊的管理目标与学术目标相符合。高等教育组织中的教学活动是教与学的双边关系，高校师生是一个特殊的群体，在完成教学目标和管理目标的过程中，师生参与到具体的教学管理活动，达到双边认知认同，教学民主就显得更加重要。大学教职工是高等教育系统中能动的力量，是实现高等教育管理目标的智慧源泉,要发挥他们的智慧和力量,学术自由是高等教育管理必须考虑的问题。高等教育系统中实行学术民主将激发师生员工极大的能动作用，使大家从信任中受到鼓舞，在学术自由这个平台上施展自己的才华，在学校的管理活动中真正成为中坚力量。

第三节　高等教育管理的本质属性

一、高等教育管理的行为

（一）管理行为

管理活动中的行为具有其特殊的表现形式，它是管理过程和效果的具体体现过程和效果反映了管理活动的基本特征，那么，要认识管理的这些过程及效果，必须首先分析管理行为，以及这些行为与效果有什么关系。

管理方格理论是由罗伯特和穆登提出来的。基于人们对主管人员的一种要求，即不仅要关心生产而且要关心人的重要意义，他们巧妙地设计了一个方格图以醒目地表示这种“关心”。

他把这种方格图作为训练主管人员和明确各种领导方式之间不同组合的手段。这种方格有两个维度，横向维度是“对生产的关心”，纵向维度是“对人的关心”。

“对生产的关心”一般认为是对工作所持的态度，诸如政策决定的质量、程序与过程、研究的创造性、职能人员的服务质量、工作效率以及产品质量等。

“对人的关心”也包括许多因素，诸如个人对实现目标所承担的责任、保持下属的自尊、建立在信任而非顺从基础上的职责、保持良好的工作环境以及具有满意的人际关系等。

曾有人列出了以下几种类型的领导方式：

第一种，贫乏的管理。为完成工作和保持组织士气所需要的最低限度的努力。这种主管对职工、对生产关心很不够，他只以最少的努力去完成应做的工高等教育管理与质量评价研究作。这种管理是很少见的。

第二种，权威与服从管理。以几乎不考虑人的因素影响的方式安排工作，获取效率。领导只关心生产，他试图把人的因素降低到最低程度，以达到完成生产任务、提高效率的目的。

第三种，乡村俱乐部管理 = 周到地注意人们的需要而导致友善和舒畅的组织气氛与工作进度。领导者非常注重职工的需要，注意建立良好的人际关系。这种领导认为，只要职工心情舒畅，生产就能搞好，由此，他试图通过创造良好的工作环境，良好的人际关系来提高工作效率。

第四种，协作管理。一种松散的管理模式，是以一种协作者的心态，工作由所委任的人完成，他们因在组织目标上有共同利害关系而互相依赖，互相信任和尊重，并且相互协作。

根据管理方格的概念，领导者可以对自己的行为做出评价。但是它并不告诉我们，为什么一名主管人员会处于方格图中的此处或彼处。需要指出的是，“最好的”方式也只是从理论上说的，要领导者都成为理论上的那样的人也是困难的，每个领导者都应根据不同的环境和因素，选择不同的管理方式和管理行为。

（二）行为类型

在教育行政管理中。哈尔平等人总结出的管理的内容大致有两类：一类是创建组织机构的行为（为了实现组织的目标），二是体贴关心下属的行为。哈尔平的分类体系在西专教育行政管理中是很著名的。创建组织机构的行为是指领导者在描述自己与集体成员之间的关系时，致力于建立被充分限定的组织的类型、建立信息交流渠道以及具体实施过程中的所作所为。这主要包括领导者为实现组织目标而与下属的各种相互作用，让下属了解自己的意图和态度；与下属一起实验或实施自己的新想法和新计划；指定下属去完成某些特定的任务；对工作进行检查和评价；制定推行某些标准、制度和规范；促进下属之间的相互合作等。体贴关心下属的行为是指领导者在与下属的相互关系中表示友谊、相互信任和尊重、温暖、支持、帮助以及合作的行为。对下属表示理解与支持；愿意倾听下属的意见；关心下属的个人利益；尽量与下属讨论商量问题，让他们参与组织计划；平等公正地对待下属；乐意进行改革；及时将下属的建议付诸实施等。

（三）高等教育管理中的领导行为

高等教育管理中的领导行为是一种主要的管理行为。这种管理行为同样地可以分为两类，创建组织机构的行为和体贴关心下属的行为。高等教育的领

导行为所针对的组织系统、组织目标、组织成员、人际关系等都有自己的特殊性，与其他许多社会系统的情况有所不同。比如，高等学校这一层次的管理中，领导者要全力完成的是教学与科研任务，两者又以人才的培养为核心。但是要搞好教

学与科研工作，领导者还必须抓好有关的后勤配套工作，需要从各方面关心支持第一线的教学、科研人员。这就是上面所讲的两类领导行为。从理论上讲，领导者可以调整自己的行为，以适应某一特定的环境和任务。在实践中，领导者不能、也不应该只关注某一类行为，而应当根据具体情况决定采取什么样的领导行为，当然，在这种时候，领导艺术是帮助领导者取得成功的必备之物。在宏观高等教育管理中，国家和地方政府对高等教育组织，即高等学校的管理，其中之一就是规范高等教育组织中领导的办学行为，既要按照国家的政策规范办学，又要办出各自学校的特色，这既是矛盾的，又是统一的，最终的目标是一致的。具体地讲，在完成高等教育目标的过程中，各级领导者为实现目标而履行领导的职责时，其关注的行为领域主要有以下几种：

1．行政领导者的行为

它主要包括各级领导者或管理者作为负责人行使领导职责时的行为。领导者的职责就是对目标的实现或目标的改变所需的集体活动进行激励、协调与指导。如果不能做到这一点，那就是对领导责任的放弃。对高等教育系统来说，系统的目标是非常明确的，教育部对国务院负责，各省市教育行政主管部门的行政首长对省市党委和首长负责。一般来讲，到了高等教育组织这一层面，组织领导者的行为要对高等教育主管部门负责。各高等教育组织的领导，对围绕着高等教育系统目标进行的活动，在形式和内容上各有特色，即使是同一专业、同一课程的教学活动，在各校之间也是不完全一样的，更由于各校的教师、学生在知识水平、能力结构、兴趣爱好、心理需要以及性格特征、校园文化等方面存在着明显的差异，各高校的领导者为完成组织目标而行使领导职责时，所面临的环境条件就各不相同，所采取的领导行为当然也是不相同的。

2．组织集体中的领导行为

这是指高等教育系统中的各级领导者，要为组织目标的顺利实现创造各种各样的条件，对于组织目标的顺利实现而言，领导者的行为所具有的作用分为直接作用和间接作用两个方面。直接作用包括：创建某些专门的组织机构和程序，指定专门的人选去负责完成某项或某方面的工作，对下属的工作进行检查与督促，聘请某一方面的专家能人等。间接作用包括：不直接参与各类具体的计划，但对计划的制定以及实施过程施加各种形式的影响。比如，提倡某种领导风格、实施某种奖惩措施、颁布某类晋升标准等做法都会对各项具体工作的开展产生重大影响，虽然领导者尤其是高层领导者没有直接插手具体工作．换句话说，领导者的行为也许可能不会对某些特定的具体活动产生影响（即起直接作用），但却对这些活动顺利开展并取得成功所依赖和借助的各种组织机构、过程和程序产生了影响。例如，各级政府中的教育行政领导，也许并不过问每所高校具体的教学和科研工作，但必须对高校培养人才的方向、规格、基本途径、办学思想等进行指导；大学校长也许并不一定过问某一门课程或某一堂课的具体教学活动及其效果，但他可以影响某个院（系）以及教务部门在课程安排上的指导思想，影响该院（系）的课程计划或课程体系的目标，从而在某种形式上对各门课的教学活动及其效果产生一定的影响。有时候组织集体中的领导行为是无形的，有时候是起直接影响作用的，或者是干扰性作用的，因为领导的影响行为是权威性的。所以，领导行为应该是分层的、积极的、适度的、有效的。所谓分层，就是指各级的领导行为是有区别的，上一级的领导不能做下一级领导行为的事，否则就是越级行为。领导行为的积极性是讲领导的行为对于组织的作用是正面的，不要产生负面影响，否则，领导的行为肯定是错误的行为。领导行为的适度不分哪一级，哪一级领导的行为都必须要有一个度，超过了这个度，可能适得其反。有效的领导行为对管理活动产生好的影响，有效的管理领导行为是与管理活动的结果相辅相成的，有效与否，由结果来检验。

二、高等教育管理的本质

高等教育系统相对于其他社会系统有其独特的活动主体和活动目标，这就使高等教育管理同其他社会系统的管理区别开来，表现出它的特殊性。高等教育的总目标是：培养高级专门人才和发展科学技术文化并与社会经济发展的需要相适应。高等教育管理活动就是要在总目标的指导下，把对高等教育系统的战略规划、资源调配通过制度和机制进行协调。高等教育管理的本质就是协调高等教育系统有限资源的投入与高效益地实现高等教育总目标的矛盾。

无论高等教育有多么复杂，无论把高等教育系统分解为怎样的子系统．高等教育系统都必然要求各子系统在目标上协调一致。不仅要求每个子系统的目标与整体目标相协调一致，也要求每个子系统的目标与自己内部的组织成员的个体目标相互协调。更重要的是，每个系统的目标与实现的这些目标的条件之间需要相互协调，这就形成了管理活动的整体性和普遍性，即每个系统都需要协调。高等教育系统内部的等级层次性导致了高等教育管理活动也具有层次性，这就形成了一个多层的、多级的、专门的分系统．即集合成高等教育的管理系统。协调就是蕴涵于各个子系统之间，对各个子系统的目标设计、资源筹集和分配，分析系统的活动信息，即通过政策、制度和一些技术手段等协调系统成员的活动，以达到系统所设计的目标。从事这些专门活动的管理人员（或称管理者）的活动所构成的有机整体就是管理系统。

马克思对“管理”曾有过精辟的论述：“一切规模较大的直接社会劳动或共同劳动都或多或少地需要指挥，以协调个人的活动，并执行生产总体的运动（不同于这一总体的独立器官的运动)所产生的各种职能。一个单独的提琴手是自己指挥自己，一个乐队就需要一个指挥家来指挥乐队。”马克思的这一段话 . 揭示了管理协调所包含的以下几个含义：①管理是集体协作劳动的共同需要，即“或多或少地需要指挥”：②管理必然有管理者，管理协作对象主要是组织及其成员：③管理是执行生产总体运行所产生的各种职能；④管理的职能主要是指挥和协调他人的活动，同时把自己也处于管理活动之中，以取得成效：⑤管理的目的是取得比“各个独立的运动”之和更大的效益。

管理活动的普遍性（指管理活动作为人类活动的一个重要方面）普遍存在于所构成的各种组织机构中。专门管理者的出现体现出社会系统在结构层次上的性质，表明个人在社会系统中具有的不同位置、作堺和性质。既然管理活动中人是管理的主体，显然，管理活动的施加，权力是管理系统赖以存在的基础，权力对人的活动的约束性使人们按一定的方式组织起来，以便实现系统的整体目标，也在一定的程度上体现了权力在协调中的作用。协调或称调节是指调整或改善高等学校与校外，以及校内各部门或成员之间、上下左右各方面的关系。就一个国家和地区来讲，把高等教育放到社会的大背景中，政府对高等教育的协调是使高等教育的层次、规模、结构、水平、质量、效益的协调发展，与社会的政治、经济、文化的发展相适应，如果不相适应，就必须进行协调。就高等教育的组织—学校来说，它是高等教育系统中的子系统，学校组织的类型因区域的差别、体制的差别、机制的差异、管理者的差异等出现差异，存在着的矛盾是多种多样的，有总体目标与部分目标之间的、有长期规划与近期打算之间的、有整体利益与部门利益的、有组织利益与个人利益之间的矛盾，这些矛盾如果不加以协调和解决，就会影响到高等教育系统的运行和发展，也会影响高等教育效益的最优化。高等教育的协调任务与高等教育管理的本质要求是相一致的，体现了高等教育管理的基本矛盾和本质特征。

了解管理活动中冲突的本质才能对症下药地协调。冲突是指由于工作群体或个人试图满足自身需要而使另一工作群体或个人受到挫折时的社会心理现象。冲突表现为双方的观点、需要、欲望、利益或要求不相容而引起的一种激烈斗争。冲突是人类社会的一种普遍现象，它具有有利和有害两种结果。从有利的方面看，冲突的解决能促进组织的发展，可以增强干劲，形成一种激励力量，它还能促进交流，诱发创新。从有害的方面看，冲突使人产生情绪压力，影响人的身心健康，剧烈冲突带来的破坏作用会浪费资源 I 不及时解决冲突会影响组织运转，破坏组织目标的实现。因此，必须探讨冲突产生的根源及其解决途径和方法，便于协调。

一般地说，在集体组织成员之中总是存在许多不一致，其中，某些不一致可能上升为矛盾（程度不一的矛盾），这些矛盾关系中比较激烈的便会转变为明显或不明显的冲突。冲突一般分为三种类型：第一类是认知性冲突。由信息因素、知识因素、价值观因素等引起的冲突都属于认知性冲突。这种冲突随着双方认识趋于一致就能得到缓和与克服。第二类是感情性冲突。这是一种由非理性因素引起并为这种非理性因素所控制的冲突，也可能是由认知性因素所诱发，最后为非理性因素所支配的冲突。个性相抵是这种冲突最常见的诱因，它持续时间长，破坏性大。第三类是利益性冲突。这是一种由本位因素引起的目标冲突，社会中的个人和群体在处理问题时所关心的利益不同，从本位出发就可能引发矛盾和冲突，伴随利益的再分配，这种冲突可以克服。在日常的社会活动中，随处存在可能导致冲突的根源，一旦有了起因，这种潜在的冲突随时就会转变为现实的冲突。

产生冲突一般有以下原因：

一是人的“个性”。从人的本性讲．不满情绪积累到一定程度就会形成冲突，需要有适度的发泄。

二是有限的资源争夺。资源在一所高校总是有限的，而需要却是无限的，为争夺有限的资源而产生的冲突在所难免。

三是价值观和利益的冲突。不同经历的人价值观容易形成冲突，部门和个人都可能因利益而形成冲突。

四是角色冲突。由于个人和群体所承担的角色不同，而不同的角色都有其特定的任务和职责，从而产生不同的需要和利益，因而发生冲突。

五是追逐权力，是一种权力欲望的争夺。

六是职责规范不清楚，导致对任务的要求产生冲突。

七是组织的变动。组织的变动会导致利益的重新组合而产生冲突。

八是组织风气不佳。如领导的矛盾和派系“传染”给整个组织而形成的冲突。

单从冲突的结果看无外乎三种可能：一胜一败、两败俱伤、两者全胜。显然前面两种结果都不是理想的结果，这些结果往往潜伏着第二次更大的冲突，领导过程应尽量避免这种结果出现。第三种结果是在双方都较满意的基础上解决冲突而得到的，这是可取的解决问题的方案，这就需要很好地协调，有效地协调是我们协调的目的。冲突的协调与解决方法有以下几种。

第一，认知型冲突的协调。在高等教育系统中，从宏观方面来讲，在高等教育如何适应国家政治、经济、文化的发展，每一个发展时期如何规划，区域高等教育的发展、高等教育发展速度的快慢、高等教育的科类层次结构等的确定，不同的决策者及管理者会产生不同的意见，甚至矛盾。在微观高等教育管理中，学校教育都是非常具体的管理活动，对于学校如何定位、如何发展、如何运用学校有效的教育资源，在培养目标、课程设置、培养计划的拟定和实施、教学与科研活动的具体展开、各项工作的总结评价等方面都可能出现一些不一致和矛盾,甚至会形成明显的冲突。一般来讲，增加交换看法、进行交流协商的机会．消除可能由于误会与信息不全所导致的认识上的不一致；进行“和平谈判”，把对各种原因和结果的认识都拿到桌面上$，这需要领导者的权威和协调能力：提供学习机会，提高大学组织内成员的认识能力和观念水平，这不仅针对冲突双方，而且针对冲突涉及的各方，大家都需要提高自身的认识水平；调整或改善组织内部有关结构，使各种不一致、矛盾和冲突能够最大限度地被比较完善的组织结构和人员组合（搭配）所“稀释”和“化解”；用超然的态度承认并超越某种冲突,这种方法可能有助于解决某种矛盾冲突。具体讲，要解决这类矛盾和冲突，最好的办法就是在学习和研究的基础上，在开展对高等教育的教育思想、教育观念的大讨论进行认知统一，要提供公开交流的平台和场所，进行认知交流，认知融化，消除和化解形成矛盾和冲突的原因，使组织成员和冲突各方在观点上达成一致，或者提高他们的认识水平。

第二，感情型冲突解决的方法。这是一种非理性的冲突，主要存在于微观高等教育管理的活动中，相对于某个方面的具体事项，带有个人的情感色彩。其原因可能是一些微不足道的小事，也可能是不同的性格、爱好，甚至可能找不到“原因”。在高等教育系统中，解决这类冲突的方法可以通过提高成员的心理素质，使其具有能够承受一定的情感冲突的能力：提高认识水平，认识冲突的原因是微不足道的，认识冲突的结果可能会产生严重后果：施行合理而公正的奖惩手段I坚持规章制度的原则性,对于坚持感情办事而导致不良后果的,做出制度上的处理:进行感情牵引，引导感情向有益的方向发展，如完善和改进目标管理．把成员的注意力集中到实现高等教育目标上去。对于某些历史性的感情冲突，最好的解决办法也许是让时间这位“老人”来协调解决，因为时间可以抚平某些感情创伤，并给人教会许多书本上没有的道理。

第三，利益型冲突的协调。利益冲突有一种特征，如果利益的消长或损益幅度不超过某一程度，则这种冲突不仅不可怕．而且对集体的凝聚力和组织目标没有太大的影响或破坏作用；如果超过了某一较高程度，则会导致整个组织或系统的瓦解与毁灭。因此，需要解决并能够解决的利益冲突基本上都是处于这两者之间的利益冲突。利益冲突是冲突各方在各自追求效用最大函数值（或最大利益）的过程中构成的冲突。利益冲突所围绕的中心就是利益，而利益在各人的眼中是不一致的。一般说来，出现冲突时．组织中可能存在无数个个体利益或自身利益，也可能存在多个不同规模的共同利益，但最大的共同利益只有一个。对于作为利益代表的个体或群体来说，他们的自身利益也只有一个最大值，这两个最大值就是“自利最优解”和“共利最优解”解决利益冲突的关键在于如何进行利益的重新分配。如果借用函数求解的方式，当代表多方利益的曲线处于同一坐标系时，共利最优解就不难找到，但要把共利最优解和自利最优解结合起来就不容易了。寻找各方的自利最优解和共利最优解．实际上是一个人对利益的产生和形成的分析过程，而要使自利最优解和共利最优解取得一致，则不仅是一个分析过程，而且是一个策略的实施过程。另外，它们也不是一成不变的，它们会因环境变量的改变而发生变化。因此，利益冲突的解决是一个因地制宜的过程。在高等教育系统中，各子系统，甚至更小的群体和个人，都有自己的切身利益。他们在实现系统目标的过程中也同样追求自己的切身利益。比如，高校教师在进行教学科研工作时，一方面在完成高等教育的任务，另一方面也在追求自身的利益——职务的晋升和自我价值的实现。这里，职务晋升就是引起冲突的原因之一，特别是当候选人远远多于晋升名额时，冲突就异常激烈．如何确定好公平合理的晋升方案就是解决冲突的关键。此外，在人员任免、经费分配、改革方案实施等方面，同样存在着各种利益冲突。如果忽视这些矛盾和冲突，尤其是利益上的矛盾和冲突，要想调动全体教职工的积极性，充分发挥他们的创造精神，就可能成为一句空话。在解决这种矛盾时，有两个方面的办法，一是通过政策法规来约束，明确整体与局部利益、局部与局部利益、个人与组织利益、组织与组织利益、个人与个人利益的关系，公平公正地解决这些利益冲突；二是应注意加强思想政治工作，把物质奖励和精神鼓励结合起来，处理好国家、集体、个人三者之间的关系，这是高等教育领导必须研究和解决的重要问题。

总之，要充分认识高等教育系统中存在的矛盾运动的规律，特别是在微观高等教育管理中，要按照矛盾运动规律来解决这些问题。具体讲，个人与个人之间的矛盾主要表现在工资福利、提级晋升、表彰奖励、教育经费分配以及学术观点等方面，此时应遵循公正、平等的原则。在个人与整体的矛盾方面，要使系统整体目标与个人的目标相一致，当两者一致时，个人目标的实现可以通过整体目标的实现来达到，整体目标的实现是个人目标得以实现的前提条件。从宏观方面来讲，系统与环境之间的矛盾表现为对高等教育投资少与实现高等教育系统目标、政府包揽过多与高校缺乏办学自主权等方面的矛盾中，应该也只能通过政策、体制去解决这些矛盾。

但是，高等教育系统的三种矛盾是有机地联系在一起的，每一种矛盾系列的解决都关联到其他矛盾系列的解决。因此，在高等教育管理活动中，要从整体出发去解决高等教育系统所存在的矛盾，即进行系统的科学的管理。如果不从整体的角度去处理系统内部的矛盾及系统与环境之间的关系，看不到矛盾之间的相互关系和相互转化，那么，就会激化矛盾，破坏高等教育系统内部的稳定性，就不可能实现高等教育系统的整体目标。例如，个人的合理需要得不到满足就会抑制个人的积极性和创造性，个人在工作中就会表现出动力不足，主动精神不够。一旦个人在工作中缺乏主动性就会大大降低劳动效果，这样培养出来的人才质量就难以达到预期的目标。而人才质量的降低，又会引起社会上人才供需关系的变化。这种关系反过来又抑制高等教育的运行和发展。同样，如果系统的整体目标与实现这些目标的现实条件差距过大，则目标就难达到，这反过来又会挫伤人的积极性。所以，高等教育系统目标的实现过程本质上是一个系统与环境、系统内部矛盾关系不断得到协调和解决的过程。

其实，我们要辩证地看矛盾，特别是高等教育管理活动中的矛盾．从矛盾的普遍性来看，所有的矛盾有共性的东西，因为产生矛盾的规律性都是一样的。首先，我们要认识到矛盾的存在是必然的，不存在没有矛盾的社会，不存在没有矛盾的管理，人的价值观各异，认识方法和认识水平各异，有矛盾是很正常的，不要因为有了矛盾就惊慌失措。根据动平衡的观点，管理活动中要有矛盾，有矛盾不是坏事，通过制造合理的矛盾，挑起正常的冲突，当然只是思想上的冲突，在冲突中谋求一致，达到矛盾的解决，在冲突中达到平衡，要善于处理和解决矛盾。矛盾出现不可怕，可怕的是当矛盾出现以后，我们束手无策，或者捂住矛盾，或者任其发展，我们有些管理者不善于解决这类认知型冲突的矛盾，甚至不愿意去正视这些矛盾。另外，最不可取的是压制矛盾，结果造成矛盾的激化，这样一来可能会带来新的、更大的冲突，产生更大的矛盾．因为它没有解决矛盾，而是转移了矛盾的方向，使小的矛盾集合成了大的矛盾。

高等教育管理中对待矛盾与冲突问题要注意两个方面：

第一是避免人为地制造矛盾和冲突。从源头上避免矛盾与冲突的出现，这就是我们要注意的源头方面。在制定各种政策制度时要科学合理，要经过专家论证和民主决策，千万不要匆忙出台不合时宜的政策制度，特别是避免头痛医头、脚痛医脚地出台政策制度，为矛盾与冲突埋下祸根 = 在管理活动中尽量避免矛盾与冲突。管理活动中尽量地避免矛盾与冲突的办法有很多，其中之一是管理活动的透明、公开、公正，而透明的前提是游戏规则的认同。在游戏规则认同的前提下，游戏的运作必须透明、公开、公正，只有这样，才能有效地避免矛盾和冲突。我们知道，高等教育管理的本质特征与企业管理、经济管理有很大的差别，中国高等教育的管理在具有行政性一面的同时，又是学术性很强的专业管理。行政管理需要很强的透明度，学术管理除了知识产权的东西和技术层面上的东西比较透明外，纯粹的管理活动更需要讲求透明、公开、公正。只有把握好了透明、公开、公正的度，避免管理活动中人为地制造矛盾和冲突是可能的。第二是实事求是地化解矛盾与冲突。矛盾与冲突在管理活动中始终是存在的，关键在于如何去化解。化解矛盾与冲突要本着实事求是的态度，首先，要敢于承担由于管理者的原因引起矛盾与冲突的责任，用真诚来化解矛盾与冲突。其次，一旦矛盾与冲突出现，既不要大惊小怪，也不要消极怠慢，要以积极的心态与行动去化解矛盾与冲突，把矛盾与冲突造成的后果降低到最小的程度。

三、高等教育管理的属性

在社会活动中，为了与高等教育系统整体性相适应，高等教育管理一开始就提出两个目标：一是为使个体同整体相适应，用系统整体去整合各系统的个体，以实现系统整体功能的目标。二是为了实现系统效益的最大值，要求把具有一定功能行为的个体有机结合在一起．达到系统最大的“结合力”功能的目标。只有这两个目标的综合，才能使系统整体功能大于系统中各分散个体功能之和。这是高等教育管理的系统属性。这两个目标的矛盾运动规定了高等教育管理的两条基本规律：第一，高等教育管理的自然属性与社会属性趋于一致的规律。自然属性具体表现为高等教育管理的个性和特殊性，社会属性具体表现为高等教育管理的历史继承性和为阶级服务的政治性。第二，高等教育管理的封闭性与开放性的矛盾统一的规律。这是高等教育管理最重要的本质属性。

为什么系统的矛盾运动可以使系统整体功能大于系统各分散个体功能之和？又如何认识高等教育管理的基本属性和规律？对于第一个问题，因为“整合”和“综合”使高等教育系统获得整体的功能目标和最大“结合力”的功能目标，这就具备了系统整体功能大于系统内各成员个体功能之总和的条件。如果系统中的管理者尤其是领导者能够找到两个互为矛盾的平衡点，也就是要求各级管理者，尤其是各级管理的最高决策者，在管理中必须找到两个目标的平衡点，才能保证系统功能放大，高教管理具有自然属性与社会属性，高教管理活动本身就反映了它的属性。要实现管理的功能，在管理中运用专业的知识，使用某些技术和方法，从而就表现出了它的自然属性。有管理者必然有被管理者，他们之间总是存在着利益、认识、感情等方面的矛盾，在阶级社会里往往表现为阶级矛盾，在市场经济体制出现多元化格局的情况下，宏观高等教育管理中有时候会出现各阶层利益之间的矛盾，如穷人和富人要求接受教育的矛盾，在整个国民经济的发展中，教育同其他行业的矛盾，教育内部中高等教育同其他层次教育之间的矛盾等等，从而表现出它的社会属性。在不同社会制度的国家里，解决这种矛盾的方法往往是不同的，认识两类属性矛盾的存在和有效地解决这两类矛盾，必将推动高等教育事业的发展和目标的实现。同时，对高等教育系统的封闭性与开放性而言，这是一种客观存在的事实，要注意的是封闭性和开放性是相对的，只有系统与环境进行有效、快速、准确的物质、能量和信息的交换，才能使系统实现整体功能目标和最大“结合力”的目标。

（一）自然属性与社会属性

高等教育管理的自然属性主要表现在普遍性方面。高等教育的管理是一种社会活动，社会活动的有序进行就需要进行管理，因此，高等教育管理是社会活动中普遍存在的一种管理现象。不论哪个国家，无论哪个历史时期，只要存在高等教育活动.就存在各种培养高级专门人才的活动（包括专业设置、培养目标、课程设计、教学过程、教学方法、教学手段等），就有进行管理的必要。在当今社会中，高等教育已经成了一种国民的素质需求乃至消费需求,成了一种国家和民众的普遍需求，特别是在高等教育大众化的时代，高等教育管理已经成为一种普遍的专业管理。二是高等教育管理的共性方面，即高等教育管理在各个历史发展时期都具有明显的共同点，这些共同点不因国家的政治、经济、文化等差异而有所变更，也不因历史时期的变化而消失。正是由于这种共同性，中国传统高等教育中的优秀部分就应当继承和发扬，如唐朝的高等学府在教学管理上制定较详细的教学计划，规定了严格的考核制度，放假、升级与退学等都有明确的规定，唐朝太学退学的规定有三条：请假逾期不返校者，令其退学；学满最高修业年限三次不及格令其退学；品德行为恶劣不堪教育者令其退学。这些管理仍有其现实意义。与现代大学有历史渊源关系的欧洲中世纪大学，一开始就建立包括文法学、哲学和医学等学院，这种学校一院制一直被后来的大学所采用，随着课程的发展，学习制度发展成最初的学位制，这种制度对以后的大学学位制度产生了深远的影响。如在法学、哲学、医学等学科，都规定有不同的学习年限，需要学习若干门课程，还要实习讲授一定量的课程，然后才能申请学士、硕士和博士学位，之后，还要接受一次口试和辩论，经评审批准，才能戴硕士、博士帽。现代大学申请硕士、博士学位程序基本同过去一样，只不过是在此基础上更加完善。这就是高等教育管理的“古为今用，洋为中用”。这些共同点来源于高等教育管理活动的循序渐进，在发展过程所形成特点和规律，成为高等教育活动中遵循的管理的一般原则，表现出它的共同性特点。另外，在高等教育管理的技术性方面，高等教育管理使用的技术和方法一般不受社会制度的影响，各国都可以相互学习的先进的管理技术，如数学、经济学、计算机科学等，更加丰富了高等教育管理的内容，推动了高等教育管理的发展。高等教育管理的社会属性包含两层含义,一是高等教育管理具有历史文化的继承性,即在人类创造历史的过程中，由于社会及自然环境不同所形成的各种地域文化，在高等教育管理活动中留下深深的烙印。这些“印记”在高等教育管理思想上，表现为不能超越一定的社会文化形态以及人们的社会心理状态，并且在具有“同源文化”的国家和地区，在高等教育管理思想和管理哲学上具有很大的相似性，而非同源文化中所产生的高等教育管理思想和管理哲学就存在明显的差异。欧洲中世纪的高等教育管理受到神学及哲学的影响，使其在管理思想和方法上都有其浓厚的中世纪痕迹，反映出中世纪的神学文化。二是高等教育管理具有政治性。因为高等教育管理是与权力关系联系在一起的，高等教育的体制和有些制度、政策总是一种社会制度和政策的一部分，是为一定的政治服务的。在阶级社会里决策者与被管理者之间一般表现为阶级关系。在社会主义社会里，人民群众是社会和国家的主人，社会主义国家的管理者，包括高等教育管理者，是为人民办事的公仆，而不是骑在人民头上的老爷和官僚；如果发生公仆转为主人的现象，就意味着管理的性质发生蜕变了。所以，有人不太赞成高等教育管理具有这样的社会属性，好像是把管理的自然属性社会化了，这是片面的，作为高等教育的管理者，特别是高级的、高层次的管理者，一定要懂得管理的社会属性，高等教育管理必定具有社会属性，并且，要搞清楚管理的社会属性在哪些方面，在我们的管理活动中如何恰如其分地处理好社会属性的问题，是当前高等教育管理工作者必须懂得的。从宏观高等教育管理来讲，他的社会属性的政治性问题是不言而喻，反映在高等教育的方向上，反映出是否办社会主义的高等教育的问题。从微观高等教育管理来看，管理的方向性具体的反映在培养的人上。高等教育管理社会属性认识的淡化是很危险的，有的人甚至不承认社会的属性则更可怕，这是一个高等教育的民族性、国家性的根本问题。

自然属性与社会属性是高等教育管理活动本身所具有的两种属性，两者处于矛盾统一体之中。高等教育管理的两个目标，规定了高等教育管理两种属性是一对相对统一的矛盾，它具体表现在维持系统整体特性功能目标，应具有的稳定性与高等教育管理追求最大“结合力”，要求改变系统结构而产生不稳定之间的矛盾，此两者之间的矛盾运动，使高等教育管理不断得到改善。同时．高等教育管理的两种属性又统一于高等教育管理计划、组织、领导和控制等管理环节上，根本上统一于高等教育管理的效益上。没有社会属性，没有维持系统整体特性的功能目标，就不会有产生最大“结合力”的需要，高等教育管理的自然属性就失去了存在的基础而无从实现它的自身价值。把高等教育系统内成员的个人目标整合成系统整体特性的功能目标，目的在于把分散的具有一定功能行为的个体结合起来，实现系统功能的“放大”，而离开了自然属性，高等教育管理的社会属性也不可能体现出来，它的社会价值目标也不可能实现。

（二）封闭性与开放性

高等教育管理的封闭性是指在高等教育管理过程中．根据高等教育管理的特殊矛盾而在高等教育系统内部自我运转和良性循环的性能；高等教育管理的开放性是指在高等教育管理过程中，根据高等教育管理的特殊矛盾而在高等教育系统与外界环境相互关系中，实现物质、能量、信息交换的性能。就高等教育管理的封闭性而言，在高等教育系统内，无论进行什么高等教育管理工作，一个首要的前提就是在一个相对独立、完整的高等教育系统内部，按照高等教育系统的特定目标而进行优化组合，即在高等教育系统的“投入—加工—产出”的过程中构成一个相对封闭的系统。没有相对的封闭性，高等教育系统就没有相对稳定的环境，任何对高等教育系统的分析及高等教育管理活动过程都不可能按照自己的独特方式运行。这种相对封闭性是一种客观的存在，是更好地进行高等教育管理的必然要求，当然，完全封闭的高等教育系统是不存在的，因为完全封闭就意味着与环境不进行任何物质、能量、信息的交换，这样的高等教育系统必然会逐渐消亡，因此，这就是我们所指的高等教育系统和高等教育管理的封闭性又具有相对性的方面。现代社会中，任何一个系统都不可能是封闭的，封闭是相对的。就高等教育管理的开放性而言，高等教育系统受外界环境的制约和影响，只有开放才能获取更大的信息资源和物资资源，才能进入社会大系统中去循环，去接受洗礼，去成长壮大。纵观中国高等教育的改革与发展、中国高等教育管理的现代化进程的不断加快离不开开放，我国高等教育管理的很多思想与观念就是因为通过改革开放得到启发，很多技术与方法就是在国际高等教育的大背景下开发与形成的，现代高等教育管理的进程没有国际化的开放是不行的。没有开放性就没有中国高等教育的大发展，就没有中国高等教育管理的成熟和成长。

故步自封、关门主义使高等教育系统独立于社会大系统之外，是有历史教训的。因为，这个社会不可能停留在古代文法教育时代，教育脱离社会，脱离社会化生产活动，成为贵族教育的一种象征，难以推动社会生产力的发展。现代社会大生产催生了科学教育的迅猛发展，科学教育的内容、科学教育的方法，无不是来自于社会的，封闭已经是不可能了。那么，高等教育的管理在思想上首先要开放，要引入先进的管理思想和方法，但高等教育管理最本质的东西不要去改变它，这就是开放性的基本原则，也是封闭性和开放性的矛盾统一的需求点。高等教育管理的封闭性与开放性的矛盾在于：如果片面强调高等教育管理的封闭性，为高等教育系统的“存在”花费更多的人力、物力和财力，那么就会影响系统的外延“发展”，失去了取得更大效益的机会：如果片面强调高等教育管理的开放性，过分注意高等教育系统效益的最优化，而忽视甚至否定高等教育管理的相对封闭性，破坏高等教育系统自身，就会只强调系统“发展”而忽视系统“存在”，这将导致高等教育系统的紊乱和能量的消耗，最终将导致系统的“存在”基础动摇。无论是高等教育管理封闭性还是高等教育管理开放性，其目的都是为了使高等教育系统的生存和健康发展得到保证，具体地表现在统一于高等教育管理的诸环节上，如通过高等教育计划，在解决高等教育系统与环境矛盾中使封闭性与开放性统一起来：通过高等教育组织、领导，在解决高等教育系统内系统与系统、系统与个人矛盾中使封闭性和开放性统一起来；

通过高等教育控制，在解决高等教育系统既定目的与实施中偏离目的的矛盾中使封闭性和开放性统一起来。这里要明确的是，高等教育要向世界开放，汲取世界上先进的管理经验，包括一些先进的管理制度。要向其他行业开放，走开放办学的道路，特别是在市场经济体制下，企业管理是最活跃的，产生的现代企业管理的先进理念和方法尤其值得高等教育管理借鉴。

高等教育管理的自然属性与社会属性的两重性是我们要充分认识清楚的。两重性规律以高等教育系统中一切有目的的活动为基础，自然属性和社会属性、封闭性和开放性是高等教育管理本身所固有的。因此，高等教育管理的自然属性及其客观性规律，不仅在对高等教育管理的认识上，而且，在高等教育管理的具体活动中都必须是要遵循的。高等教育管理活动中两重性规律揭示的是高等教育管理固有的自然属性和社会属性、封闭性和开放性及其相互联系，这种联系由高等，教育管理的“整体功能”和“结合力功能”两个自标的矛盾运动所规定的，事实上，两重性从整体上反映了高等教育管理的特殊矛盾。因此，管理属性的要素之间的联系是本质的和必然的。

总之，我们研究高等教育管理的自然属性与社会属性、高等教育管理的封闭性与开放性，以及它们的规律在高等教育管理过程中是共同存在、相对稳定的，是高等教育管理本质的反映，是高等教育管理的基本规律。

第二章　高等教育教学相关理论

高等教育教学是高等教育实现教育目的、培养专门人才、体现社会价值的各种具体活动表现方式之一，是高等教育最主要的组织活动。高等教育的其他活动都是围绕教学而展开、为教学服务的。任何教学活动都是一个历时性的过程，是一个目标差异大、参与要素多、各种影响复杂的教育实践体系。这个教育实践体系的各个构成要素经过多种形式组合、为实现各个目标而发挥作用，不同要素组合在不同环境下运行又使高等教育教学形式丰富多彩。

第一节　高等教育教学本质及其特征

一、高等教育教学的作用与功能

高等教育教学作用与功能就是教学活动的基本目标与任务，它主要源于三个方面：教师的需求目标、学生的需求目标、社会的需求目标。以前，受高等教育教学活动的社会本位思想影响，一些国家特别是实施集权式管理的国家，其高等教育教学活动的作用与功能被“国家化”甚至“政党化”，教师就是国家对学生实施教育驯化的工具，而学生则是被教育驯化的对象。但在高等教育逐步发展、受教育人群日益扩大的形势下，社会本位的教学功能不断弱化，“以人为本”的教育思想越来越占重要地位。所以，教学活动的目标必须同时考虑教学活动主体，即教师和学生的个人需求，教师通过教学传播知识，促进自我的进一步探究，同时引导学生获得专业技能的训练，从而获得满足与成就感。学生通过对社会愿望、个人兴趣以及基本能力的综合考虑，主动接受高等教育、参与教学活动，以达到身心和智力的全面发展。社会对教学活动的需求可能是具体而分层次的，教师和学生对教学活动的需求可能是抽象而含糊的。对这种矛盾冲突的认识和化解有利于教学方法创新。

二、高等教育教学的主体与环境

高等教育教学的主体与环境是教学活动赖以开展的基本条件。教学主体就是有目的、有意识地进行教学实践活动和认识活动，并在教学活动中确立和体现主体地位的现实的人。这里的人包括三层含义：现实的人、动态发展的人、个体与群体相统一的人。因此，学生也是教学活动的主体之一，教学环境是相对于教学主体而言的，它包括教学活动中除主体之外的一切物质的、时空的、媒介的关系等方面，尽管环境在教学活动中处于从属地位，但对其实现教学目标有极其重要的影响。

三、高等教育教学的形式与内容

高等教育教学的形式与内容往往表现得最为具体、生动，既反映内容与形式的对应关系，也反映形式与环境的协调关系，还反映教学活动直接主体（教师与学生）与间接主体（教学管理者）协商一致管理的特征。单从教学活动形式来看，就是内容、环境、主体的统一，如课堂教学、课外练习、社会实践就是三者关系的不同组合结果。如果从教学活动主体的作为来看，则有讲授活动、听课活动、师生研讨活动等，每一种活动，各自主体地位的表现是不同的。高等教育教学内容是与教学目标紧密相连的，尽管目前我国高等教育教学的计划性正在减弱，但总体上依然比较强，也就是说从国家或社会本位出发对专门人才的知识、技能体系有一个制度设计和进程安排，教学内容按照这些制度和进程逐步展开。现在，我国开始注意发挥教师和学生的主动性，对教学内容的选择权有所放开，但与教师自主裁量教学内容和学生在完全学分制下自由选择教学内容还有相当距离，至少学生的职业规划与学校的学业指导工作短时间内难以跟上。

四、高等教育教学的特点与过程

高等教育教学的特点与过程是联系在一起的，教育与教学是一个循序渐进的过程，世界上没有任何一种瞬时性的教学活动，过程性本身就是教学活动的普遍特点，因此很多学者用“教学过程”代替“教学活动”，专注于研究高等学校教学过程而不刻意研究高等教育教学活动也是可以理解的，只是过程性特点不为高等教育教学所特有。所以，将两者混淆是不合理的，无论是对高等教育教学活动的瞬时考察还是从教学效果的分析，高等教育教学活动的特点都是十分明显的，具体有如下一些特点。

其一，专业性教学与综合性认知相结合。高等教育与基础教育的最大不同就在于知识的专业系统性，属于建立在基础教育之上的专业教育：教学目标和内容按照不同学科专业领域的知识体系进行设计，教学组织形式也分专业进行。同时，高等教育教学活动的综合性认知也十分明显：在专业性教学内容与教学情景中，学生的知识、能力、素质得到全面的培育，即使是一门十分专业的课程，教学活动对学生的影响也是综合性的，在课程设置、活动设计中，安排有一定分量的基本素质和能力训练的内容和项目，对学生的培养是多方位的。其二，隐性教学与显性教学相结合。高等教育教学活动对人才培养的影响作用趋于多样化，传统课堂的直接影响、作业与练习的直观影响等属于显性活动部分，还有许多潜移默化的教学活动，比如一次学术报告会、一次参观学习、一次社会调查、教师对学生的一次得体的表扬或批评等，这些看似不像规范的教学活动属于隐性教学活动，它的教育意义和对学生的影响绝不只是现场表现出来的结果，而要比现场深远得多、广泛得多。教育中的所谓“启发”“养成”，其实就是对这种隐性教学活动功能的表述。其三，教学活动与科研活动相结合。科学研究活动是人类有意识地探究世界的实践活动，我们说高等教育教学活动是一种接近于人类认识世界实践活动的有效组织方式，本意就在于表明高等教育的教学活动不是纯粹的知识传授活动，也不纯粹是师生交往与情景感悟活动，而是有目的地引导学生学会认知和探究世界的方法、训练基本的认知能力的活动。如果说本科生教学对这方面的要求只是初步的，那么研究生的教学则是典型的认识已知与探求未知的统一，就是教学活动与科研活动的统一，教师和学生在各自的教学活动任务中都可以实现认识已知与探索未知的结合。

五、高等教育教学的构成要素

高等教育教学是一个以动词为主的、内涵比较宽泛的偏正词组，它可以指由学校为实现人才培养目标所组织的任何行动。由于各校、各学科专业的人才培养目标、质量规格、层次要求不同，高等教育教学活动也表现出较大的差异性。但就每一个具体教学活动单元的结构来说，它们又有许多相似性，即都是由若干基本相同的要素所构成的开放性系统，不同教学情景就由这个系统的要素的不同组合产生。

关于高等教育教学活动构成要素的研究，历来有不同的争论。有的从共时性角度而有的从历时性角度分析 . 有的从关系角度而有的从表象角度分析，有的从深层结构而有的从表层结构分析，不同的分析角度决定了不同的分析结果，以至于出现从“三要素说”（教师、学生、教材）到“七要素说”（学生、教学目的、教学内容、教学方法、教学环境、教学反馈、教师）的巨大差异。客观地看，这种差异是正常的，特别是更加精细的结构要素划分，只要在逻辑上没有包含或遗漏，精细的分析应该得到提倡。联系高等教育教学活动的几个特点，我们认为一个比较完整的具体教学活动应该由教学主体、教学目的、教学信息、教学媒介、教学组织、教学环境六个要素构成。

关于教学主体。以前往往以机械认识论为理论基础从施教与被教角度考虑，认为教育参与者包括作为教育者的教师和受教育者的学生两个方面，即教学主体是教师，教学对象是学生。这实际上忽视了高等教育教学的特殊性，因为隐性的教学效果、探究性的教学活动都依赖于学生主体性作用的发挥，所以教师与学生是高等教育教学活动的共同主体。关于教学目的。这是任何教学活动的基本要素，只是不同目的有层次上的高低差别，即使是高等教育的教学活动，其目的也有层次之分，比如一个专业培养方案中的教学目的，一门课程的教学目的，一节课堂的教学目的等等。就教学方法研究需要而言，这里的教育目的主要指一个课堂之类的教学活动的目的，其中有比较抽象的一般要求，也有比较具体的内容、技能目标。关于教学信息。以前通常用教材以及教学内容来表示。但实际上，教学内容有一部分应该包含在教学目的之中，作为目标性任务加以明确。同时，教材是教学内容的传统载体，而鉴于现在高等教育可供使用的教学材料日益丰富，来源途径远多于教材，故教材在高等教育教学活动中的地位越来越微不足道。关于教学媒介。教学媒介就是教学方法及实施方法的手段，由于现代教学技术在飞速发展，传统的方法归纳已经不能准确反映教学活动实际，很多现代教学设施、技术被应用到高等教育教学活动中，其究竟属于什么方法，尚未明确界定。因此，我们称其为教学媒介，即包含了传统意义上的教学方法，又包含了现代教学技术，它是传递教学知识、信息，增强教学信息刺激强度，提高教学影响效果的途径，关于教学组织 = 没有组织就没有活动，就一个教学活动来讲，教学组织不可缺少。在什么样的时间和空间、由哪些教师和学生参与、参与人员的规模以及教师或者学生在教学时间内的教学秩序维护等，都是教学组织的内容。还有教学评价，但它属于教学过程与质量管理范畴，不属于一个教学活动的内容。关于教学环境。高等教育教学环境对教学活动的影响越来越大，根据教学活动的需要，不断对教学环境进行必要的调节和控制，有利于教学活动的顺利进行。经过选择、净化、提炼和加工处理的教学环境有利于教学主体实现追求真理、掌握知识、发展身心等目标。

六、高等教育教学模式

（一）“集中式学习”的教学模式

相对来说，集中式学习是一种较为传统的教学模式。集中式学习是以教师为中心，即由教师根据教学计划中统一规定的课程内容和教学时数，把学生集中到一起按照学校的课程表进行分科教学的一种组织形式。该教学模式强调教师的主导作用。集中式学习当教学规模不是很大时 I 这种组织形式相对来说是比较经济、有效的。

教师的主导作用易于发挥，便于教师组织、监控整个教学活动的进程，这是其一；

其二是有利于教学管理，使教学有目的、有计划、有组织地进行；其三是有利于自然学科的学习，自然学科中许多内容需要进行演示、分解和剖析，有些内容需学生亲自去感触等；其四是有利于学生之间以及师生之间的情感交流，充分体现情感因素在学习过程中的重要作用。尽管集中式学习有上述优点，但它在高等教育教学活动中存在的弊端又是十分明显的，首先，这种教学模式无法解决学生参加学习时存在的工作与学习的矛盾、家庭与学习的矛盾以及分散居住与集中学习的矛盾；其次，它忽视了成人学生不同于其他学生在学习活动中的自主性和独特性；再次，集中式学习方式过分强调标准化、同步化、模式化，整齐划一是这种学习方式的目标追求，对成人学生知识的扩展会产生不利的影响。针对学生在学习过程中凸显的矛盾和问题，要真正保证教学效果、提高教学质量就必须对现有的单一的教学模式进行改革。

（二）“分布式学习”的教学模式

随着经济形势和信息技术的不断发展，社会总体人力资源的需求形势也发生了巨大变化，对各类高素质、高学历的专业技术人员的需求提高到了一个新的层次，对各类高等教育提出了更高的要求，并使得传统的教学模式受到了极大的挑战。

新的信息技术在教学活动中的应用，计算机网络的发展能够使教学内容得到有效的远距离传递，学生可以不必像以往那样，全体集中到一个地点，由教师面对面地传授知识。电子邮件可以支持学生之间、师生之间的交流与合作，解决学习中的问题，开展各种讨论，教学模式不再单一，因此，“分布式学习”的教学模式便应运而生，并迅速以自上而下的政策推广形式，借助国家高等教育政策手段投入各地办学实践。“分布式学习”是远程教育的建构主义，采用建构主义的学习环境的设计思想，将传统的以教师为中心改变为以学习者为主体，着重于为学习者提供丰富的资源建立自己的认识和理解。我们将这种新的远程教育形式称之为分布式的学习。

目前对“分布式学习”的教学模式的理解有几种观点，如：在美国及很多国家的学者认为“分布式学习”和远程教育是一样的，指的是各种不同于面对面教学的教育；另外还有的认为，“分布式学习”是指开放和远程教育在传输课程时逐渐向使用新信息技术的转变；另有观点认为，“分布式学习”可作为人机交互工作的一个整体。尽管对“分布式学习”有各种不同的描述，但“分布式学习”实际是一种教学模式，它强调的是“分布”，强调为学习者提供灵活的、突破时空限制的教育，适应社会经济发展以及对人才的需求。“分布式学习”教学模式的出现，使面对面教育和开放远程教育之间的边界逐渐消失而趋于融合；加强了以学习者为中心，更有效地促进学习者的学习；使我们认识到要根据时空分布方式的变化调整学习和教学策略；“分布式学习”强调的是学习环境，学习者分处在不同环境中，有着共同的任务，在“分布式学习”环境中共同合作完成学习任务，学习是不同环境的分布，不一定受限于正式的机构设置。

随着教育的全球化“分布式学习”环境也要具有国际化思维，适应来自不同文化背景的学习者。可以说“分布式学习”是未来学习方式发展的一个新趋势。也有人认为“分布式学习”模式可以结合传统课堂教学应用，结合远程教学应用或可用于创建有效的教学课堂。学生可能是身处远方，参加远程教育，也可能是集中式学习中的一员，但他们在索取资源，吸取知识时，所利用的资源不仅仅局限于教师或者某个机构，而是充分利用现代信息技术，利用分布在各个不同地方的资源，使学习资源远比以往的单纯的传统课堂授课方式要丰富得多，“分布式学习”所强调的是资源的非集中化。另外，“分布式学习”的教学模式除了可以使学习者获得丰富的资源外，还可以是传统课堂授课方式的补充和灵活，如可通过电子邮件交作业、答疑，通过网络与教师、学生，甚至专家进行交流和讨论等等。这一教学模式在成人教育教学活动中的优势十分明显，首先它解决了成人学生在学习中存在的工作与学习、家庭与学习、分散居住与集中学习的诸多矛盾，同时丰富了学习资源，学生获取知识的渠道更加宽广，教与学的方式变得更加灵活，学生学习的自主性也得到了加强,对于学生的发现性学习和研究性学习能力的培养也起到了很好的促进作用。

（三）“双元制”教学模式

“双元制”的教学模式也可称为“双轨制”教学模式，是德国在100多年来传统的学徒培训制度基础上发展而形成的，“双元制”中的“一元”指职业学校：另“一元”则指企业，学校承担学习文化和基础技术理论，企业承担职业技能培训，两元结合完成教育任务，故称之为“双元制”。“双元制”是学校与企业分工协作，以企业为主；理论与实践紧密结合，以实践为主的一种成功的教育模式。学生在企业里接受职业技能培训的同时又在学校里接受专业理论和普通文化知识的教育。这样，既能够使学生具备毕业后立即上岗的能力，又通过学校教育使之基本素质得到提高，从而具备继续学习和终身学习的基础。

“双元制”教学模式具有以下特征。职业培训在两个完全不同的地点进行一企业和学校；受训者兼有双重身份——学生、学徒：培训者由两部分人承担一实训技师（师傅）、理论教师：教学内容原则上分两部分——企业培训按政府的培训条例和大纲进行，学校教育按国家和省级教育主管部门公布的教学大纲进行；教学管理——企业培训由政府管理，受政府法规、条例等约束，学校教学由教育主管部门管理，受教育类法规约束：经费来源的两个渠道——企业培训的费用由企业承担，学校教学的费用由政府和学生承担；以职业能力为本位的培训模式；以市场和社会需求为导向的运行机制。

“双元制”在20世纪90年代引入我国的高等教育，应用到成人高职教育和成人高等教育的教学实践中，成为一种特点鲜明同时富有成效的人才培养模式＝经过多年的发展，已经取得了一些成就。已经有许多实践性较强的专业采取了这种教学模式，例如：汽车维修、炼钢、保险、物业管理、机械制造和医疗等。“双元制”教学模式的应用在我国成人高等教育发展中提供了宝贵的案例资源，从中可以看到“双元制”教学模式的以下一些优势。

第一，改革专业课的课堂教学模式，促进学生技能的提高。“双元制”教学以职业能力为本位，各院校在实践中都突出了实践性的原则，使学生在学习的同时获得职业工作的经验，与传统的课堂型职业教育形式相比存在明显的优势。第二，加强了学校与社会和企业的联系。“双元制”教学模式打破了传统的封闭的办学方式，由学校和企业共同承担培养学生的责任。因此，办学中学校增强了与外界的沟通，更多地了解了社会和企业对人才的需求情况，克服了以往办学的盲目性。第三，加快了师资队伍的建设，教师的理论水平和实际水平都有所提高。在“双元制”办学过程中，提高了专业教师的实践能力，改变了以往的教师基本上是学科型的，实践能力不高，动手能力不强的状况。第四，各院校借鉴德国双元制教学模式，改革了课程结构I丰富了教学内容，使教学方法灵活多样，促进了教学模式的改革。

第二节 高等教育教学观念及其发展变化

一、高等教育教学思想观念及其核心内容

（一）高等教育教学活动主体

教师主体论源于以赫尔巴特为代表的“教师中心说”，是长期统治教育研究与指导教学活动的主导流派。该派观点认为，在教学活动中教师是唯一的主体，学生是用来供教师加工、改造的，与教学内容一起构成教师教学活动的对象，属于教学客体，学生主体论源于以杜威为代表的“学生中心说”，其基本观点与教师主体论相反，认为教学活动的唯一主体是学生而不是教师，教师和教学内容都是被用来塑造和加工学生的，是其成材的工具性对象，是教学客体。而教师学生双主体论则改造了前述单一主体论的思路，提出教师和学生都是教学活动的主体，在一个完整的教学活动内，就对教学效果的最后影响来说，分不清教师的能动作用大还是学生的能动作用大，只能是两个主体并存，共同协调的结果。这时，教学内容、教学设施、教学环境等就基本上属于辅助性的东西，属于教学客体。

其实，对教学主客体的辨析有一个基本的逻辑起点，这就是从哲学引用过来的

主体概念是基于什么哲学观点的，是本体论的观点还是认识论的观点，显然，从本体论出发，只能有一个主体，而从认识论出发，选择的认识活动角度不同，就会得出不同的主体结果。教学本身就是一个复杂的系统，从教学作为社会活动实践关系出发，毫无疑问教师是主体，学生是客体；从教学活动的价值关系出发，很明显，学生必然是主体，教师是客体；从认识活动的全面关系出发，则教师与学生都属于主体，客体只是那些主体之外的教学活动要素。提高对教学活动主体的认识，有利于调动教学活动要素的积极性。那些单方面强调教师主体地位的观点，对教师工作积极性、主动性与责任心有极大的激发作用，但很多情况下，教师的一厢情愿往往达不到教学效果，久而久之，教师的这种积极性也会消解。那些单方面强调学生主体地位的，有利于激发学生的自我教育、自我学习、自我塑造，也有利 T 教师在教学中贯彻促进学生全面发展的理念，但如果缺乏教师的正确引导，往往也不能得其门而入，最后效果并不如意；教师和学生的双主体地位，可以比较全面地调动教师和学生在任何教学活动中的积极性，根据实际需要各自发挥应有的作用，共同完成教学任务，实现教育目标。按照高等教育的教学活动特点来看，这种双主体观念更符合教学实际。教师和学生在教学活动中主体地位的认可，不是什么权益之争，而主要在于责任的归属。教师和学生对于那些作为客体的已知知识、未知知识的认识与探求是共同的，因此在这种“既认识已知又探索未知”的高等教育教学活动中，教师和学生属于共同的主体是不应该有疑问的。

（二）高等教育教学活动主体关系

一般来说，任何活动都存在主体与客体的关系，如果按照两种单一教学主体的观点，无论谁为主体谁为客体，都是主客体关系。但是，高等教育教学活动主体是双重的，不同主体之间必然构成一定的关系，因此，很有必要探讨教学活动的主体关系。至于高等教育教学活动的客体，在双重教学活动主体前提下，它与主体之间的关系比较简单，一方面服从于主体的需要，另一方面充当连接两个主体的纽带。

高等教育的教师。高等教育的教师是教学活动任务的具体组织者、承担者。教师群体是高等学校履行人才培养职能的直接人员，他们还在自己的专业领域肩负着科学研究和社会服务的使命。高等教育教师作为一个群体概念，包含所有在高等教育从事与教学活动相关的专业人员，既有教学第一线的任课教师，也有以科学研究为主要任务的研究人员，还有实验、实践教学以及教学活动组织管理第一线的教学辅助人员。高等学校教师作为一种社会职业者，具有较高的社会地位和重要的教学主导地位。人们常常把高等教育的人才培养和学术水平看成一个国家文明进步的标志，对履行这两项职责的高等教育教师寄予厚望。另一方面，在高等教育教学活动中，教师对教育内容的选择、对教学活动的调节、对教学进程的把握、对教学手段的改造等起着主导作用，因而，是教学活动的主体。

总之，高等教育教师肩负着比较多的教学职责。第一，要肩负传授知识，引导学生掌握学科专业基础知识、基本理论和基本技巧，培养和发展学生智力和专业能力的职能。第二，要在教学活动之中通过隐性手段启发和培植学生良好的道德、情操、意志与美感，关心学生的全面成长。第三，要精心组织和设计教学活动，不仅注意课堂教学活动的组织，还有由课堂延伸到课外的答疑辅导、作业评判以及相应的实验和实习、实践。第四，为了更好地服务和改进教学，必须不断地开展专业领域的科学研究和教学研究，以引领学生及时了解科学前沿，改善教学方法，丰富教学内容。在这些基本职责中，最基本的两项是教学和科研。能否成为比较合格甚至优秀的教师，关键就在于这两项职责的履行情况。这两项职责任务完成得好，不仅可以相互促进，还可以带动其他职位的更好完成。实际上，中外高等教育都有不少教师并不能比较好的兼顾两者，相当多的教师把自己的教学目标定为传授课程知识、介绍本领域的概念和方法，很少关心学生的一般智力发展和个性发展，他们作为教学内容方面的专家，与本领域的其他人共同具有专门化的知识、概念、话语、方法，但作为教师，尤其是本科生的教师，他们则难以与学生形成共同认可并乐意接受的训练方法，丰富教学活动的知识和理论。

高等教育教师肩负的职责决定了他们的劳动特点。这就是教学手段的自主性与教学活动的示范性、教育对象的能动性与教学情景的复杂性、教学过程的长期性与教育影响的滞后性、教学方式的个体性与教育成果的集成性。面对这些特点，有的教师可能会表现的无可奈何，有的则从积极方面进行力所能及的改进，甚至形成个人教学风格。比如以教学内容为中心的，以尊重学科为特点，重在教给学生系统的知识、原理：以教师自我为中心的，则相信自我的榜样作用，让学生陷入角色模拟的境地：以智力为中心的，则以训练学生的智能为目的，一切的知识、环境都只是用来训练的道具，知识、技能本身不是追求的结果。这些都是有特点的教师，还不是“全能的教师”，比较良好而全面的教学活动，应该是教师的知识、师生现实的探究、教师引人入胜的个性、人格和激励学生学习动机能力的高度复合，可见，当好一名高等教育教师实属不易。

高等教育的学生。高等教育教学活动的主要参与者除了教师就是学生，不仅高等教育的教学如此，任何学校教学活动都离不开教师和学生，二者缺一不可。学生的积极参与不仅丰富了教学活动的内容与形式，也在很大程度上决定着教学活动的最后效果。高等教育学生的构成是十分复杂的，而且随着高等教育大众化的推行、终身教育观念的深化和学习化社会的建立，到高等教育接受教育的人群越来越多，学生构成也越来越复杂。一般来说，高等教育的学生不分种族、地域、性别，在年龄上处于青年中期，个体的生理发展接近完成、心理变化趋于稳定，自我意识日益增强，已经接受了基本的基础教育。但这只是高等教育学生的基本规定性，实际上，世界各国高等教育的学生要比这复杂得多。就我国来说，目前本专科学生在主体上大致符合以上的规定性，随着21世纪以来高等教育政策的调整和大众化教育的发展，以及更多少年的提前入学，使得高等教育学生在年龄、心理、生理等方面均已突破原有规定和认识。如果将硕士、博士研究生考虑在内，则这种基本界定就显得更加局限和狭隘。

为什么参加高等教育的学习，是解决和了解学生的学习目的和动机的重要依据。高等学校学生的学习目的、动机又是高等教育教学活动的重要影响因素，也是学生作为教学活动主体的重要标志。只有那些目的明确、动机纯正的学生才能在高等学校教学活动中发挥积极的主体作用。无论高等教育关于人才培养目标的理想设计如何，学生的实际学习目的与动机不一定与之完全合拍，但学生的要求只要是合理而可行的，就应该得到满足。研究表明，多数高等教育学生认为，他们到高等教育学习是为了取得职业的或专业的训练，获得发展自己和个人兴趣的机会，最终能够获得较高的收入。学生学习的态度与方式倾向是什么，这个问题的回答涉及学生的多个方面。首先是目标决定态度，基础决定方法、情感决定倾向。目标明确的学生其基本态度是积极的。知识基础、能力基础强的学生其学习方法、参与程度必然得当；依赖性、独立性、表现型、沉默型等不同情感类型的学生，其对教学活动的态度与影响也不完全相同。

（三）高等教育教学活动主体关系模式

教学活动也被理解为教学主体之间的人际交往活动。高等教育教学活动拥有多个主体，每一个教学环节都包含了各教学主体交往的关系，每一对主体关系动力的平衡与消长，都影响着教学活动。高等教育教学活动具有明显的个体性与综合性特点。这就是说，教师的教学既是个人的劳动表现，也是群体的劳动表现，一个教师不可能教好一个班级，培养出一批人才，甚至不可能完整地教好一门课程，必须要有教学助理、实验人员以及班主任等相关辅助人员的共同参与才行。学生的学习也是如此，纯粹单个人的学习有时不能很好地完成，我们强调开展主体性教学，所依靠的不只是单个学生的主体性，还包括建立在每一个学生主体性发挥基础上的协作教学、合作探究。所以，高等教育的教学主体实际上有3对主要关系：师生关系占主导地位，师师关系和生生关系居于次要地位。

师生关系是任何学校教学活动都普遍存在并引起高度重视的一种行动主体对应模式。它是以教学任务为中介，以“教”与“学”为手段构成的特殊社会人际关系，是高等教育最基本的、在教学活动中占主导地位的人际关系。对这种关系的认识也在不断发展变化，就其结构来说，传统的理解就是教师对学生“一对一”“一对多”的主从关系，在高等教育教学活动中的表现就是：在课堂教学上，教师读讲义、做演算，学生记笔记、做练习；在课程设置上，必修课多选修课少；在教学管理上，实行学年制，对所有学生按一个标准来要求，个体差异没有受到重视，等等。历史经验和教训告诉我们，认识和建立新型师生关系对高等教育的教学来说十分重要。这种新型师生关系在结构上教师与学生是“一对一”“一对多”“多对一”“多对多”的复杂网络系统，这个网络系统功能的全面发挥，就是高等教育教学活动的全部的任务与追求目标。

师师关系就是高等教育教学活动中所涉及的教师群体内部之间的多边关系。我们发现我们对高等教育教学活动中的师师关系的关注度不够，但凡谈到教学关系，必论师生关系。其实，高等教育教学活动中，师师关系的作用非常大，这是与初中等学校、其他培训学校完全不同的。由于这种关系的构成具有长期性、利益性、人格性等特点，所以尽管关系网络不会很庞大，但文人相轻、学术流派、师承传统、利益之争等情况常常发生，从而影响教师的教学。这是从对立性看的，再从合作性来看，哪怕是一门课程甚至一节课堂，主讲教师与助教之间、理论教师与实验教师之间、教师与教学调度人员之间等的配合关系，都会直接影响到教学活动的开展及其效果，所以说，一个和睦的教师群体对于高等学校教学活动的有效开展十分必要。

生生关系是由高等教育同辈学生相互之间组成的多边联系。这种关系也被称为同学集体，它可以由同年级同专业的学生构成正式的稳定关系，也可以由相同学科专业不同年级的学生以学术爱好为基点构成稳定的师兄弟姐妹关系，还可以由教师主导创立诸如电子协会等主题组织关系，生生关系的形成具有随机性，但一旦形成，就表现出比较稳定的态势，这种态势不仅在学生大学学习期间有相互促进、影响的作用，还会在高等教育结束后延伸到社会活动中。生生关系对教学活动，尤其是对学习活动的影响是全方位而且深刻的，被认为是仅次于学生个人行为的力量。当然，这种关系结构的规模大小、质的差异性等内在特征会在比较大的程度上决定其对教学影响作用的发挥，

二、高等教育教学思想观念的演变

高等教育教学思想观念具体通过人才观、质量观和效率观等来表现。新时期以来，我国高等教学思想观念更新始于恢复正常秩序的最初几年，其主要表现为向过去学习，重拾或实现新我国成立后逐步建立和形成的教学思想。

（一）培养人才观念的形成

高等教育的根本任务是培养人才，而人才培养的主要途径是教学活动。创新开

放以来，通过“红专论争”确立了知识本位的高等教育思想观念，但高等教育似乎又一下从“广阔天地”回到了“象牙塔”。同时，教学和科研使命又在高等学校展开了激烈的地位之争，这使高等教育成为教学和科研“两个中心”的发展轨迹渐行渐远。实际上，很多学校和教师更加重视深度高的科研工作，对教学工作重视不够，教师的教学职能发挥不够。随着国家对人才培养质量的关注与重视，人们开始重新认识和反思高等教育教学和科研的关系，进而确立了教学在学校工作中的中心地位，无论什么类型的高等教育，首要任务是人才培养，科学研究也要肩负起人才培养职能。高等教育教师必须把教学放在第一位，切实履行教师的基本职业职责。随着世界高等教育发展和科技、社会进步对人才培养规格新要求的不断提出，能力本位观点越来越受到重视，学生需要成为、社会更需要提供知识全面、技能过关的高素质人才。因此，对教学活动提出了新的要求：一方面是出于理论教学与实践教学的关系问题的考虑，既不能忽视理论教学又

要加强实践实验教学，另一方面也是出于协调学校教育与社会教育的关系，既不能在学校教育与社会教育之间走极端，也不能过多增加学生的时间、经费、心理等学习负担。于是，新的教学中心地位理论逐步得到丰富和发展，在校内强调理论教学与实验、在科研活动中培养学生能力，在校外加强实习实训基地建设，建立产学研究机制。

（二）逐渐形成以专业教育为主的教育思想

一般认为，国际上高等本科教育大致有两种教学模式：一种是以苏联和德国为代表的专才教育模式，学生在校学习时间较长，既打基础，又进行实践训练；另一种是以美国为代表的通才教学模式，学生在校学习时间较短，主要是打基础，实践训练放到大学毕业以后。我国最先主要学习苏联模式，形成了专才教学模式。创新开放后，我们发现苏联专才教育模式的许多弊病，开始注意学习欧美通才教育模式。同时，这两种模式自身又不断变化和交融。

一般认为，现代专业教育思想源于美国国家功利主义视域下的科学主义高等教育哲学。兴起于20世纪初的以实用为标准的功利主义教育观影响了美国几十年，受苏联“卫星上天”的刺激，美国更加重视高等教育教学的科学功利。我国召开的全国科学大会提出“向科学进军”，迎接科学春天的到来，这使刚刚恢复的高等教育深深打上科学主义的专业教育烙印，此后一直成为国家教育方针政策以及学校教育教学工作的重要指导思想的构成元素。但培养学生一技之长的专业教育思想很快也受到素质教育思想的挑战，因为国内外的人才成长及使用实践表明，仅有一技之长的人并不能担当高级专门人才的重任。随着世界科技的迅速发展，学科专业高度分化后再高度综合成为发展趋势，人才培养与社会工作都面临越来越复杂化，特别是“曼

哈顿计划”反映出社会工作对人员合作、协调、组织能力等综合素质的要求越来越高，不仅要具有扎实的基础、宽广的知识面、较强的能力，而且要具有良好的思想政治素质和道德水平，以及健全的身体心理素质。

以自由教育、人文教育、普通教育等形式出现的综合素质教育思想得以萌生，传统意义上的专门人才培养模式、观念逐渐被“拓宽专业口径，增强适应性”的呼声和“通识教育”的理念所取代，仅仅重视科学技术的“精、深、专”为“德才兼备”“文理兼备”的人才目标所取代。随后，华中科技大学率先提出以人文素质教育为突破口，中共中央和国务院出台专门文件推进的高等教育全面素质教育，并建立了一大批国家人文素质教育基地。人文素质教育并非只对理工科学生进行人文科学知识传授，而是对所有学生加强人文品格、人文精神的全面教育，是通识教育的具体体现。

（三）提高终身学习和终身教育观念

按照传统的职业教育观念，高等教育在教育序列中毫无疑问就是人一生的终结性教育活动。但由于世界科技发展的日新月异以及世界性社会工作的不断变化，由联合国教科文组织的系列报告引发，以素质教育思想为理论支撑的终身教育、终身学习观念逐渐渗透到高等教育领域，高等教育究竟是终结性教育还依然是基础性教育一时成为学术界的争论热点。特别是高等教育达到大众化甚至普及化程度之后，高等教育的基础性就更加突出，高等教育只能为学生未来成为科技人才、从事科技职业打下知识、能力和继续学习的基础，而不能为未来准备好所需的一切，因而，高等教育人才培养必须更加重视比较宽广的学科领域、比较扎实的基础知识、比较强的学习和研究能力，也必须为在职人员提供大学后继续学习的条件。

（四）以学生为本的个性化教学观念逐渐生成

一场世界性的学习革命，使高等教育教学模式也必须适应受教育群体的历史性变化，这是高等教育教学创新的直接指导原则和方向。具体而言有如下表现：由单纯的掌握知识转变为更加注重智力发展和能力培养；由单纯的、狭窄的专业知识和能力培养转变为同时注重拓宽知识面，培养具有包括外语能力、经管能力、交往能力等多种能力的复合型人才；由单纯注重统一的培养规格转变为同时注重发挥学生的多样化特长和学习潜力，由偏重于重视理论知识转变为同时注重实际知识，进一步强调理论与实践相结合，等等。

因材施教，促进人的全面发展是一条基本教育原则。为了克服计划时代“标准件”式的高等教育人才规格和培养过程中的固有缺陷，突出学生在人才培养中的主体地位，在教学管理、教学环节、教学方式等方面也要将统一的、封闭的、固定的人才模式变革为多样化、个性化的教学过程和教学形式。既努力拓宽专业口径又坚持按专业培养人才，既制定人才培养目标和基本规格又给予学生充分自由的发展，既坚持教学工作的计划性又给予学校、专业、教师和学生较大的灵活性。在教学管理上，推行学分制，实行选课、选专业等灵活的制度和政策。

三、高等教育教学思想观念变革的趋势

进入21世纪以来，随着我国高等教育大众化进程的不断推进，高等教育条件保障机制等方面遇到了难以预料的困难，由此引发的人才培养质量争议成为高等教育的热门话题。政府和高等教育回应这种社会争议的积极举动就是实施“高等学校教学质量与教学创新工程”，试图既改善高等教育的条件保障状况，又注重将物化的环境与条件转化为人才培养所必需的制度建设，不断推进教学思想观念创新。

（一）全面落实科学发展观

科学发展观的第一要义就是发展，包括高等教育的发展、人的发展。围绕以人为本这个核心，人才培养工作必须是全面、协调可持续发展的，这也是终身教育和学习化社会思想的基本要求。贯彻党的教育方针，推进素质教育，坚持“巩固、深化、提高、发展”的方针，遵循高等教育的基本规律，牢固树立人才培养是高等教育的根本任务、质量是高等教育的生命线、教学是高等学校的中心工作等都属于新的高等教育教学理念。

（二）建立健全大教育观

这具体表现在创新高等教育资源共享上，通过新教材和立体化教材建设、网络教育资源开发和共享平台建设，建设面向全国高等教育的精品课程和立体化教材的数字化资源中心，建成一批具有示范作用和服务功能的数字化学习中心，完善服务终身学习的支持服务体系，提升我国高等教育的质量和整体实力。这需要充分考虑提高教学质量的系统性和复杂性，确定一些具有基础性、全局性、引导性的创新突破口，引导高等教育教学创新的方向，实现高等教育规模、结构、质量和效益协调发展。同时，也需要调动政府、学校和社会各方面的力量，把发展高等教育的积极性引导到提高质量上来，充分利用各方面力量支持高等教育的发展，切实解决高等教育在提高质量方面的实际问题，为高等教育办学创造良好的外部环境。

（三）高等教育教学创新

高等教育教学创新与高等教育质量提高是一对永恒的话题，总体而言，我国等教育教学创新在实践活动上可谓阵容庞大、气势恢宏，但在形式和内容上出彩不多。因此，在教学制度创新方面，要继续建立和完善教学评估制度、专业认证制度、高等教育基本状态数据发布制度等；在教学活动创新方面，不仅要落实“教授、名师要上课堂”，还要努力建设高等水平教学团队。同时，应继续突出学生的主体地位，不断加大学生选课、选专业余地，通过学分制使学生学习的自主性、自我责任心进

一步增强。还应通过各级各类大规模、高强度的教学研究与教学创新立项和成果奖励，推动教学方法创新的激励机制，根本改变教学方法创新零散、自发、孤立、短效的局面。

第三节　高等教育教学方法

一、高等学校教学方法

在已有研究成果中，对于高等教育教学方法的分析和认识有本质揭示型的．也有特征或过程描述型的，对于高等教育教学方法研究的风向转向了“模式”路径。无论是本质揭示还是特征或过程描述，都存在一个致命缺陷：教师本位思想。这样，几乎所有关于高等教育教学方法的本质定义和特征归纳，都陷入以教师为主导的“二元论”泥沼，从教师角度研究教授方法，从学生角度研究学习方法。教授方法加学习方法就构成教学方法。这种逻辑思路所分析得出的结果自然离高等学校教学活动真实情景距离较远，教师的教授方法可以在没有学生参与的环境下进行，学生的学习方法更无须教师的直接参与。这两种可以游离的方法不是简单相加就可以组合成新的方法。

其实，教学模式研究代替不了教学方法研究，或者仅仅是教学方法研究特殊阶段的一个尝试。很多教学模式研究成果显示，它属于教学方法研究范畴，教学模式是多种教学方法的综合。至于说教学模式是稳定的、典型的教学程式或策略或样式，这种表述也背离了高等教育教学活动的本质，与高等教育教学活动特征不相容。因为高等教育的教学活动，尤其是教学方法，不存在可以照搬、套用的“方法组合”，试图设计或概括出一种模式加以推广也不符合高等教育的教师、学生、学科专业、学校类型等差别化的实际。高等教育教学，它的本质是一种整体性的有机“活动场域”，教学方法就是维系这种活动场域的或隐性或显性的“脉络”，即在教师的教授活动领域与学生的学习活动领域的交叉重叠部分发生的信息传达、消化、反馈的思维、路径、手段以及氛围环境等。在这个交叉重叠区域之外的教授方法、学习方法或者管理方法，他们虽然对教学活动、人才培养有重要影响，但不是严格意义上的教学方法。

在高等教育教学活动场域中，关于方法问题还不只教学方法一端，还有管理与教师活动交集场域的方法问题、管理与学生活动交集的方法问题。但教师和学生活动交集又与管理活动有一小块交集，问题的核心就在于此：教学方法的掌控权限。

假如教师、学生、管理者在整个教学活动中的作用是均衡的，而且教学方法的选择与使用也是深度融合的，则三者对教学方法掌控权的共同认可范围大约是各自三分之一的“他控”组合区域，各自的三分之二都是自我控制的。也就是说，在教学方法的控制问题上，管理者、教师和学生都不可用全部的单方面意愿来衡量整体和他方的教学方法，真正可以达到三方共控的，是小于各自三分之一的共同空间。教学方法的自由是“教学自由”的实践根源。

二、高等教育教学方法的特点

认识教学方法的特点是认识高等教育教学方法的理性提升。仅从明确提出高等教育教学方法特点和分类来看，几乎都是循着“探寻模式”和“分析过程”两种思路在进行，薛天祥提出的课堂教学方法、自学与自学指导方法、现场教学方法、科研训练方法的“四分说”，陆兴提出的组织和实施学习认识活动方法、刺激和形成学习认识动机方法、效果检查和自我检查方法的“三分说”。我们通过分析大量教学成果奖获奖材料以及“教学名师”的实践经验发现，对于高等教育教学方法特点和分类的认识要首先回归教学活动本身。教学方法必须是在教学活动中充当“脉络”功能的东西，教学活动之外的、教学活动之中但不能充当活动“脉络”的，都不能归于高等教育教学方法考察范围。

在整个高等教育教学活动中，一切活动都是围绕“提高教学水平和教育质量、实现培养目标”这个中心的，而且任何活动都具有其方法、途径、手段。在专门人才培养过程中，课程是最基本的知识与能力体现单元，也是高等教育活动中学科与专业相互转化与结合的最小载体。学科是一个按照学术发展逻辑不断丰富起来的系统化的知识体系，专业是教育活动按照社会对专门人才要求所设计的一个相关学科知识体系群，开展这种学科知识体系群的知识传授和能力训练就是专业教育。可以说，专业是按照社会发展的逻辑变化的。课程是学科知识体系的分化单元，也是高等教育实施专业人才培养的最小的完整的知识与能力结构单元。高等教育的复杂性就体现在从课程这个知识逻辑体系到转化为接受教育的学生所获得知识与能力的微观过程之中，这就是教学活动。因此，研究高等教育教学方法必须把课程作为基点，超出课程范围的东西，如人才培养方案、教材建设与教学活动关联不大。确定了教学方法的基本范畴，尚需进一步对教学方法的内在特点和结构进行细化。

高等教育教学方法特点的研究近来比较沉寂。早前“二性论”（专业指向性、学术研究方法接近性），“五个培养论”（学生的自学能力培养、研究能力培养、实践能力培养、合作精神培养、创新精神培养），“七方式论”等，几乎都是对教学方法的实现功能考察得出的结论，到了“三性论”（学生主体性、探索性、学科专业性），关于高等教育教学方法特点的研究才逐步回归到高等教育教学方法本身。

循着这种思路，在全面考察高等教育教学方法涉及的各个方面之后，我们认为比较集中的、显然区别于其他层次教学方法或者高等教育教学活动中其他范畴的特点主要有：

第一是可感性。可感性与抽象性、不可感知相对。教学方法虽然具有工具性，但一味强调甚至放大它的工具性是不利于创新的，所以要把它看作是维系教学活动场域的“脉络”，尽管“脉络”不都是可见的，但必须是活灵活现的。教学活动到了面对面的“方法”程度，感性色彩非常浓厚，不仅要使参与者都能够感知“方法”的存在，而且还要富有效果。可感性是对教学方法的具体化概括，无论是语言、工具、形象、仪态甚至思路、能量等，都能够让人感触、感知、感觉得到。这就可以避免原来那种“方法是对知识进行加工并呈现出来”说法的片面性。可感性越强，可接受程度越高。

第二是内隐性。内隐与外显、“直白”相对，近似于含蓄，教学方法的最终目的是要教育学生，而无论从理论上分析还是从教学实践经验总结，对于不同的人，或者对同一人的不同时段和处境，教化的方法是截然不同的，这就需要教学方法具有内隐性，不全是直白的指点、训斥。同时，一切社会认知都具有内隐性，根据学习心理学的研究，学习者对于社会性信息感知的内隐性要强于对非社会性信息的感知。这好比大厦结构中的钢筋和水泥，内隐性是“钢筋”，外显性是“水泥”，它们共同构成认知建构的基本结构。高等教育教学活动，虽然是专业性教育，但更多的是社会认知性学习，因此，内隐性是教学方法的普遍特点。

第三是双重性。双重性就是事务的两种相对独立甚至对立的特性集于一体。很多事务具有双重性，高等教育教学活动的双重性尤为突出，在教学方法层面，教师和学生的主体双重性、教师和学生参与教学活动动机的双重性、目标的双重性、价值标准的双重性等都集中在一起，交锋交汇。具体而言，突出表现在教学内容、方式方法、手段，甚至是目标与结果等教育内部体现上。这些关系有的是从属的、有的是背离的、有的是不确定竞争性的，还有的是客观性与主观性并存。总之，忽视高等教育教学方法的双重性，教学方法就会走向死胡同。

第四是微观性。微观是个相对概念，社会科学中，通常把从大的、整体方面去研究和把握的科学叫作宏观科学，从小的、局部方面去研究和把握的科学叫作微观科学。在高等教育教学活动体系中，教学方法显然不属于宏观层面的概念或范畴，微观性是教学方法的实际处境，只有认识到这一点，才能准确分析教学方法的各种内在问题。任何提升或夸大教学方法层级的认识、企图都会把教学方法研究引向歧途。

第五是复杂性。复杂性是一门认识论、方法论科学，它是对“还原论”的批判和超越、对“整体论”的追求，或者说是既重视分析也重视综合、既关注局部也关注整体的系统科学的新发展。事物的复杂性是指在环境、条件发生变化时，不同行为模式之间的转换能力及其表现比较弱，某些新增条件似乎消解了一些元素。因此，要用非线性关系去把握局部与整体的变化。认识事物的复杂性，必须把握复杂性事物内在的非线性、不确定性、自组织性和涌现性。高等学校的教学活动，完全符合复杂科学的这些特征，因此，教学方法相应地具有复杂性特点。

第六是丰富性。感性活动的基本特点就是无限的丰富性，教学活动尤其是教学方法方式，既是有组织的合理性和合规则的建制活动，更是一种师生互动的感性活动。一名教师教授同样的课程，两次的教学感受以及教学方法可能是完全不同的，学生的学习感受也是如此。教学方法的丰富性实际就是教学方法的感性、复杂性以及双重性等特点的衍生结果。因此，期望用教学模式来“类化”教学方法的研究路径是违背教学方法规律和忽视教学方法特点的。

三、高等教育教学方法的分类

我们高等教育教学方法的基本特点，对于高等教育教学方法分类这种表征性的概括就比较容易。高等教育教学方法的分类要从“种属”和“类别”两个方面分析，即按照种和类两个维度进行分解：第一个维度是“类”的角度，可以分为①教学方法总论；②理论课程教学；③实践课程教学；④学习方法。第二个维度是具体的方式与途径，即“种”的角度，可以分为①课程教学内容与体系创新：②教学方式方法创新：③教学手段与技术创新；④教学艺术与技巧创新；⑤教学方法模式创新与综合创新；⑥教学效果与质量检验方式创新；⑦教学组织方式方法创新：⑧教学方法创新理念与策略。建立这样一个二维方法结构表，基本可以反映高等教育教学方法的全貌，高等教育教学方法的所有特性也能够在其中找到相应的载体。

高等教育教学方法研究就是要从高等教育教学活动的整体系统入手，深刻分析教学方法的特点，认识教学方法的规律，并在教学实践中有效运用教学方法。在进行高等教育教学方法研究时，有三个基本着眼点不能忽视。

课程：教学方法研究的逻辑起点。教学方法研究从何入手，不同的路径产生不同的结论，比如以教学工具为基点，就会使教学方法研究偏重于实现教学的手段：以教师主体为基点.就会使教学方法研究走向“教师中心”的单边主义。教学方法研究的适用基点可以有很多种选择。我们所理解的教学方法应该以教学内容为出发点，因为教学方法所承载的主要功能就是知识的传递、接收、转化与学生修养、思维、能力的训练。没有教学内容，教学方法就无从谈起。但是，教学内容是一个复杂的体系，大到学科专业的系统化知识体系，小到一个基本概念和定律、规律性常数等，针对不同的教学内容可能会出现不同层次的教学方法。为此，教学方法研究必须核定一个教学内容层级，“课程”是我们确立的教学内容逻辑起点。

课程在发展演变中，曾被赋予过多种多样的含义，富有代表性的课程定义有如下几种：学习方案，学程内容，有计划的学习经验等。一般认为，课程就是系统的教学内容，是一系列教学科目的集合，具体而言，课程包括“教学计划”“教学大纲”和“教科书”所规定和表述的内容。无论课程的定义表述如何，这里作为教学方法研究逻辑起点的课程特指高等教育课程。高等教育课程不同于基础教育课程，它具有自己的基本范畴和过程性特点。基本范畴就是高等教育课程一个系统性概念，最基本的是为达到某个教育目的而组织的一个单纯性教学内容。推而广之，还有教学科目、学科。过程性特点是高等教育课程的显著标志，无论哪个层次的“课程”都是为实现一定的教育目标而组织的教学内容，而且这些教学内容必须进入教学环节，参与教学活动。尽管从哲学、心理学、社会学以及交往论等不同视角对课程的过程性认识会有不同阐述，但“知识体系”“教学资源”“教育目的载体”“组织模式”这几个核心概念是其灵魂所在。从起源讲，课程就是“课业进程”。

教学方法是以某一门具体教学科目为基础的教学交往活动要素，不仅仅在孤立的一次教学组织活动或者在学科专业层面的全程教育活动中。在当前课程创新意义上，可以适当延伸到课程组群的教学活动，比如专业基础课程、专业课程或者理论性课程、实践性课程，还有从表现形态划分的显性课程、隐性课程等。因此，以课程为逻辑起点的教学方法研究，必然是丰富多彩的。

目标：教学方法研究的基本考量。这里的目标不全是高等教育人才培养规格目标，而是指具体课程的教学目标，但它又是整个高等教育人才培养目标的一个组成部分。这个课程教学目标既是课程体系的目标，同时又是教学活动的实现目标。按照课程论的观点，高等教育课程设计具有基础性、实践性和国际性的发展倾向，那么，具体的单门课程目标，既有与其他相关课程目标的分野又有相互的衔接，即使整体人才目标的组成部分各具自身的独特性。而要达到这个目标，则是教学环节亦即教学方法所必须回答的教学目标。一般来说，将课程的知识结构体系传达给学生不是难事，但这不一定需要教师的参与，更无须教师设计教学方法。课程目标的重要任务是以知识体系为载体，通过教学活动达到训练学生能力、提高学生认知水平，并在一定程度上转化为学生情感的效果。这不仅仅是教学活动的知识传授功能。一批高等教育教学名师对此有颇为深刻的认识。

因此，研究和分析高等教育教学方法，必须把实现课程以及教学目标作为考量依据，尽管课程与教学目标也是教学评价的重要依据，但如果在教学活动的方法选择上游离教学目标，那么在没有做到“教考分离”以及学生对教学评价主导地位难以落实的情况下，课程教学考核依然会在教师或管理者的单边主义主宰下进行，不能反映某门课程的目标是否实现。这也是长期以来，高等教育教学活动中教师教书本、学生学书本、考试考书本，最后学生除学了一堆知识之外，实践能力、创新思维以及情感培育等非常欠缺的后果。

教学方法为实现教学目标服务，在教学方法被“艺术化”的倾向下，尤其要防止“为艺术而艺术”的思潮蔓延，使教学方法创新走上一条“为方法而方法”道路。无论是实施教学组织、还是运用教学方法，或是评价教学方法，都应该把课程及其教学目标放在首位，根据目标实现的程度和效果以及采取某种方法开展教学的效率来考量教学方法的好坏。在各种类别和层次的教学方法中，以一门课程的教学目标实现和其相应一个教学活动单元组织开展的教学方法就是本研究的基本使用域。

第四节　高等教育教学方法创新的理论基础

一、认识论的局限与工具理性的泛滥

教育与哲学有着千丝万缕的联系，很多教育问题归根结底还是哲学问题，也只有回归到哲学层面才能发现教育问题的症结所在。我国对于高等学校教学方法的本体性与实践性的认识与研究相对不足，其中最直接的表现在于对高等学校教学方法本质的理论探究相当薄弱，以“借”为标志的研究路径直接导致了当前的境况。这些被借的教学方法理论和教学模式与高等学校教学方法有本质的区别。无论是从高等学校教学方法自身发展角度还是从深化对高等学校教学方法认识角度，建立以价值论为基础，以价值实现为核心的高等学校教学方法是推进高等学校教学方法创新的理论原点。

纵观我国高等教育研究与实践成果，关于高等学校教学方法的本质与内涵少有符合学理的阐释，也就是说，没有从根本上回答高等学校教学方法“是什么”或“不是什么”。但并非说我国高等学校教师以及高等教育研究者就全然没有理会这个高等教育教学活动中至关重要的概念。这就是在“借”上做功太多，一方面是在理论建树上借用普通教育学一般规律及其理论研究成果，忽略了高等教育教学活动的特殊性，另一方面在教学实践中借鉴和模仿、移植其他教学方法，忽略了教学活动中最基本的文化差异性。新我国高等学校教学方法就这样在以“借”为本质特征的“理论—实践—理论—实践”循环中前进着，结果必然是“教学方法落后”的局面，其根源不在于教学方法改革实践，而在于高等学校教学方法理论落后。

（一）工具论教学方法的畅行

毫无疑问，教学方法就是用来实施教学的工具。这种通俗的认识在一般教育学和教学论文献中非常普遍，且影响深远。从最早学习借鉴苏联《教育学》“教学方法是教师和学生为完成教养任务而进行理论和实践认识活动的途径。”“教学方法是指教师的工作方式和由教师领导学生的工作方式，借助于这些工作方式，可以使学生掌握知识、技能和技巧，还＜以形成他们的共产主义世界观和发展他们的认识能力。”“教师和学生在教学过程中解决教养、教育和发展任务而展开有秩序的、相互联系的活动的办法，就称为教学方法。”西方学者对教学方法的界定纷纷出现，其中也免不了工具主义的认识。比如，“教学方法是教师为达到教学目的而组织和使用教学技术、教材、教具和教学辅助材料以促成学生按照要求进行学习的方法。”“教学方法是指大多数教师能够充分加以运用并适合于多学科反复使用的教学步骤或程序。”“教学方法就是教师发出和学生接受学习刺激的程序“教学方法是促进学生的学习，教师组织班级，向学生提出意见及使用其教学手段的各种方法等等。这些认识无论被引入我国时间的先后，都属于工具论的观点范畴。

这种观点对我国教学方法理论与实践的影响非常强烈，王伟廉说是“一锤子定了音的”影响。以至于国内学者的很多理论研究也难脱其窠臼，王策三说“教学方法是指为达到教学目的，实现教学内容，运用教学手段而进行的，由教学原则指导的一整套方式组成的、师生相互作用的活动。”王道俊、王汉澜认为“教学方法是为完成教学任务而采用的办法，它包括教师教的方法和学生学的方法，是教师引导学生掌握知识技能、获得身心发展而共同活动的方法。”等等。这些在一般教育学、教学论中关于教学方法的观点在高等教育的延伸研究比较多，其中最直接的后果就是高等学校教学方法就是教学活动中教师所采用的工具。工具的属性没有好坏之分，只有先进与落后之别，所以，谈教学方法改革创新就是追求工具的先进性，在教学活动中大量推行现代信息技术与手段成为时尚。其结果只能是器物层面的游戏，不可能在本质上给予改观。有时操之过急、用之过度还起反作用，不仅教学效果达不到期望值，还经常让教师沦为技术的奴隶。

（二）认识论教学方法的出现

作为现代哲学三大主干学科之一，以从根本上揭示人生、社会、世界、宇宙及其相互关系“可能面目”为旨归，构建相关认识论原则的认识论对教育，尤其是高等教育影响由来已久，但对教育教学活动中的影响是相对迟缓的。长期以来，人们对教育活动的认识就是传授知识，而缺乏对教育活动本身具有认识社会和世界、探究社会和自然规律的认识和理解，所以在教学方法问题上，就是“传授”，要传授就要使用“工具”，使用工具的主体就是教师。随着后现代主义、建构主义对传统教学观的发难，对本质主义教学方法定义方式的批评，引起了用描述特征的办法展示教学方法以及活动的无限复杂性的畅行。因为教育是复杂的社会实践活动，社会发展要求对教学方法本质和规律的认识也必须是一个不断深化、发展的过程。教学方法概念的表述应该反映教学目的、教学内容的内本质联系，以及师生双方相互联系和相互作用的关系。在一般教育学及教学论领域，理论认识视野更加开阔，比如李秉德说“教学方法，是在教学过程中，教师和学生为实现教学目的，完成教学任务而采取的教与学相互作用的活动方式的总称。”吴文侃说“教学方法是教师和学生在教学过程中，为达到一定的教学目的，根据特定的教学内容，共同进行的一系列活动的方法、方式、步骤、手段和技术的总和。”

这种基于教学活动复杂性和教学对象层次性的理论倡导开启了高等学校教学方法研究的新境界。首先是正视高等学校教学活动与基础教育教学活动存在明显差别，然后是按照建构主义所极力主张适应和体现高等学校教学活动特点，用描述特征的方法来揭示教学方法的内涵。于是，徐辉教授等提出高等学校教学方法五个特点，薛天祥教授认为高等学校教学方法的特殊性主要有三个表现，潘懋元教授则言简意赅将高等学校教学方法的特殊性概括为，明确的专业指向性及科学文化发展过程和研究方法的接近性。别敦荣、王根顺教授则概括了高等学校教学方法更多地体现了学生的主体性、探索性更强、具有鲜明的学科专业特色，这些关于高等学校教学方法的比较分析和内在刻画，尽管没有直接回答高等学校教学方法是什么，但已经提示了高等学校教学方法的适用主体、基本特点、目标指向等，有利于我们进一步对高等学校教学方法本质的把握。

（三）工具论和认识论教学方法的局限

工具论教学方法是适应基础教育教学活动需要的。因为它的理论来源就在于从儿童心理学到人类文明知识沉淀状态。最简便高效的知识传授方式就是教师通过讲授方式（最原始的工具主义解释就是教师的口和学生的耳），这种高效率、低成本的教育活动无疑是人类社会的重大进步。但是，它从一端走向了另一端，就是将教学活动彻底脱离了人类认识社会和自然的实践活动。

工具论教学方法对基础教育教学活动基本适应也无可厚非，但对我国传统教学方法以及高等学校教学方法却具有严重的编导效果。我国传统教学，无论是书院还是古代官学，几千年的教学方法应该是授课、辩难、游历相结合的。辩难应该就是现在的讨论式教学方法，游历应该就是现在的实践与观摩教学方法。辩难与游历教学方法在我国的逐渐消失，不能不说是工具主义教学思想在近代学校教育演变中的重要“功绩”，让“讲授法”一家独大，特别是一些实践性教学内容、实验科学性课程都可以被“讲授”。因此，工具主义教学方法观实际上是一种狭隘的、偏执的工具主义。高等学校教学方法从根本上讲不能适用工具论教学方法观，因为高等学校教育已经不再是纯粹接受既有人类文明知识，主要的任务是学会认识社会和自然规律，学会利用和改造社会和自然。这时，教师的角色、工具的价值、学生的地位完全不能用工具主义来支配。而实际上，工具主义教学方法在高等学校大行其道，结果便是导致高等学校没有沿着自身本来的轨迹培养人。

传统认识论在教学方法上的表现是时代发展进步的必然，尤其是现代学校教学方法经过工具论的片面引导之后的本质回归。但是，这种回归与一系列的工具论教学方法起源有本质的不同，我们姑且把工具论教学方法看作是自下而上的发展路径，甚至以儿童心理学乃至动物实验心理学为发轫，从最低层次开始建树，进而向高等学校教学方法蔓延。而认识论教学方法与此相反，从人类教育活动的本源或高等学校教学特征出发，深刻揭示人类本源的教学活动以及高等教育阶段的“终极教学活动”都是为了认识、探究、利用开发社会和自然及其发展规律。以此为理论基础建构的教学方法更加适应和接近高等学校教育教学，但由于世界性高等学校教学方法研究活动匮乏，也由于高等学校教师的研究活动主要以学科为对象，以致这种本可以得到大力弘扬和进一步开拓的教学方法理论研究和实践探索沦为简单机械认识论层面而遭漠视，因此对高等学校教学方法的影响力非常不足。

在基础教育领域，由于长期而浓厚的教学方法研究习惯，以及长期被工具主义隔膜了学校教育与教育本源的觉醒，以致这种教学方法很快得到欢迎，但客观地说，认识论的教学方法观对基础教育教学方法改革创新仅仅是一点兴奋剂，难以畅行通达。因为，无论是哪个国家的基础教育，其现实使命已经远离认识的两端——不再需要所有人都从原始方式开始亲自尝试性认识社会和事物，这是人类社会进步的必然，否则就是逆人类社会发展进程的举动：接受完基础教育（主要是指各国规定的义务教育）培养的人尚不是现代社会需要去进一步探索和认知社会发展规律、自然奥秘的当然对象，现实社会肩负这些使命的主要是接受过高等教育的人。所以说，各种认识论基础上的教学方法尽管在基础教育阶段很受宠，但归根到底只是一时的新鲜，不能也不应该成为主流的教学方法。

认识论基础上的教学方法被从基础教育领域转借到高等教育领域遭遇了两种尴尬局面：一种是不以为然、不置可否。由于高等学校教学活动要说认识或探究事物发展规律，比比皆是，并不像基础教育阶段的学校教学活动那样新鲜。同时，基础教育阶段的教师与学生同处于知识占有者（先占有的是教师、后占有的是学生），都不是面向事物的认识主体，仅是认识教学活动的主体，所以认识教学活动以及教学方法的比重被无限放大，甚至被称为“研究性教学”“研究性学习”。但高等学校完全不一样，教师既是教学（面向学生）活动的主体，又是研究（面向事物）活动的主体，这就是高等学校教师一直面临的双重任务一教学、科研。

所以高等学校教师无时无刻地在努力探究，一部分人也许因此造成“以局部代整体”现象，忽略了对学生以及教学活动的研究热情，在教学活动中套用、承袭基础教育阶段所经历过的工具主义教学方法，图个清闲。另一部分人即使认识了自己的“双重任务”，接受并尝试过教学活动中的认识客体是学科只适合事物发展特点规律，但这种认识是无止境的人类社会活动，不是高等学校教育所能完成或实现的目标，操作难度大，不确定性因素多，难以就这种教学方法进行考量。总之，认识论基础上的教学方法非常适宜高等学校教学创新，但由于追求“短期功效”目标的教育体制，使其推广受阻。因此，针对认识论教学方法的应用缺陷，我们提出价值论教学方法。

二、价值论视角的高等教育教学方法

价值是一个具有普遍意义的概念，使用范围极其广泛，马克思在政治经济学领域讲的价值是指凝结在商品中能够满足人们需要的无差别的人类劳动或抽象的人类劳动成果，因此，哲学上讲的价值往往与人的需要联系在一起，价值首先体现外界事物与人们主观需要之间的关系。价值论就是关于人类生活中各种价值现象以及性质、构成、标准以及评价的哲学分支。它看似抽象，高深莫测，这主要在于100多年前的奠基者们把它描述为寻找普遍存在于伦理学、美学、法学、经济学等学科领域的“某种共同的东西”，因而使其显得玄乎。实际上，价值论相对于本体论、认识论，有非常明确的人本指向，就是从客体满足主体的需要、如何满足主体的需要出发，建立一套设计、考察、评价客体是否满足主体需要的价值原则和基本行为准则等一般价值体系，并且延伸或应用于个人和社会生活的各个领域，形成适应不同领域的具体价值体系，同时以实践的方式用这种价值体系去评判、考量和重构人类生活现实，具有强烈的社会规范和导向作用。

（一）主体需要与客体能够满足主体需要的价值实现

价值论关于主体与客体关系的规定性超越了认识论的规定范畴，把人的幸福问题作为轴心，并派生出相关的个人与他人、个人与社会、社会之间、人类与自然之间关系等问题。所以，价值论的主体、客体是动态变化的、多元结构的。就主体和客体的基本特征来讲，无论其构成是人一人结构、人一事结构、人一物结构，都是围绕需要与满足展开的活动。作为客体，某事物对人或特定某人有用，能满足其某种需要，则这种事物相对人或特定某人就是有价值的。这里的人或特定某人就是主体。所谓价值，就是客体对主体需要的满足性。同时，主体必须需要并实际享受了客体所具备的效用才能使客体的有用性得以显示，得以发挥，得以实现。主体不需要或暂时不享受这种需要时，价值主体与价值客体没有发生实际关联，客体的价值只是潜在或可能的，没有得到实现。因此，从主体方面来看，价值是主体对客体的需要性。总之，价值反映的是事物的客观有用性与人的主观需要性之间特定的关系，它既与客体的有用性相关，又与主体的需要性相关。客体的有用性与主体的需要性的辩证统一，以及价值的个体性与社会性的统一、理想性与现实性的统一、手段性与目的性的统一就构成了价值实现。价值论的全部意义就在于价值实现，价值实现的核心内容是人的价值实现。

人是具有先天道德本性的，是有追求法则秩序及美好品德的本质和内在规定性的。人只有创造了文化，创造了文化世界，才能真正进行价值实现。文化创造作为价值思维肯定形式，既是人的价值实现，又是人的本质实现，它既创造了一个客观的有价值、有意义的文化世界，又创造了人，实现了人的本质。人的整个文化创造、实践、感受、认识活动都是积极主动的价值思维、判断与选择，表现为人的主体性的价值实现。因此，人的职业、地位不同，价值需要不同，其价值实现的内容、方式也各不相同的。同时，作为价值提供方的人，必须能够“意识到”自我及外部世界的价值存在和意义，否则就谈不上人的价值实现。而这种“意识到”以及努力达到的程度也与自我个体或群体的知识水准、理解和领悟能力、经历情境乃至精神意志密切相关。

（二）价值论的高等教育学意蕴

价值论是探寻人类生活理想目标的哲学分支，作为人类社会生存与发展重要组成内容的教育活动自然也在价值理论的视野之内。无论是对个体的人还是对群体的人，“以人为本”的发展理念说到底就是“以人的价值实现为本”。价值论关于人的价值实现的一系列观点和价值体系正不断校正着传统教育学的一些悖谬，更对化解高等教育、高等教育学一些难以解释的问题和现象提供了理论帮助。

高等教育教学活动中的主体与客体。我们现在的高等教育教学基本理论是认识论基础上的一般教育学。也就是说，认识论所刻意解析的主体与客体关系范式被一般教育学所接受，形成了教学活动中的主客体二分局面。因此，出现了教师主体、学生客体或者说教育者、被教育者等一系列的概念或范畴。其实，关于“教育”这种古老人类活动的本质界定始终打着本体论的烙印。认识论关于主体性有更精辟的阐释，但在人与人的关系问题上仍未完全脱离本体论。所以，一般教育学和教学论理论仍然沿袭这种哲学观点，非要分出教学活动中的主体与客体、非要使“教育”这个动词具有及物性不可。所以，一般教育学和教学论中的一个重大谬误就是建立了教育活动参与者的主格与宾格。这些“理论建树”又被简单移植到高等教育学或教育教学论之中。

现在的高等教育教学活动依然存在何为“中心”的问题，这种争论都没有脱离“中心主义”的框架，无论是“以教师为中心”，还是“以学生为中心”，抑或“以知识为中心”，都没有揭示高等教育教学活动的本质，其理由有二：一是这些理论基础源于一般教育学和教学论，这些以基础教育为主要研究对象的理论成果只能是“一般”，不能完全适用于高等教育这种“特殊”；二是高等教育教学活动中的人的地位无论是从瞬时性还是从长远性来看，是相互变化的，明确谁为中心毫无意义，其显著特征就是活动的主体间性。

从价值论观点来看，高等教育的教学活动客体就是教学活动本身。教学活动作为一种综合性社会事务，它具有丰富的有用性，能够满足主体的各自需要。而且，该活动的上位主宰是制定教育目标和举办学校的人或组织，他们要实现目标和价值，就必须以教学活动这种方式来体现：活动的下位主宰就是无限的物化条件，比如人类的知识、教学设施、教学组织与管理者等，他们的价值都需要在这种活动中实现交换。

高等教育教学活动是一种主体间性活动。以往对于高等教育教学活动的认识是一种“捷径式”观念。在精英化时代，这种观念无论正确、错误与否都无关宏旨。特别是我国现代高等教育一直在“超精英化”状况下发展，一方面是这种理论适用人群非常之小，即使按照理论设计错误运行了都不会有什么大的社会影响，另一方面是在实际教学活动中，一些不“照章出牌”的教学活动参与者即使取得了理想的成效，影响面依然小。总之，高等教育精英化时代的教学活动参与者只是社会的“小众”，其活动有无规定章法或是否按既有理论运行都无关紧要。因此，那些被嫁接到高等教育领域来的理论、观点、模式都当不得真，更不应被奉为“经典’。真正的高等学校教学活动理论建树必须立足高等教育本身，并在科学的哲学理论指导之下进行。特别是进入高等教育大众化之后，我国的这种理论供求已经出现严重的危机。在价值论的主体间性观点下，高等教育这种人类非常普遍的教学活动存在实际就是一种主体间性存在，活动中的各个主体是一种交互关系。在这个主体间性活动之中，有这样几个显著的表征。

第一，主体的多重复杂性。高等教育教学活动的参与者非常之多，按照人的价值实现理论，凡是“意识到”的相关需求者都可以认为是教学活动的参与者，而不仅仅是教师和学生。教育目标的设计者，学校的举办者、教学管理者、学生背后的家长以及将来的雇主、教师背后的家人以及教师和学生两大利益相关者群体都是高等教育教学活动的主体成分。虽然教学活动从表面看是教师和学生，这是静止的观点，从主体间性分析，高等教育教学活动所有价值期盼都应该得到实现，这是价值的目标规定性。当然，这些主体可以分层分级，教师和学生是第一阶梯、教育目标设计者和学生家长是第二阶梯，教学管理者和教师、学生的利益相关者群体是第三阶梯。这种分层分级也只是相对的，在高等教育大众化、普及化情况下，教师和学生这种“一线主体”也不一定有自己真实的需求或满足需求愿望与能力，这种情况另当别论。这些复杂主体的共同点都是理性行为者，他们的合理诉求都应该得到尊重。所以，活动中的主体角色转换、个体差异都应该得到包容。

第二，价值及价值关联的客观存在性。高等教育复杂的主体关系以及主客体关系决定了教学活动的无限丰富性。但是，我们并不能为这种丰富性所困扰所迷惑，甚至束手无策。这一切的主体以及作为非主体的物化成分，在这个活动中都具有价值，都具有价值表达功能。这就是高等教育教学活动所必须显现的特殊过程，基础教育可能不一样，可能作为主体的学生根本就没有那个求知需要，因为他们还是非理性的人。但高等教育完全不同，学生无论如何是具有求知、成才欲望和需求的，这时他是主体，谁来满足这种需要。教师也可以具备条件、书本也可以具备条件、网络也可以具备条件、学长与同学也可以基本具备条件，还有广阔的社会生活实践也可以。这说明，高等教育的价值关联不仅是客观存在的，而且也是无限丰富的，满足活动主体需要的供给者不是唯一，当然一也可以多重。

第三，活动结果的临界性。所谓活动结果就是价值实现的目的。基础教育阶段的教学活动结果是知晓人类的既往文明，为未来探究、利用社会与自然规律做准备。这种教育是退缩于社会生活的高效率教育。随着社会的发展进步，这种以“知晓”与“准备”为目的的阶段越来越长。但高等教育作为人类教育活动的最后阶段，前面的“知晓”目的已经退居其次，主要就是面向社会、自然实际，开始尝试认识和探究、利用人类社会、自然世界规律。这种活动一要有分工性，二要开展直接的尝试活动。这种教育与社会生活之间的临界性是解释现行高等教育中“知识中心”“教室中心”等弊端的有力理论武器。正因为是临界性，教学活动中的很多面向对象的认识问题就没有统一标准，尚在探索之中．所以要有探究性教学、研究性学习、讨论式教学等。一切以“标准答案”为教学效果检验依据的做法则大相异趣。

（三）高等教育的价值实现

价值实现是主体论研究的一个新视角。以前的主体论重点研究价值本身，主要从价值构成、价值生成、价值变异等方面入手。价值实现就是突出价值的实践属性，使原有的价值如何从潜在状态变为行为表现。高等教育作为人类社会教育生活的一个阶段或直接就是一种人类社会生活，其根本目的就是价值实现一主体的价值实现、对象的价值实现、活动的价值实现。就主体的价值实现来说，至少有学生为实现个体全面发展的价值诉求、教师为达到成就认可与事业发展的价值诉求、学校为体现社会功能与发展力的价值诉求、政府为提高国际竞争力而发展高等教育的价值诉求、社会有寻求人人发展、人人公平、人人贡献的价值诉求。有高等教育活动对象的价值实现就是实现知识育人、功能服务。活动本身的价值实现就是培养教师和学生共同探索社会、自然和人类自身的发展规律，进行相关认识和探索实践。因此，以往关于大学功能的三分说实际是机械主义的产物，对特定大学和一般高等教育来说是正确的，但也在世界范围内误导大学的发展，形成大批同质化大学、模式化大学发展思路。高等教育的价值实现就是基于自身目标的价值转化，与外在的功能规定性毫无关系，即使强加也不可能实现目标。

由于人类文化存在中包含着许多非理性的东西：风俗习惯、迷信思想，有些政治、法律、礼仪、制度等也是在非理性的价值思维肯定基础上建立和发展起来的。这会影响人的价值思维及价值实现，因此价值实现理论要求通过文化与人的教育来排除这样或那样的非理性或不合理性。所以，“教育者首先必须受教育，要想别人提高理性首先自己必须符合理性。即使受教育者的觉悟尚未达到理性的高度，或者他的思想、行为包含着非理性，你也必须尊重他、关心他、爱护她。只有先尊重他、关心他、爱护他，然后你才有可能启发他、教育他、改变他，而且还必须出于真诚的愿望和善良的动机。对人的非理性不能采取粗暴无理的态度，更不能愚弄他们、戏弄他们，否则你就会陷入以非理性对待非理性的地步，那是绝对达不到理性教育的目的的。”这就是高等教育的真谛所在。

第五节　高等教育教学方法创新的原则

建构高等教育教学方法创新理论是为了推进高等教育教学方法创新实践。高等教育教学方法创新的原则是以基本创新理论为前提，按照激化矛盾冲突、假设科学有效和追求教学效率最大化的基本规律，指导和规则创新实践的准则。以适切性为特征的创新原则和以有效性为特征的创新目标是不断发展变化着的，不是一种判断教学方法的价值标准，它们在不同教学情境下有不同的遵循要求，绝不可一概而论，否则就会抹杀高等教育教学方法的复杂性和丰富性。

一、科学性原则

高等教育教学方法创新无论在方法论层面还是在具体的教学艺术与技巧层面进行，首先必须是科学合理的而不是随心所欲的，是科学性与艺术性的统一。同时，创新活动还必须同时符合相应学科规训和教育学科规律的基本要求，违背任意一方面的基本规定要求，方法创新就是为创新而创新的形式主义，不仅不能达到理想效果，还会诋毁教学方法创新的本来面貌。为了做到教学方法创新符合科学性原则，在创新活动实施之前，就应当对创新活动的实施以及结果有个基本评估，使其尽可能合理一些，操作更便捷一些。

二、相对性原则

创新本来就是相对于原有状态而言的，任何创新都不可能达到绝对的最优、最佳、最美、最先进的程度。教学方法创新的相对性，一方面是针对人类既往所使用的一切教学方法而言，都是总结和继承传统教学方法合理成分而开展的相对完美的创新，没有过去就不可能有教学方法的创新，无论从具体形式还是从组合方式，以及所产生的后果，只要取得了相比以前更好的效果，就是成功的创新实践。特别重要的一点，就是真正的教学方法创新必须是能够推广的，而不是“独门绝技”。以前的很多教学方法创新，虽然在个别或局部产生了比较理想的成绩，但是推广价值不大，影响面小。这是我们开展教学方法创新所必须坚持的一项基本原则。否则，一切创新都会成为过眼烟云，不会给高等教育教学留下有价值的经验和财富。

三、适切性原则

教学方法创新的基本要求是符合教学需要，创新是实实在在的实践活动，不能有理想主义的侥幸心理。教学方法创新设想一定要适合教学内容、教学对象、教学目标以及教学时代与环境的需要，方法是服务于内容、服务于主体、服务于目标、服务于环境条件的，不同方法适应不同内容、主体、目标、环境。因为高等学校的基本教学要素几乎时刻在变化，这要求教学方法创新活动也必须每时每刻、无处不在。即使是同一个教学内容、相同的教学目标和同一个教学时空，学生的情况也各不相同，可以尽最大努力实施多样化教学方法或教学进度。

四、开放性原则

高等教育教学方法创新需要有一个开放的环境和宽容的氛围方能顺利进行，现有的各种管理、评价、考核制度不是鼓励教学方法创新，实际上是限制甚至是扼杀了教学方法创新。就教学方法创新的内在需要而言，一要有开放的视野，不要仅在教育学的圈子里也不要仅在已有高等教育学圈子里打转，创新就是突破和超越，站在井底就超越不了井口的视野，因此鼓励多学科、多领域、多国度的学习借鉴，当然这种学习借鉴必须是认真消化了的、切合高等教育教学基本要素需要的。二是在教学管理上对待教学方法创新也必须是开放的，不要把课堂规定得太死，课堂就是教师和学生的课堂，要提倡把课堂还给教师和学生。三是在教学方法创新结果以及评价方面也必须持开放态度，既然是创新，就要允许有多样化结果，甚至容忍失败，不能用传统的结果观念和标准考量创新的教学实践活动。同时，在评价某位老师的某门课程的创新价值问题上，也应该科学的看待评价主体的认识能力及其当下的感受，有时当下的感受可能是不真实的，需要时候很长一段时间加以内化、比较以后才能做出客观地评价，所以不应一味祈求课后即时评价。对教师来说，所谓的教学风格主要也是运用教学方法的相对固有模式，这种模式不在于让每一次教学活动都感受深切，一定有所变化，有所改进，风格是在一届又一届的学生事后评价中产生的。

五、公利性原则

公利即公共利益，它与私有利益相拮抗，在人类社会发展中，对负面的“私利”的研究和剖析较多，而对普通的“公利”熟视无睹。公与私是一种系统联结概念，并非对立。公的根本价值在于为私服务，在于为私与私之间的利益分配提供公平保障。公是一个相对概念，从小处说是“私之外”，从大处说有国家民族之“公”、有人类社会之“公”。利就是具有某种可用性的价值体，分自然存在物之利和人为事物或事务之利两种。高等教育教学方法属于人为的无形有用价值，无论是使用还是创新都是属于公利范畴，按照“强互惠”理论就是一种典型的公利行为，比如人类教育的产生、义务教育的规定性、高等教育大众化进程等都是宏观的公利性。教师在教学活动中的教学方法创新，必须是公利性的。

作为一个具体个人的教师，公必然源于私。但是，一定要注意处理“公心”与“公利”的关联。尽管出于“公心”但要明确利为谁谋。不是当下的自己和学生，教学方法的评价也不是当下评价的。私心谋私利，公心不一定都是谋“公利”，为了眼前的“公”谋利，是一种有回报的弱互惠交换行为，算不上公利性。也不是常见的平均主义式的公平利益，而是适宜于每个学生发展的内在的公平之利。

第三章　高等教育管理系统

第一节　高等教育系统

系统是由要素组成的具有特定的结构、性质、功能的整体，是宇宙间万事万物的一种存在形式。高等教育系统是由高等教育活动的主体，在一定的物质文化条件作用下，相对于高等教育活动的客体结成的具有特定功能和目的的有机整体。在理解高等教育系统的概念时，应把握几个主要的方面。

（一）高等教育系统是由多个要素组成的体系

前面我们分析过，系统由元素组成，是元素及其关系要素联系的总和。构成高等教育系统的元素有很多，但每个元素对于高等教育系统的意义不同。我们考察高等教育系统时并不能考察到它的全部元素，而是考察其主要的元素。从微观高等教育管理来看，高等教育系统的组成要素主要包括教育者和受教育者，还有教学内容和手段、教学条件、制度环境，也包括高校内部管理的行政部门。

（二）高等教育系统各要素相互作用并构成有机的整体

高等教育系统各要素之间存在着一定的有机联系，并在高等教育系统的内部形成一定的秩序和结构。高等教育系统各要素之间的关系决定了各要素在高等教育系统中的地位和作用。如高等教育系统中教育者和受教育者的关系所构成的教学结构，这种对教学信息的传导结构决定了教育者和受教育者在教学过程中所处的地位和作用，其中，教育者起着主导作用，受教育者起着主体作用。

（三）高等教育系统是一个具有特定功能的系统

高等教育系统其的功能而存在。高等教育系统的功能是真的作与效能，主要包括本体功能和社会功能两方面。本体功能是指高等教育促进个体身心和谐发展与个体潜能充分发挥的功能，社会功能是指高等教育促进社会政治、经济、文化发展的功能。高等教育系统的功能不决高等教育系统各要素的功能，而决各要素间的相互关系，即高等教育系统的结构。高等教育系统的要素功能及结构功能构成了高等教育系统的整体功能。

二、高等教育系统的构成

从宏观来看，高等教育系统是为了实现其特定功能而由各要素组成的整体，是一个复杂的大系统，包括若干子系统。依据职能的不同，可以把高等教育系统看作由高等教育行政系统与高等教育实施系统所组成的结构系统。

（一）高等教育行政系统

高等教育行政系统是行使高等教育管理职能的各级政府机构的总和。各级高等教育行政机构依据社会政治经济、科技、文化发展的需要，运用立法、拨款、规划、信息服务，政策指导和必要的行政手段对高等教育事业进行宏观调控和管理。具体来说，高等教育行政系统的职能包括以下四个主要方面。

通过规划与立法，指导高等教育发展，使之与社会政治、经济、科技、文化发展相适应，并确保高等教育在整个社会系统中的应有地位。

通过经费筹措及拨款，解决高等学校部分办学经费，并体现政府对高等教育发展的导向作用。

通过评估与监督，保证高等学校的办学方向、办学水平、办学质量。

通过协调与指导，保证高等教育系统内部各个子系统间的相互配合、协调发展。

长期以来，我国高等教育实行“统一领导，分级管理”的领导管理体制，即高等教育由中央统一领导，中央和省、直辖市、自治区两级管理。具体来说，我国高等教育行政系统相应的组织机构包括：国务院教育部，各省、直辖市、自治区教育委员会，或各省、直辖市、自治区有关教育厅（局）等。

教育部是我国教育事业的最高行政管理机构，隶属于国务院。它可以在权限内制定我国高等教育事业发展的方针、政策和重大行政措施，颁布规章制度和发布命令、指示。同时，它还直接管理少部分面向全国的、多科性、综合性具有重要影响的高等学校，称为教育部直属高校。

各省、自治区、直辖市教育委员会或教育厅（局）主管地方高等院校，同时，对本地区的教育部直属高校具有一定的监管权。

（二）高等教育实施系统

高等教育实施系统是由具体实现高等教育功能的机构一高等学校所组成的系统。高等学校具体从事高等教育的实践活动，包括培养各类高级专门人才，开展科学研究，提供社会服务。通过教育和教学为社会发展培养急需的各类专门人才是高等学校的根本使命。因此，培养人才是高等学校工作的基本出发点和终极目标。高等学校的教学科研行政，服务等各项工作都要围绕培养人才这个中心来开展。高等学校开展科学研究是科技、经济发展的需要，也是高等学校自身发展的需要。高等学校进行科学研究是培养人才不可缺少的手段，教学内容的更新，交叉学科的形成新兴学科的发展都有赖于科学研究的开展。学科的发展为专业教育提供了先进的教学内容和条件。高等学校为社会服务是20世纪以来兴起的一种新职能，特别是在第二次世界大战后，高等学校直接为社会服务成为全球高校发展的共同趋势。高等学校为社会服务既是社会发展的要求，也是高等学校自身发展的需要，它推动了学校与社会、经济的密切结合，推动了高等教育的发展与社会的发展。高等学校职能的发挥直接决定了高等教育系统功能的实现。同时，高等学校本身所具有的特定职能决定了高等学校是一个相对独立的高等教育子系统，能相对独立地承担和完成一定的任务。所以，从这个意义上说，每所高等学校又都可以看成是一个高等教育子系统。

在高等教育实施系统中，根据教自形式和受教育对象的不同，又可以分为普通高等学校系统和成人高等学校系统。普通高等学校系统包括综合型大学和理工院校、语言院校、师范院校、农林院校、医药院校、体育院校、财经院校政法院校、艺术院校等相对单科或者多科的大学（目前，单科型大学基本向多科型大学发展了），主要承担职前培养各级各类专门人才的任务。成人高等教育系统则包括广播电视大学函授学院、职工大学等，主要承担各级各类专门人才在职培训的任务。

三、高等教育系统的要素

高等教育系统是一个要素众多层次复杂、关系错综、目标功能多样的系统。人们可以从不同的层次，不同的角度，不同的目的对它做出不同的划分，寻找出不同的要素，建构起不同的描述方式。但不论进行怎样的划分和抽象，也不论是从宏观整体的角度还是从微观局部的角度，高等教育系统都是人的活动系统，是以人的集合为主要构成要素的系统。因此，高等教育系统包含着高等教育活动主体、主体的实践活动、主体从事实践活动所凭借的条件以及高等教育的客体等基本要素。

（一）高等教育系统的主体

高等教育系统的主体是指在高等教育系统中为实现系统的行为。目的、价值、功能而活动着的人，这里的“人”，或者是个人，或者是由个人组成的群体、组织。高等教育的主体是由人组成的，没有人就没有了教育。从这个角度讲，人是高等教育系统的主体是毫无疑义的。但在具体的高等教育系统中，作为人而构成的高等教育活动的主体却是极为复杂的，并不是任何人在任何条件下都是作为主体而存在的。另外，在一定条件下，那些接受主体行为、动作承受对象的人们就处于系统的客体地位。因此，此时的主体在彼时可能就是客体。在具体的高等教育系统中，具体的人或集团究竟是主体还是客体，要做具体分析。高等教育的主体包括：高等教育行政主体、高等学校办学主体高等学校经营主体、高等学校教学主体、高等学校学习主体。

（二）高等教育系统的客体

高等教育系统的客体是指高等教育系统中特定主体的实践活动所作用的对象。由于高等教育主体的多样性，能够纳入高等教育系统的客体也是相当多样的。前面讲过，从高等教育主体之间的关系看，由于高等教育的层次性和高等教育主体之间关系的复杂性，高等教育活动主体和客体的区分是相对的。就具体的人或具体的系统来说，在一种关系，一种层次上是主体，在另一种关系另一种层次上又可能是客体。如国家高等教育行政主体是教育部省级教育委员会或者教育厅（局）是接受国家教育行政领导的客体，但相对于所属的高等学校来说，它又是高等教育行政的主体。高等教育系统主、客体区分的复杂性、相对性并不否认高等教育主体和客体区分的确定性。只要具体的范围、关系、系统加以确定，那么高等教育活动主、客体区分和确定的问题也就迎刃而解了。从高等教育的目的看，高等教育教学和学习的客体是知识，在高等教育系统中，知识以学科的形式而存在。对教师来说，它是加工、整理、传授的主体；对学生而言，它是接受、理解、掌握的对象，是客体。

高等教育活动的客体虽然是作为被认识被利用被改造的对象进入高等教育系统，但它有自身存在发展的规律，相对于学生与知识来讲，学生是主体，知识是客体，是主体对客体的认知，主体的实践活动只有和客体的规律相一致、相符合才能实现系统的目的功能，因此，主体必须把自己的目的、计划建立在对客体规律正确认识的基础之上。

上述高等教育系统的各个要素及其相互关系规定、制约，保证着高等教育系统在整体上的目标，功能和行为的实现，同样，高等教育系统在整体上的目的，功能也规定着系统的各个要素及相互关系。所以，高等教育系统就形成了特定的价值，规范和行为。

四、高等教育系统的结构

结构是系统内部诸要素相互联系和相互作用的方式。高等教育系统的要素按照一定的关系结合起来就形成了高等教育结构。高等教育结构是高等教育要素和高等教育系统的中间环节，是高等教育系统的存在方式，是高等教育系统能够成为整体而显示出有别于系统要素的性质、行为、功能的内在依据。我们所理解的高等教育结构应是那种使高等教育系统成为整体的高等教育要素之间的相互关系。这里所说的高等教育要索既可以指我们前面所说明的构成高等教育系统的那些基本要素，也可以指由那些基本要素构成的高等教育系统和高等教育活动。

高等教育系统是一种极为复杂的系统，存在着大量的要素，各要素之间发生着各种各样的关系。因而高等教育结构也是极为复杂的，可以从实践和认识的不同目的出发对高等教育系统进行不同的结构分析，概括出不同的结构要素和结构关系，形成不同的结构模型。在此，我们把高等教育结构分为宏观结构和微观结构。

（一）高等教育的宏观结构

高等教育的宏观结构是指由高等教育系统中有关要素连接而成的，事关高等教育整体的结构，主要包括体制结构形式结构、科类结构层次结构等。

（二）高等教育的微观结构

一般来讲，高等教育微观结构是指高等学校内部有关要素连接而成的，事关学校内部活动的结构，主要有高等学校组织结构高等学校师资结构学校的教育结构，学科结构等。

高等学校组织结构指高等学校内部各种组织要素之间的构成状态。有人认为组织结构包含了 5 个基本要素，即纵向层级，平行的单位和部门，职位的任务，责任和义务，直属机关和领导机关。组织结构的设计直接关系到高等学校效率和效能的发挥。

高等学校师资结构是指高等学校教师群体中职务、学历年龄、学缘等因素的构成状态，教师队伍的结构很大程度上反映着教师队伍的整体素质和适应能力，合理的师资结构有利于发挥教师群体的优势。最大限度地实现高等学校教书育人，创造科学技术成果的职能。高等学校主要的师资结构包括四方面。第一，教师职务结构。这一结构指教师群体中各级职务教师的构成状态，高校教师职务分别是教授、副教授、讲师、助教。高校教师职务结构是衡量教师队伍业务能力和水平，反映教师队伍整体素质的一项重要标志。第二，教师学历结构。这一结构指教师队伍中各级学历教师的构成状态，它在一定程度上反映出教师的教育训练水平和学术发展潜力。因此，高校一般对教师的学历或学位有着很高要求。第三，教师年龄结构。这一结构指教师队伍中各级职务教师的平均年龄和各年龄段教师的构成比例，它反映了教师队伍整体教学科研的活力和兴衰趋势。第四，学缘结构。这一结构指师资队伍中的成员相互的关系，在一个学科群中，大量的近亲繁殖，如果摆脱不了师生关系的束缚，摆脱不了学术环境的束缚，就不利于学科的发展。总之，合理的师资结构可以使教师队伍的整体素质和适应能力处于最佳状态，发挥最佳的教育、科研功能。

学校的教育结构是教育主管部门根据学校的资源状况规划确定的。学科结构是学校在长期的办学中培养形成的。

第二节　高等教育管理系统

宏观高等教育管理系统和微观高等教育管理系统的区分是根据现实的中国高等教育管理体制，便于分析高等教育管理的层次管理的职能来进行的。宏观系统和微观系统都是相对的，是人为的，因为，宏观系统与微观系统的界线有时候是难以区分的，并且，也不是一句宏观高等教育管理与微观高等教育管理就能讲清楚中国高等教育管理的几个层次的。

一、宏观高等教育管理系统

宏观高等教育管理系统是根据宏观管理的功能要素形成的。宏观高等教育管理的系统结构主要是对高等教育发展战略、高等教育组织办学方向、学科发展、教育质量等的规划和控制管理，它主要是高等教育的行政管理。高等教育行政管理是国家教育行政部门依据高等教育发展的规律和国家高等教育的目的，有计划地协调整个高等教育系统的各种关系和资源。确保国家培养高层次人才目标实现的过程。高等教育行政管理解决的是政府教育行政部门和高校之间的关系问题。它是高等教育管理中具有全局性的组织制度，具体包括机构设置、责权划分，领导关系以及管理方式（如行政的、法律的、经济的）等。同时，它也是决定高等学校管理的前提，规定了行政部门和高校的工作职责和管理范围。在我国，高等教育行政管理是国家教育行政的重要组成部分，是国家教育行政机关为实现高等教育目的，使高等教育有组织有系统地开展，依法对各类高等教育事业和所属高等教育机构进行经济而有效的领导和管理活动。

从高等教育行政管理的国际比较的角度看，高等教育行政管理体制并非空中楼阁，它是在本国的国家体制、社会背景、经济基础以及历史传统的基础上发展起来的。因此，不存在哪一种模式比另一种模式更好的问题，而只存在哪一种模式更适合国情的问题。在我国，高等教育行政管理应该注意的两个方面：一是管理体制应该实行统一领导、宏观指导、分级管理的体制。我国地域辽阔，社会发展不平衡，整个民族的科学文化水平和科学技术比较落后。在现有综合国力的条件下，要取得教育事业的更大发展，高等教育行政管理必须实行统一领导，在加强中央宏观控制和指导的同时，真正地把发展多样性的高等教育（如部分以面向地方服务为主的普通高等教育、高等职业教育等）的责任和权力交给地方，调动社会各方面办高等教育的积极性，形成分级管理，分级办学的严格体系。二是高等教育行政管理应该实行法律化和民主化。高等教育行政管理体制改革的主要问题不单单是一个管理权限的下放调整问题，关键在于制定和有效地执行《高等教育法》及相关法律法规。我们要发扬我国高等教育管理中的一些好的做法（如民主集中制原则），同时借鉴一些西方国家高等教育管理中的业务咨询管理监督，决策参谋的服务性功能，这样才能有效地提高高等教育行政管理的质量、水平、效益。高等教育的行政管理主要体现为教育部和地方教育行政部门有关司局,处等职能机构对高等教育组织进行管理，这些方面的管理就构成了高等教育行政管理的下位概念，这些下位概念的整合构成了高等教育行政管理的全部内容。具体的管理内容包括：申办高校审批的管理学科专业设置的管理学位与毕业证书$的管理办学方向的管理、高校领导班子的管理办学规模与层次的管理、办学经费管理、教育质量的管理、科学研究的管理、招生与就业的管理、政治与国防教育的管理等。当然，高等教育行政管理的下位概念有些也可以说是中观管理概念。既然有下位概念的话，那么上位概念是什么呢，可否指一个国家和地区的高等教育战略的管理？这种战略管理的含义大致有这么几个方面。第一，各时期国家高等教育发展目标与发展规划的管理；第二，国家高等教育布局、区城发展的协调管理;第三,国家高等教育发展的调控管理,包括政治方向、教育立法、教育发展（层次、规模速度）、国家教育投资等的管理。

二、微观高等教育管理系统

微观高等教育管理系统结构是根据管理的功能要素形成的。微观高等教育管理是指实施高等教育活动的高等教育组织，依据高等教有育目的和高等教育发展的一般规律，有意识地调节组织内外的各种关系和资源，有效地达到既定的高等教育系统的目的的过程。它是高等教育管理系统中的下位主体系统，作为高等教育的主体系统，涉及具体的高等教育管理的活动，可塑性大，可作为性强，因此，是我们研究的重点。本书的高等教育组织主要是指高等学校，但不应该只是高等学校，因为，高等教育组织除了高等学校外，还有高等教育科研机构、高等教育咨询服务机构等其他组织。不过，现行的这一类研究一般是指高等学校组织管理的研究，以及由此形成的高等教育管理系统的研究。

（一）高等学校内部管理的依据

1．高等教育组织运作的一般规律

高等教育组织运作的一般规律包括两个方面：一是高等学校的办学与经济社会协调发展的规律，有人称之为高等教育发展的“外部关系规律”。具体讲，教育的规模、结构质量通过人才培养、科学研究的社会效益反映出来，高等教育组织要在高等教育行政管理之下有效地发挥自己的职能，表现在与系统的关联性和与外部的适应性。二是高等教育活动与学校客观功能的发挥相适应。学校的社会定位确定了这所学校的功能，这就是学校的客观功能。培养各级各类高级专门人才的教育功能是大学的核心功能，同时，对于研究型大学，还有科学技术创新，知识创新的功能。作为教育，有利于学生身心发展是教育的最基本的规律、作为科学研究，还要遵循学科发展与研究的一般规律，作为学校内部的管理，还要遵循大学组织管理中人、财、物等资源利用的规律。这些被称之为高等教育组织的"内部关系规律"。

2. 高等教育的目的是高等学校管理的依据

高等教育最根本的目的是培养社会主义的建设者和接班人以及各级各类高层次专门人才，高等学校的一切教育活动都应围绕这一目的展开。因此，高等学校管理必须依据这一目的，实施符合教育规律，有中国特色、学校特点的管理方式。高等学校的教学管理、科学研究与学科专业建设的管理、学校党务管理、学校行政管理、学校后勤管理等必须围绕这一目的开展，否则，就会失去目标，偏离方向。

（二）高等学校内部管理系统

学校内部管理系统的划分没有一定的规定，一般来讲，可以分为行政管理系统、党务管理系统和后勤管理系统。行政管理系统主要是日常的人、财、物等教有育资源的管理调配，各项行政活动的计划、组织、协调、监督管理。党务管理系统是学校办学方向，体现党对基层组织领导的保障系统，通过思想政治、宣传、社团（工、青、妇）等工作、调动各方积极性，促进学校办学目标的实现。后勤管理系统是支撑学校生活服务保障的系统，是学校的三大系统之一，在当前，即使通过后勤社会化改革，大学组织内部的后勤功能已经慢慢弱化，但这一系统仍然具有很重要的作用。

1. 行政管理系统

学校的行政及直属部门管理系统可以分为4个层次。第一个部分为教学、科研管理系统。它是学校行政管理系统中的两个主要的子系统，之所以说它是主要的两个管理系统，是因为它是学校内部管理的最主要的功能性系统，学校的教育性功能和科学研究性功能都反映在这两个子系统上。第二个部分就是支撑这两个功能的实现的子系统。即人力资源管理系统、财务管理系统、资产管理系统、学生管理系统。第三个部分为行政协调和监督系统。即学校办公室、监察审计部门等。第四个部分是根据学校发展需要设置的行政直属部门以及某些临时部门。

2. 党务管理系统

党务管理系统是国家为了对大学进行政治领导，根据工作职能所设置的党务工作机构，并形成一套管理系统。通过党的组织部门，宣传部门纪律检查部门，保证中国共产党对大学的绝对领导，保证大学的办学方向。保证大学把党的办学方针政策落到实处。通过工、妇、青等社团组织，调动广大教职员工的办学积极性，为完成学校的发展目标做好政治思想保障工作。除了学校一级的党务工作部门外，学校还在院（系）和有一定规模党员人数的单位设立党的基层组织，党的总支委员会、党的支部。

3．后勤管理系统

高等学校后勤管理是指依据后勤社会化的一般规律和高等教育培养人才的特殊规律，通过调节高校内外部相关的后勤资源，最终为培养人才的教育目标服务的行为过程。由日常生活生产服务基本建设与维修等部门构成后勤管理系统，也称后勤服务系统。

我国目前大多数高校后勤工作实行甲乙方模式，由后勤集团、基建维修部门，其他服务公司等组成后勤服务系统，实行公司化运作。学校分管校长通过后勤管理的后勤处作为学校的甲方代表，提出学校后勤工作的目标任务，后勤服务公司采取协议的形式，招标的方式得到服务项目，采取有偿服务。

三、宏观与微观高等教育管理的关系

既然高等教育管理是一个系统，高等教育管理系统中的各个子系统是一个有机的整体，那么，根据系统的关联性，宏观高等教育管理（高等教育行政管理）和微观高等教育管理（高等学校管理）是相互联系在一起的，而这两个概念体系也是相互关联的。因此，它们的关系表现在两个最基本方面。

（一）宏观和微观的管理实际上是“条”和“块”的管理

我们认为，高等教育行政管理是一种专业性的行政管理，既然是专业性的行政管理，那么，就存在一个领导和被领导的关系，有上位管理和下位管理之分，它们的管理是上下位之间的关系，上下级之间的关系。教育部和各级地方教育行政部门将教育事业有机地分解为若干个工作方面，每一方面都与高等学校的某一方面有着直接的联系，形成了一条纵向的链条，我们称之为“条”的管理。“条”的管理体系表现为中央、地方、高等学校 3 个层次。地方的高等教育的管理，相对于中央、各省市的高等教育的管理又是“块”的管理。高等学校相对于上级的管理部门，全国高校依法自主管理，各高等学校又是“块”的管理。高等学校从总体上进行着与培养人才有关的各种活动，而这种“块”的管理中的各种活动（如教学，科研学生管理、师资队伍建设等）都受上级教育行政部门的领导与协调。从这个意义上说，高等学校的管理又是一种“条块”结合的管理。这种关系着重表现在高等教育的管理体制上，特别是领导体制上。高等教育领导体制是指高等教育系统中组织机构设置以及权限划分的制度，主要包括政府对高等学校的领导关系高等学校内部的领导关系。一般习惯上把前者称为宏观领导体制，即高等教育领导体制，把后者称为微观领导体制，即高等学校内部领导体制。当然，这样的区分是否严格，是否科学，仍然还有待商榷。

如何处理好”条块”的关系是在国家的政治经济体制改革以后出现的课题，国家体制的变化直接导致高等教育体制的改变。处理好“条块”的关键是明确“条块”各自的功能和职责，各“条块”该做什么，不该做什么，在一个法制社会应该用法律把它明确下来。当然，要理顺这种关系是复杂的，有时候是两难的。要等到上位的改革达到一定的程度以后，下位的改革才有可能相对应地进行配套完成。

（二）宏观和微观管理体制之间的集权与分权

前面我们研究过集权与分权的问题，这里的“集权”是指决策权过度地集中在最高层领导机关，下级单位只能根据上级的指示和决定办事。“分权”是指上级的管理体现在法律和制度上，体现在对下级的监督控制方面，上级对下级机构权力范围内的事不予干涉，下级单位在自己管辖的范围内有较大的自主权。在高等教育中，集权与分权的问题实际上是处理高等教育事业整体和部分的关系问题。在社会主义市场经济条件下，高等学校需要更多的办学自主权，这就必须加快高等教育管理体制的改革。

高等学校内部的领导关系包括学校的领导制度、机构设置、管理权限及其相互关系的根本性组织制度。它是学校内部带有整体性、全局性的制度，直接支配着学校的全部管理工作，是高校微观管理能否搞活的关键。目前我国高等学校领导体制主要是党委领导下的校长负责制，在这种体制中，党委是学校的政治核心，校长受政府委托，在党委领导下管理学校，对学校行政工作全面负责。教职工代表大会实施民主监督和民主管理。这是一种相互促进、相互制约的体制。如果从技术的角度分析，高等教育管理无论是宏观层次还是微观层次，都存在着计划组织、领导、控制等技术手段，只是在不同层次上运用的程度和方法不同而已。因此，在技术的层面上，宏观高等教育管理和微观高等教育管理也是有机地结合在一起的。高等学校内部管理的方方面面既与宏观高等教育管理相协调一致，其自身内部也是具有整体一致性的，即围绕培养人才的总体目标有机地结合在一起。需要强调的是，高等学校管理的有效性很大程度上取决于高等学校本身的自主权，即微观高等教育管理既与宏观高等教育管理存在着一致性，也存在着一定的矛盾性，其矛盾的焦点是高等学校办学自主权的问题。

高等教育管理的分权问题不能简单地来看待。第一，要明确为什么要分权，不是什么权都可以分掉的，在没有搞清楚权力划分原则的情况下，简单地提分权的问题是盲目的。第二。分权不仅仅是分利，不仅仅是简单地下放权利，而是在分权的同时，把上下位各自承担的责任理清楚。

四、高等教育管理系统构成分析

既然高等教育管理是一个系统，那么，系统的构成以及呈现的状态具有各自的独立性。

（一）发展与需求构成的目标系统

高等学校总体的发展目标应该也必须是与国家和各级政府的教育发展目标相一致的，国家和各级政府的要求也是如何使得高等教自的发展与社会政治经济的发展相适应，具体的表现就是人才培养的质量与数量需求，科学知识的创新与科学技术的创造能推动社会文化的发展与社会的进步。高等学校的发展目标虽然根据各自的学校情况的不同，发展的目标也不同，但是，归纳起来仍然是学科建设的发展目标，教育质量的目标，科学研究的发展目标，以及办学的质量、水平、效益的协调发展目标。因此，宏观与微观的需求，国家的高等教自目标与高等学校的发展目标，共同构成了中国高等教育的目标系统。

（二）体制与功能构成的组织系统

从宏观管理体制来讲，中国高等教育分为中央和地方两级管理，地方主要是省级人民政府。中央人民政府通过教育部专业政府机构来管理国家的高等教育，地方人民政府通过教育厅来管理所属高等学校。两级管理的内部又分为多项具体的业务管理部门，由于中国高等教育的管理行政性较强，因此，教育主管部门对口其他政府部门的机构较多，管理的组织机构也较为庞大。从微观管理体制来讲，除了按照大学的功能设置的一些管理机构外，由于历史的原因，中国的大学相当于一个小社会，学生从学习吃、住、行、医、保险等都得管，同时，学校还得负责学生在校期间的人身安全、心理障碍引发的事故政治事件产生的影响等。所以，目前中国的高等学校内部管理的组织机构也比较庞大。这是体制的原因造成的。

（三）人、财、物构成的资源系统

人、财、物是为了实现高等学校的功能所配置的资源，人力资源是社会性资源，财、物主要是国家投资性资源，部分是学生缴纳的学费和社会筹措，人、财、物是高等教育的基础性资源，缺一不可。资源的充足与否直接影响学校的生存与办学，资源系统优质率的高低直接影响高等教育的水平和质量。

（四）政策与机制构成的运行系统

高等教育的运行实际上是高等教育管理过程的具体表象。能否正常地运行，能否高质量、高效率地运行，关键是需要依靠健全的法规政策和依法管理的力度，形成一种有效的管理机制和有效的运行模式。高等教育的管理实际上是通过政策，制度等对高等教育资源系统地、有效地配置与运用。

第四章　高等教育管理功能

第一节　规划与组织功能

规划是指对事物未来的发展进行预期目标和工作计划的整体设计。从宏观上来讲。规划功能是指高等教育管理中的战略发展规划这一事物的有效作用，从微观高等教育管理来讲，是指高等学校的事业发展规划的功用。规划是管理活动中首要的任务，因此，它的功能也是我们首先必须要弄清楚的。

这里的组织实际是指项目与活动的规划出台后，具体进行的组织实施。通过组织管理运作模式和运作机制，组织和调配相应的资源实施这一计划。组织实施是管理活动中方式方法的另外一个问题，本部分不做专门的讨论。这里主要围绕高等教育中的规划问题开展讨论。

一、高等教育规划的依据

在计划经济时代高等教育规划就是指高等教育计划。中国的高等教育计划是20世纪50年代末至60年代初，在世界经济大发展的背景下，受计划经济体制的影响逐步产生和发展起来的，随着市场经济体制的推进，作为影响高等教育系统发展的一种技术手段，高等教育计划通过对高等教育系统进行合理的分析，使高等教育系统更好地满足个人和社会的需要，更有效地实现个人和社会的目标。因此，高等教育计划的产生和发展与社会经济人口发展对高等教育的需求密切相关。

（一）高等教育规划产生的社会背景

1．经济因素

我们这里讲经济因素实际上是两个方面，一个是国家经济体制的因素，另一个是经济发展的需求问题。20世纪50年代末至60年代初是世界经济大发展的时代，伴随着这一时代经济繁荣的必然结果是国民对高等教育需求量的增加。而在中国，教育的需求主要与国民经济的发展需求相适应，与国家政治的需求相适应。由于国家的政治经济体的性质决定了国民的财产与生活基本上是靠集体所有制和全民所有制来管理，民自己所拥有的劳动剩余价值没有多少，没有什么资产，国民需求与国家教育规划没有多大的联系。随着国家政治经济体制的改革，计划经济体制向市场经济体制转变，人及其人力资本成了市场的经济体，人有了资产。人的教育需求有了经济基础，教育的需求问题不仅仅是国家的需求问题，也成为一种社会需求，一种国民的教育需求，而不再仅仅是国家机器的需求。根据恩格尔定律，随着人们收入水平的提高，用于生活必需品方面的支出占整个收入的比例会不断下降，而用于包括教育在内的其他非生活必需品方面的支出占整个收入的比例会不断上升。

2．人口因素

人口因素主要是指人口增长对教育需求的影响。除了经济因素外，人口因素是导致国民高等教育需求量增加的一个重要因素。第二次世界大战以后，世界人口急剧增长，这些战后出生的人口。到 20 世纪 60 年代末至 70 年代陆续跨入了接受高等教育年龄组，使接受高等教育的人口数量迅速增加，直接导致了高等学校在学人数的快速增长。国民对高等教育需求量的增加对高等教育规划的产生，发展起到了直接的推动作用。因为政府或社会要满足大批国民对高等教育的需求，不仅需要大量的教育资源的投入来支撑庞大的办学系统，改善办学条件。而且还要合理组织教育系统，合理利用有限的教育资源等等。所有这些，显然都有赖于周密规划的保证。为此，20 世纪 60 年代后，许多国家开始把制定高等教育事业发展规划作为政府的一项重要的教育管理职能，在不少国家还建立起了专门负责进行高等教育规划的机构，企图能借此确定高等教育的发展目标，以及高等教育系统中各个部分的先后发展顺序，为政府进行高等教育决策提供指南，使高等教育系统中资源的使用尽可能优化。总之，人口因素主要是人口增长与教育资源的矛盾问题，它是教育规划中教育规模规划的重要依据。历史地或全球地看，如果完全按照市场来决定高等教育的需求问题是不可能的，教育不可能市场化，教育问题不可能完全由市场来解决，特别是中国的现状，教育规划仍然带有国家性。这是因为，目前还有相当一部分国民还不可能完全靠自身的经济能力解决教育需求的问题，还必须依靠国家或者社会解决自身的教育需求问题，主要的解决途径还在国家，靠国家的经费投入和高等教育财政补贴。所以，国家的教育规划，特别是高等教育规划就显得十分重要。

3．人力资本因素

市场经济体制的建立，人力资本是最活跃的因素。人力资本的来源主要是通过教育的生产来达到的，人力资本需求越旺盛，教育的需求就越旺盛，人力资本的质量和水平要求越高，对高等教育质量与数量的需求就越高。随着高等教育在社会经济生活中的地位的日渐提高，人们研究教育与经济关系的兴趣日浓，在这种情况下产生了人力资本理论。人力资本理论创立的动力来自经济学家对经济增长问题研究的兴趣。传统西方经济学把土地、劳动、资本看作生产的3个要素，在一定时期内，生产的产量是由劳动、资本和土地三个基本要素的投入量决定的。第二次世界大战后，西方经济学家从对经济增长中生产要素组合比例的分析中发现，影响经济增长的因素除了资本的投入和劳动的投入外还有其他因素。那么，其他的因素是什么呢?人力资本理论把这些因素归结为知识的进步，技术的改造和劳动力质量的提高，即归结为人力投资。特别是教育投资的结果。人力资本理论的核心概念是人力资本，它指的是人所拥有的诸如知识、技能及其类似可以影响从事生产性工作的能力，它是资本的形态，是未来的薪金或未来的偿付的源泉，人的资本形态体现在人的身上，属于人的一部分。人力资本是相：对于物质资本而言的，它是一种生产要素资本，对生产起促进作用，是经济增长之源泉，并且和物质资本相比，在经济活动中的作用更大,对经济增长的贡献更大。倡导人力资本理论的学者尤其重视教育投资的作用，认为教育不但是一种消费，也是一种投资活动，能够提高劳动生产率，产生经济效益。在各种人力投资形式中，教育投资是最有价值的。舒尔茨曾经指出，就美国经济增长而论，已有大量证据表明学校教有和知识的增加是经济增长的主要源泉。作为一种重要的投资活动，就个人而言，个人接受教育可以增加知识和学习技能，提高个人所得。就社会而言，教育为社会培养各类人才，提高其生产力，促进了社会经济的发展。同时，由于个人的教育水平同个人的收入联系在一起，一个人的教育水平越高，其工资收入越高。因此，国家可以通过平均性的教育发展政策减少国民教育水平的差异，从而相应缩小国民收入分布的方差，最终促进社会的平等。人力资本理论对教育与经济之间关系的新认识不仅带来了人力投资革命，而且对教育界产生极大震动。无论是发达国家还是发展中国家，都把教育看成是经济发展的一个重要变量，相信教育的繁荣不仅会带来政治的安定和文化的进步，还必定会促进经济的加速发展。

（二）高等教育需求的构成

随着经济的不断发展，社会对高级专门人才的需求在不断增长。就我国情况看，由于各地区各行业生产力发展水平有很大差距，表现为多层次的生产力结构，所以各地区、各部门对高级专门人才的需求是有差别的。另外，高技术产业的崛起，信息时代的到来，产业结构的变化，对人力资源的组合也提出了要求，自然，这些要求最终反映在对高等教育的需求上。从生产力发展的需求来看，为了最大限度满足社会的教育需求，许多国家开始对高等教育系统进行分析，规划和改造，并为高等教育系统的发展制定规划。许多国际以上几种个人需要构成了个人追求高等教育的基本动机，体现了个人对高等教育的需求。个人和家庭是社会的一部分，所以，个人对高等教育的需求也可看作是社会对高等教育需求的组成部分，应当重视对这部分需求的研究。因为，个人的需求往往是社会需求中最敏感的部分，社会发展对高等教自有提出的各种需求常常是通过个人的需求首先反映出来的。个人的需求和社会的需求有着紧密的联系，两者在很多情况下往往是一致的，个人的需求也会影响社会的需求。由于资源有限，社会需求和个人需求不可能都得到满足，不断地会有需求矛盾的产生，即使是富裕社会，往往也不能完全满足民众对高等教育的需求，可能会产生新的需求矛盾。

因此，在高等教育的规划中，需求是根本，从一定的意义上讲，没有旺盛的需求就没有兴旺的高等教育，需求推动了高等教育的发展。

（三）高等教育规划的方法

根据高等教育的需求来自社会和个人两个方面，以高等教育的需求为基础的规划的方法亦相应地有两种，一是人力需求法，二是社会需求法。

1．人力需求法

人力需求法是一种运用得较为广泛的规划方法。其基本假定是：经济发展有赖于教育提供促进经济增长所需的各种受过教育和训练的人力，经济各部] 的劳动生产率投入与产出结构是可以预测的，每一种产出和劳动生产率的水平都与一种特定的职业结构相联系；每一职业都有最佳的教育结构；技能和教育之间存在对应关系；劳动力市场的过剩或短缺通过发展教育来协调。因此，必须首先借助于规划来预计通过高等教育培育人才的数量与质量，来确定社会需求的总量以及各级各类人才的数量，指导高等教育机构来完成教育任务。人力需求法的基本原理是以社会经济发展对人力的需求为出发点来制定规划。具体地讲，通过了解国家在某一时期劳动力的职业与教育结构和产出水平之间存在的联系，来确定高等教育的质量与数量。例如，一般来讲，生产价值 100 万美元的电动机需要 50 个大学毕业的工程师，如果想要提高生产值，增加到生产价值 150 万美元的电动机，按照人力需求的方法，就需要再培养增加 25 名具有大学毕业水平的工程师。根据人力需求法原理，如果知道了以下几个方面的数据：任何未来年经济部门每一职业所需人力数，每一职业现在人数，每年由于死亡、退休或离职等原因造成的每一职业的减员数，每年离开一种职业又进入另一种职业的人力流动数，这样便可使规划期每一年人力总数和每一职业的人力总数定量化。假定每一职业的人力仅与一种特定的教育相联系，那么，所有教育层次和所有学科的所需产出就可计算出来。在供应方面，如果具备规划内每一年现行教育制度期望的产出数据，便可计算出目标年每一职业所需补充人力数与实际可供应数之间的差额，据此可以调整和规划各个层次和学科的招生数和毕业生数。

2．社会需求法

社会需求法是基于人力需求法，然后对整个社会的政治、经济、文化的发展来考虑的。对于一个国家来讲，它不仅仅要考虑需求的个体局部，更要考虑国家的整体，如地区、行业的需求，是更宏观层面上的需求。社会需求法是一种常用的高等教育规划的方法，其思想是以个人对高等教育的需求为出发点，把高等教育个人的投资和消费集合成整体，并尽可能满足个人对高等教育的需求，以这种需求为基础制定高等教育整体规划。同时，社会需求法还要站在更高的角度，预测整个社会未来可能的需求。社会需求法是以个人的教育需求为基础的规划方法，这里的社会需求是一个集合概念，它把个人的决定集合起来。从另外一个角度讲，社会需求法的基本原理是建立一个描述教育系统的模式，用学生从一级教有向另一级教育的流动来描述教育系统的活动，那么，人口预测是其基础，升级比例是其最重要的参数，结果是毕业生就业与社会的需求平衡。特别是当一个国家的社会需求产生社会发展与教育之间的矛盾时社会需求就会产生作用，极大地影响高等教育规划，并以此来预测和规划未来的高等教育。

二、宏观高等教育规划

宏观高等教育规划是国家及政府层面上的规划，我们可以称之为战略性的规划和指导性的规划。这一层次上的规划有许多，我们主要分析有关事业发展类的规划。

譬如，编制国家的高等教育事业发展规划主要有三方面的工作要做。

（1）提出规划的指导思想

规划要以国家关于高等教育发展的总方针和有关精神为指导思想，以国家教育事业发展的总规划为依据，贯彻科学发展观，加强统筹安排，控制高等学校设置的数量，提高高等学校设置的质量，调整和优化高等学校布局结构。

（2）设计规划的内容

一是总结和分析前一个时期高等教育发展的整体情况。高等教育的需求与目标完成情况；高等教育资源结构布局情况；高等教自改革情况；高等教育经费情况，特别是高等学校的经费保证和财力支持情况；高等教育办学条件情况；高等教育资源的现状，包括数量分析和结构分析。二是提出今后一段时期高等教育发展的目标。根据上一个时期目标完成情况，在充分考虑现有高等教育资源的前提下，提出今后一段时间高等教育的总体规划目标，如高等教育的发展规模、发展速度高等教育的各种结构协调，教育层次的发展等规划。三是高等教育经费财政保障。提出预算内教育经费增长的政策保障和具体措施，以此作为高等教育发展的前提。四是完成目标的步骤和措施。

（3）编制规划的程序和方法

地方高等教育事业发展规划相对于国家层面上的规划有些区别，但总的格式没有大的差异。一般来讲，地方政府的高等教育事业发展规划应根据国家的有关文件精神和要求进行编制。规划主要是以党中央、国务院关于高等教育发展的总方针和教育部的有关精神为指导思想，以地方经济社会发展的总体规划和教育事业发展的总体规划为依据，贯彻科学发展观，加强统筹安排，控制高等教育发展的数量和规模，提高高等教育的质量，调整和优化本地区高等教育布局和结构。规划的内容也基本反映在四个方面。一是本地区前期高等教育发展的整体情况，除了发展的规模、结构、质量、速度外，还有前期本地区财政性支出对高等教育支持的情况本地区办学条件的总体情况分析本地区高等教育资源的现状，包括数量分析和结构分析。二是根据本地区前期经济社会发展需要和今后高等教育发展的规划目标，在充分考虑现有高等教育资源尚可利用的剩余容量前提下，提出本地区今后高等教育发展的规划。此规划应包括高等教育的总体规划目标和各级各类分项目标。三是经费来源和财政保障。提出今后保证本地区高等教育经费预算内事业费年均水平比上一时期有增长的政策保障和具体措施，以此作为本地区本期间高等教育发展的前提。四是完成规划的具体步骤与措施。同时，地方高等教育规划受国家的指导和控制，国家为了保证各地方各地区高等教育的协调发展，在确定地方高等教育规划的时候，要提出审查意见，履行审批手续和程序，这体现了《高等教育法》中规定的国家对高等教育管理，是高等教育管理体制所决定的。

三、规划功能分析

既然规划功能是指规划的效用，那么，规划的实质内容主要表现在两个方面：一是规划中的目标的科学性，二是为达到目标所制定工作方案的可行性。规划是一种预期设计，结果也是预期的，实际上，真正的效用要通过结果来检验，我们讲规划中的目标的科学性和方案的可行性只是一种过去经验性的思想要求。目标的科学性主要指要求目标确定是通过一定的科学程序完成的，是通过各个层面以及专家系统的作用来实现的，是经过了科学的研究与论证确定的。方案的可行性也是指完成目标的工作步骤和措施是否客观，方案的设计是否考虑到了各工作要素和客观环境条件，是否与这些因素有太大的冲突等。综观一些教育的或者高等教育的事业发展规划的历史，对比过去我们感觉到，现在编制的规划越来越讲求实效，目标的确定越来越清晰，基本上通过定量与定性的指标反映出来，可定量可定性的时候一般是定量反映。而在这些量化指标的背后，在这些定性描述的背后是经过了许多人许多程序形成的。我们下面以高等学校事业发展规划来加以说明。

第二节　控制与协调功能

高等教育管理的实施过程很重要的一部分就是控制与协调。控制就是对组织运作及组织活动进行规范性干预，大都是制度性的，行政性的甚至是强制性的干预。而协调除了有些是通过控制的手段外，更多的是用技术和软性的方法来解决管理活动中的问题和矛盾，包括通过管理艺术化解矛盾。这里我们也主要研究控制问题。

一、高等教育目标控制

（一）高等教育目标控制的必要性

高等教育目标的实现程度是衡量高等教育管理效能的重要基准，也是高等教育控制的主要依据。高等教育目标又是相对于一定社会对高等教育的需求而言的，是预设的推动预期高等教育目的实现的导向和标准，因此，具有预见性特征。随着时间的推移，高等教育活动主、客观条件的变化，不论是宏观高等教育管理还是微观高等教育管理，对高等教育目标适时进行控制和校正有其必然性。

同时，高等教育目标又深深地带有目标制定者对教育价值判断的印记（如对普通教育或学生个性应达到的结果的不同认识），而现实的教育目标的实行通常并不完全按照教育理论家或政治家们的设想去进行。对于高等教育目标操作中出现的与理想之间的偏差自然也需要控制。

各教学和行政管理部门在贯彻和实施高等教育战略目标以及和办学目的有关的计划程序时，往往需要制定详尽的子目标，各子目标之间是相互关联的，它们之间的协调是重要的，也是困难的。人们往往会因各自不同的目的或利益而发生矛盾甚至冲突，尤其是在功利性色彩较为浓重的组织活动中，对各自目标的追求和竞争在很大程度上代替了对总目标的无条件服从。对于子目标执行过程中出现的种种偏离总目标的行为，需要有一定的制度和机制对其实行调控。

历史地看，高等教育发展要经历数量扩张与质量提高之间的矛盾。对数量目标或质量目标的侧重往往带有功利性目的，如服从于一定的政治目的（如教育机会均等），要以数量发展为保证；而从维护高等教育自身的学术地位来看，质量目标似乎应首先考虑。然而，数量发展并非没有限制。一方面，数量的过度扩张必然带来教育资源分配的紧张（尽管适当的数量规模有助于管理效益的提高）；另一方面，数量的增长也可能损及局部的质量。对于高等教育质量控制，除了数量因素外，系统内部已有的制度，管理人员的素质师生之间的互动、学生的成绩毕业生的受欢迎程度等都是质量控制的重要内容。在此，我们拟从高等教育数量控制和质量控制两方面简约地探讨一下高等教育目标控制问题。

（二）高等教育数量目标控制

从世界的经验看，高等教育数量扩张的原因大致有：经济起飞阶段对专门人才需求的急速增长；政府对高等教育的政策倾斜和巨大投入；某些社会大变动后造成的对高等教育政策的变革等。就中国情形而言，招生问题上的主要矛盾在于：政府每年对招生规模的限制与地方和学校面向社会自主协学的需要（包括招生计划编制调控上享有的自主权）。目前我国普通高校招生计划管理的现状是：每年由国家都有部和国家计委根据国家经济和社会发展的总体规划，经过综合平衡，提出当年全国普通高校年度招生总量，各省市和中央各部门在国家宏观计划和方针政策的指导下，根据本地区本部门的实际需求、生源情况及所属普通高校的实际办学条件，编制本地区，本部门的招生计划。但问题在于，地方高校是由省级政府部门管理的，中央部属高校由主管部委管理，地方高校和中央部属高校招生计划互不相通。这种条块分制状况，造成有些院校的专业因人才需求所限而无法保证一定的规模，而有些专业人才的培养一哄而上，专业重复设置现象严重。这两者都造成资源投入上的浪费。对于各高校来说，在激烈的生源市场竞争中谁也不甘落后，只要政策一有松动或有可变通之处。就有可能出现招生超计划的现象。所有这些都给国家对招生数量的有效控制带来了障碍。

二、高等教育行为控制

规范高等教育的行为是高等教育管理控制功能的首要任务。高等教育行为主要在两个方面是必须得到控制的，一是高等教育的方向性，二是高等教育的各项活动的行为规范性。

（一）高等教育的政治方向

根据教育的国家性和民族性，一个国家的高等教育不可能完全没有政治性。在阶级社会里，有些事关国家政治、军事、经济、文化安全的知识和技术是有国界的。这是不言而喻的。从国家的民族性和人才战略来讲，人力资本除了是自身的以外，还有一部分是国家的，因为中国的高等教育不完全是自费教育，这里有国家的投入，为国家服务是每一个受教育者的责任，从这一个角度讲是一个政治问题，国家的投入不能培养自己对立面的人。很简单，任何一个投资人都不可能出钱培养反对自己的人。所以，高等教育的政治方向的问题就好理解了，那么，国家对高等教育的政治方向的控制也就成了必然。

（二）高等教育行为规范

任何的管理活动都是人的活动行为，不论是宏观管理还是微观管理，行为控制也许是管理活动中最复杂的课题。一则人的行为很难精确测量，因而很难判定它与目标究竟有多大程度的偏差，二则对人的行为规律的了解还很肤浅。近十多年来，随着心理学和行为科学的发展，不少学者对行为控制问题做了较深入的探讨。高等教育活动的人是由多个个体组成的人群，对于人群的行为规范就显得更为重要了。

三、高等教育财务控制

高等教育财务控制是高等教育系统内部各组织借助于对货币资金的筹集，分配和使用采取的一整套管理和监督方法，从而使有限的教育经费得以最大限度地发挥效能，达到预期日标的过程。与其他社会系统的财务控制类似，高等教育财务控制大致也包括预算、会计决算、审计几种活动。

（一）高等教育的财务预算

高等教育的财务预算主要是指对高等教育事业经费的编制、分配、执行、调整和分析等一系列的过程。高等教育预算过程的基本目的是确定从中央到地方主管部门、从大学到学院、从学院到系科、从系科到教学科研人员等的资源分配和调整。在确定预算拨款时，要对资源可选用的方案做出明确的抉择。

高等教育的财务预算工作具有计划性，可以看作计划工作的一部分，同时它也可被视为管理工作中的控制手段，一种典型的前馈控制。

（二）高等教育的会计与决算

在高等学校，会计是以货币为主要计量单位对学校的经济活动和预算执行过程及其结果进行反映。监督和管理的一种财务控制方式，它包括三个部分：第一，会计核算。根据学校的经济活动和预算执行过程及其结果，连续地进行记录和计算，并根据记录和计算的资料编制报表；第二，会计分析。根据会计账簿、会计报表及其他资料，对财务情况进行分析研究；第三，会计检查。根据会计凭证、账簿、报表和其他资料，对有关单位业务活动的合法性、合理性、会计核算资料的正确性和财政政策及财经纪律的执行情况进行检查。

会计的基本职能在于反映和监督一定范围内的资金使用情况。会计的任务主要包括：第一，根据有关法令和规定来编制并执行预算；第二，进行经济核算，加强现金管理，做好结算和核算，提高资金使用效益；第三，对高校的所有经济活动进行正确、完整、及时的记录，编制凭证，登记入账，上报会计报表。

高校的决算是执行预算的总结，反映全校年度预算结算的书面报告。预算年度结束时，学校的财务活动便进入决算编制阶段。决算的编制一般分六个步骤：第一，拟定和下达编制决算的规定；第二，进行年终收支清理；第三，制定和颁发决算表格；第四，进行年终结账；第五，编制决算；第六，上报。

（三）高等教育的审计

高等教育的财务审计分为国家审计和部门审计在必要的情况下，还有司法审计。在高校，审计工作是对会计账目进行检查，对有关的财政或财务收支活动情况进行监督的一种财务控制活动。审计主要对财务活动的以下五方面做出判断。

（1）合理性

即指审核检查的经济活动是否符合有关规章制度的要求。

（2）合法性

即指审核检查的经济活动是否符合国家的法律、政策、法令或条例。

（3）合规性

即指审核检查的经济活动是否在正常或特定的情景下应该发生，是否符合学校管理的原则。

（4）有效性

即指审核检查的经济活动有无经济效益。

（5）真实性或公允性

即指审核检查经济活动的资料是否如实、适当地反映了它所要表现的经济活动。

四、高等教育的宏观调控

高等教育的控制不仅仅包括一些技术性的环节，而且在发展过程中与制度性的宏观调控水平高低有关。这种宏观调控对高等教育发展的影响力往往更为深远。这里所指的宏观调控手段包括高等教育立法、高等教育政策、高等教育财政拨款等。

（一）高等教育立法

长期以来，中国高等教育管理与计划经济相适应，高等教育接受中央集中统一领导，法律的效用实际并不明显，所颁布的有关法规大多以“暂行条例”“试行草案”“讨论稿”“纲领”“通知”“指示”“会议纪要”等形式出现。这些法规缺乏法律应用的稳定性和科学性。高等教育法规的变化频繁是高等教育平稳发展的又一大障碍，这体现在对管理制度规定的措辞经常性的变化。同时，对措辞本身的解释通常也模棱两可，不够准确，自然也就缺乏可操作性。另外，从法规的内容看，也有失全面。这表现在法规内容调整教育内部关系的多、调整教育与外部关系的少，规范学校的多、规范教育行政领导部门的少，法规的限制性条款多，保护性条款少，义务多，权利少，如很少具体明确学校教师学生的办学权，教学权和学习权。

（二）高等教育政策

市场经济条件下，高等教育也将受制于市场这只“无形的手”的控制。高校以自己的办学特色多样，专业各异展开对生源市场的竞争；政府与高校之间通过科研成果的买卖关系，使后者从前者那里获取研究经费，促进学术水平的提高；学校通过对教师和行政人员的评聘，促进学校内部办学机制的改善，形成不同的学校类型学科及教育层次。那么。在法律形成滞后时，政府的高等教育政策必须适时做出调整，以保证上述高等教育运作的顺利进行。实践表明，如何保持行政干预（以政策形式）和市场调节的平衡是一个重大而棘手的课题。对于习惯于计划经济思维模式的决策者来说，要真正具有适应并驾驭市场的能力，还有很长一段路要走。尤其是在当前形势下，对高等教育本质的认识在不断深化，很多人习以为常的观念将受到形势发展的强劲挑战。高等教育政策理应更有前瞻性，而不是滞后于形势的发展。高等教育的决策过程必须走向科学化、规范化。政策的实施过程必须有强有力的制度保障和监督，否则，政策实施过程中将避免不了长官意识，阳奉阴违，高等教育政策的宏观调控作用不但不能得到发挥反而有可能误导高等教育的发展，造成高等教育质量和效益的下降。

（三）高等教育的财政拨款

高等教育财政以其拨款的原则和标准来引导，控制高等教育发展的方向。如在美国采取“卓越质量原则”，鼓励公平竞争，因而财政资助大部分集中到少数历史悠久，研究力量雄厚的著名大学，其中大多数为私立大学。此外，美国联邦政府还给高等院校其他形式的间接资助，如减少那些资助高等教育的个人或组织的税收等。中国科研经费的发放由国家科委及有关机构、各级政府设立的多种科学基金组织，以课题项目方式向社会招标，高校，研究机构均可提出申请。事实上，各校获得经费资助的机会并不均等，一般教育部属的重点大学往往获益较多。在“条（中央地方）块（省、部委）分制的管理体制下，部属和省属院校之间获得科研经费存在较大悬殊。在此种制度下，由于缺乏足够的公平竞争机制，通过财政资助方式去引导学校向质量卓越方向发展的愿望自然无法真正实现。过去几年，“211 工程”的实施较好地将财政资助中“点与面，中央与地方”结合起来，体现了效率优先的原则，考虑到国家对高等教育有重点发展的要求，各省均对自己管辖的重点大学积极投资，扶植重点学科、专业，使高等教育与地方建设的关系更为密切。当然，这种资助方式的实效有待更长时间的检验。就目前情形而言，高等教育资助中仍然存在如何公正、公平、公开配置有限资源的问题，一些地处较发达地区的高校因为新的资助政策，往往比那些处于落后地区的高校享受到更多的好处。在这种趋势下，高等教育必然只能走“非均衡”发展的道路，但问题的关键似乎已不仅仅在于资助方式本身，高校自主发展空间和权利将是决定性因素。

第三节　高校的领导者

一、领导者的素质

对于高等教育领导者应具备的素质，近年来已有很多研究。一般说来把它概括为四个方面：思想品德素质科学文化素质、专业素质、身心素质。

科学文化素质是领导者赖以施加影响力的基本素质。高等教育的领导对象是高知识层的人群，因此对领导者的知识素质提出了特殊的要求。一般来说，高等教育的领导者应具备以下这些知识素质：马列主义理论与哲学知识、领导科学与教育科学知识、现代科学文化技术的一般知识与从事某项专业的专门知识，以及由这些知识集成和内化的科学文化素养。高等教育的管理的最高境界是科学文化的管理。

专业素质是领导者从事高等教育管理的必备条件，主要体现在专业的能力方面。从某些方面讲，专业素质是科学文化素质的一个表象。具体地表现在领导者的决策能力和组织行动能力等方面，由于高等教育系统的复杂性，要求领导者具有更好的领导技术和技巧，要具有更强的平衡协调及驾驭局面的能力。

身心素质是履行领导职务的基本条件。高等教育的领导工作就是协调和解决各种各样的矛盾，有些矛盾的解决具有很强的时效性和刺激性，工作的强度有时候也是很大的，领导者在科学决策、正确选择、合理解决矛盾的过程中，必须有坚韧不拔，不为压力而动的精神，要有较强的心理承受能力和自我控制能力。同时，也还要有强壮的身体，否则，可能什么也干不成。

二、大学校长的行动策略

大学校长要善于对管理系统施加适当的活力。大学校长的职能是组织学校的教育资源，为实现大学的办学目标展开教育管理活动。一位优秀大学校长的首要职责是为大学筹措足够的办学经费，通过自己的聪明才智、决策能力把学校的系统资源运用到最佳的程度。要使系统资源的运作机制达到最佳程度，作为大学校长，要努力使大学处在不平衡的平衡状态之中，这就是在平衡中有策略地挑起不平衡，通过有效的方法使得不平衡达到平衡。这是一个管理哲学理念。平衡是指大学内部的政策和工作制度保持相对的稳定特性，不平衡是指根据人们的心理特点，采取最小搅动原则，通过一种创新性的工作方法与思想，使整个管理系统具有生机与活力，避免管理系统年复一年的“涛声依旧”。

大学校长应避免在系统决策中对应该由别人决定的问题做出决定。大学的领导者与工业企业或政府机关的领导人的一个重要区别在于，不能够简单地采取行政手段管理学术问题。如应该重视院（系）基层组织的学术管理，尊重基层专业人员对学科专业管理方面的意见，学术的管理要最大限度地实行分权，让学术带头人和学术组织去管理学术的事情，让分管学术工作的副职领导去管理。如果大学校长越俎代庖，不仅将自己拖进了永无休止的工作琐事之中，也在很大程度上影响了他人的工作积极性。大学校长不应该直接决定基层职权范围内的事情，虽然从某个角度看，这些是大学管理中很重要的问题，但是，大学校长应该通过一定的工作程序，明确其他校领导的工作职责范围，用制度加以规范。

领导者要有足够的“智谋”“涵养”“儒雅”来驾驭系统。领导者必须含蓄，不可轻易亮出自己的观点。处在多种相互矛盾的选择面前，大学校长或主要领导者不能表现出过分的自信（尽管你自己必须有一种超然的自信，但最好不要轻易流露出来）。对于有些急需改革的工作。也许需要有很大的耐心，如果我们的领导者不准备用这种方式来对待和慎重地处理问题，特别是在一些大是大非面前，在一些重要的决策场合，不假思索地急于亮出自己的观点，很有可能适得其反，或者造成难以收拾，甚至失败。

领导者在系统成员中对双重忠诚要学会让步。一般来讲，大学的教授既忠诚于他所服务的大学，又忠诚于他所研究的学科，特别是在两个方面的选择上，大学的教授们更忠实于他们所研究的学科，那么，大学的领导者面对的有时候是一个复杂的难题。在学校的管理的问题和学科方面的问题之间可能要有所取舍。应该说，双重忠诚总体上目标是一致的，在这一点上领导者们要有足够的认识。因此，在双重忠诚出现矛盾时应该做出一定的让步，以维持学校内部管理的矛盾平衡。

大学校长要通过自己的人格魅力影响系统成员。人格魅力的影响是一种高级的领导效果，是大学校长的人格品质、道德作风、文化修养技艺技能、学术声誉等的影响。大学校长要有随时修正自己的思想和行为的能力。这是一个很重要的自省的策略，但同时也是一个说起来容易做起来难的行动策略。大学校长的行动策略是很丰富的，远远不止以上这些东西，随着管理思想和方法的不断创新优秀的大学校长及其管理策略将会层出不穷。

三、组织内部的环境因素

组织内部的环境因素是组织行动的一个非常重要的因素。环境的好坏，直接导致工作效果的好坏，影响管理目标的实现。假如所有下属都能热忱地，满怀信心地为实现群体目标做出贡献的话，就无须继续研究和发展领导艺术了。但是，不管是由于环境条件的恶劣还是由于领导者的平庸，下属中很少会有人以持续的热忱与信心去工作。因此，对大多数人来说，需要领导营造良好的环境，以激发他们为实现组织的目标做出贡献。有人说，良好的士气就等于成功了一半。大学校长或领导者应该要懂得使用激励理论和激励方法，极力营造好的环境，让环境体现的性质和力量去满足人们的需要。如果大学校长或领导者具有超凡的激励手段和方法，能激发起下属的忠诚、献身精神及热忱，那么，就能使领导者的意图获得成功。当然，领导者的激励力量在很大程度上还取决于组织成员期望值的大小预计报酬的多少、要求努力的程度、要完成的工作量以及其他环境因素。因此，大学校长或领导者的首要任务就是为了顺利完成工作目标而尽量设计一个与组织成员期望值相对应的工作环境，当然，期望值与对应环境的设计要适中，这也是很难把握的，使用不好可能适得其反。在高等教育管理系统中，大学的领导者能够满足他人诸如地位、权力、金钱或对成就的自豪感等需要，通过需要的满足，使管理活动取得更好的产出效果。事实上，领导要充分地了解下属倾向于追随那些可能满足他们个人目标的领导者，越是懂得激励其下属的因素是什么，这些激励因素如何发挥出正面的作用，并将它们在管理过程中反映出来，就越有可能产生有效的管理效应。

四、激励的有效性

前面我们讲了系统组织内部的环境因素是组织行动的一个非常重要的因素。高等教育领导的主要任务是激励下属的动机，协调解决组织目标实现过程中出现的矛盾。不同的领导者在完成这些任务时，可能会遵循不同的原则和方法，可能会运用不同的技术，因而也就会产生不同的绩效。现代领导科学的发展已形成一些具有普遍意义的领导技术，在高等教育领导中运用这些技术和方法，无疑对提高领导绩效是有帮助的。

五、领导艺术

高等教育的领导艺术是一个内涵丰富的概念，在一个比较大的系统中，结合具体的领导过程，我们来分析领导的一般艺术。

面对科技、经济、社会发展所导致的领导和管理的日益复杂，即使是超群的领导者或领导层也不可能再独揽一切事务和权力。精明的领导者，其职责已主要不在做事，而在成事了。授权乃是成事的分身术，反之，事必躬亲，则必然成不了大事。所谓授权，是指由上级授给下属一定的权力和责任，使下属在有效的监督之下，有相当的自主权，行动权。授权者对被授权者有指挥权、监督权，被授权者对授权者负有报告情况及完成任务之责。大胆授权对各级领导班子是十分有利的，它可以把领导者从琐碎的事务中解脱出来，专心处理重大问题：可以激发下属的工作热情，增强下属的责任心，提高效率；可以增长下属的能力、才干，有利于培养干部；可以充分发挥下属的专长，补救领导自身才能的不足。因此，它也更能发挥领导者的专长。

第五章　国外高等教育管理经验借鉴

对于我国高等教育来讲：创新人才培养少、科研成果转化率低和人文精神丧失，这是我国高校普遍存在的问题。管理体制是组织目标得以实现的机构载体和行为工具，随着我国事业单位创新在高等教育领域的不断深入，我国高等教育管理创新取得了不小的成绩，但同时也暴露出不少的问题：政府对于高校的职能定位偏差、政府授权不充分、二者之间权力关系不清，决策体制不健全、决策效率不高，高校主管部门交叉设置较多、政出多门现象频发，运行机制不畅、整体效率和效能低下等等。当代世界主要发达国家的高等教育管理形态各异，都与本民族、本国家的文化传统、历史传承、政治环境和社会环境有着密切的联系。高等教育管理既受到本国社会条件影响，又是社会生活的重要组成部分。从宏观管理制度的角度来看，当代世界具有代表性的高等教育管理包括以分权管理为主的美国模式，以集权管理为主的法国模式和以综合管理为主的日本模式。

第一节　分权管理的美国模式

当代高等教育的主要社会职能是教学、科研和服务，这就要求高等教育发展模式和管理制度要充分保持活力和创造力。我国高等教育自计划经济发展而来，虽然经历不断创新，但总体上管理主体相对单一，自上而下的权力结构和管理模式使组织缺乏弹性和活力。因此，通过适度分权，推至制度创新，丰富管理主体，增强社会参与度可以为我国高等教育的发展带来活力。在这方面，美国分权制衡的高等教育管理制度值得我国借鉴。

一、美国高等教育管理简介

美国的高等教育起源于殖民地时代。由马萨诸塞州殖民地立法机关立案成立的哈佛学院是美国历史上第一所高等学校。高校成立后，经过不断发展完善，建立了非常庞大的高等教育系统及其管理制度。政府的导向职能、董事会的决策职能和社会团体与中介组织的监督和协调职能“三权分立”是美国高等教育的主流管理体制。哈佛大学是美国第一所大学，它拥有全世界大学中第一大图书馆，藏书达1 300万册，比第二名的耶鲁大学多出300万册。虽然它是私立大学，但一直得到政府的大力资助。哈佛大学为美国培养了一代又一代政治家、科学家、作家、学者，其中有多位美国总统来自哈佛大学，多名诺贝尔奖学金获得者也来自哈佛大学。相继创办的耶鲁大学、麻省理工学院、斯坦福大学等各具特色，它们共同谱写着美国高等教育发展的历史篇章。耶鲁大学，1701年建校，是最注重本科教育的学校之一。本科生人数超过研究生，几乎所有的教授都为本科生授课：研究生院的资源，本科生都可以使用。耶鲁没有任何必修课，课表安排全由学生自己决定，是一个人文科学、社会科学并重的大学。耶鲁大学人才辈出：培养出美国历史上的第一位博士；多位美国总统曾在此就读，培养了多位诺贝尔奖获得者。麻省理工学院，创建于1961年，它主要培养科技工程人才。建校多年来麻省理工学院因其对美国和世界科学技术革新发展做出卓越的贡献而成为闻名世界的一流大学。创建于1891年的斯坦福大学是美国最著名的私立大学之一，有“美国西部哈佛”之称。教师中有多名诺贝尔奖获得者。分析这些世界上享有盛名的一流大学，它们都有共同的优势：拥有一流的教授、专家，它们是被世界公认的学术权威和知名学者；培养出大批诺贝尔奖获得者；创造出一大批世界公认的重大科技成果；拥有先进的教学、科研设施，如藏书丰富的图书馆、高级研究所和现代科学的实验室等。正是它们推动了美国高等教育事业的发展，是世界科技发展的中坚力量。

（一）政府

美国政府对高等教育的管理方式主要分为联邦政府管理、州政府管理和地方自主管理三种。联邦政府管理层面：美国教育部是美国内阁层级的联邦部门，且基本不干涉课程标准设置，主要负责分配和发放联邦教育经费，开展教育研究，提供一个州不能独立承担的教育服务，编列联邦补助方案以及执行联邦关于民权及隐私的教育法案。联邦最高法院通过行使监督执法权和典型案例裁决间接参与高等教育管理。地方自主管理层面：地方性管理是指社区委员会对“社区学校”进行的管理。社区大学是美国的州或市用州民或市民的税金来运营的两年制短期大学，由原来的中学教育演变而来。联邦政府和地方自主这是两个辅助管理层面，州政府对高等教育的发展有着广泛的管理权。本州立法机构可以制定本州高等教育的基本原则、政策、目标和评价标准；州法院可行使监督权，并对高等教育相关案件进行裁决。设立高等教育委员会的州，其委员会将对州立院校的规章制度进行审批，并发放建校许可证，规定公立院校的课程标准和师资配备等。

（二）董事会

董事会是美国高等学校内部管理体系中的领导机构，有着明确的法律地位和悠久的发展历史。董事会掌握着学校的主要管理权，是学校的最高决策机构和审议机构，成员主要由校外人士组成且身份多样，任期实行弹性制。公立大学董事会由人民选举、州议会选出、州长提名或州长任命等多种方式产生，并有相应的具法律效力的选举章程。

美国高校董事会的主要特点和优势体现四个方面：一是广泛的社会参与，民主参与是美国社会的立国之本和主要价值取向，也是大学董事会制度产生的初衷，这种普遍的社会参与使美国大学与社会保持着紧密的联系；二是内外部相结合的管理方式，通过校内外人士共同参与董事会工作实现共同管理，教师通过参加董事会下设的委员会获得大多数学术事务管理权和部分人事权，主要包括课程设置、教师的聘任、制定招生和毕业标准、控制教学内容与时间、遴选学校主要学术行政领导和制定大学学术发展目标等。同时内外部管理的结合既避免了内外领导责权的混乱，又反映了社会对大学实现社会职能的诉求；三是持续灵活创新，董事会制度广泛借鉴其他国家的大学管理模式，不断创新进取。美国大学董事会主要借鉴欧洲传统名校的管理经验，但并不盲目照搬，而是将他国模式与本校实际情况相结合，创造出新的管理模式，从而使美国大学董事会制度长期与外部世界相适应，不断焕发出新的活力。四是制度和法律保障完备，美国为大学董事会制度制定了完备的政策法规。董事会由州议会发放特许或根据本州相关法律成立，有明确的法人和章程，其权利受法律保护。董事会包括成立、选举、任职、运行等各个方面都有相应章程，并有法律效力。完备的制度和法律保障避免了外界的无谓干预，保证了高校发展的持续性、独立性和稳定性。

（三）社会团体

美国高等教育所涉及的社会团体主要分为内部（包括资助集团和政治集团）和外部（包括政党、行业协会和工会等）两个集团，通过资助拨款、选举投票、宣传、游行、集会、教育界协会的集体谈判等方式影响政府和高校教育决策，表达利益诉求，协调利益关系。中介组织一般特指认证机构。美国的高等教育认证采用第三方认证的方式，这些机构主要分类区域性院校认证机构、全国性院校认证机构和各专业认证机构三个大类。区域性院校认证机构只对一个特定区域内的高校进行综合评估和认证，全国性院校认证机构可对全国部分单一目的性高校进行评估和认证，而专业认证机构负责对全国范围高校范围内的某一学科进行评估认证。美国公民在考虑就读高等学校之前，都会向相关教育认证机构咨询学校和专业的相关质量评估报告以及课程设置等相关信息，第三方认证的方式使得这种信息更加科学、真实，获取渠道也相对便捷。

美国高等教育分权式管理制度的主要特点就是分工与制衡。政府、高校、社会机构共同成为高等教育的管理主体，既相互合作又相互制衡，使制度整体产生活力。其中政府负责高等教育的宏观调控和立法权，高校董事会负责高校内部管理和发展运营，社会机构负责监督、评估和协调组织间关系。三方从权力属性和目的角度进行划分，权责明晰，并适应各个组织的组织特性和能力范围。在宏观管理制度方面，联邦政府、州政府、立法机构从各自不同的角度在高等教育发展中扮演不同角色。联邦政府从宏观把握高等教育走向，处理全国性事务，通过经济杠杆手段间接实现中央政府意志：州政府充分发挥自主性和积极性，使本地区的高等教育更适合本地区社会

发展需要：而立法机关则通过立法完善制度。每个部门都只对适合自己的相关工作发挥作用，而将不适合本组织性质和能力的工作交由其他社会组织负责，这是高等教育现代化的表现之一。反观我国高等教育管理制度，政府和政府化的大学内部管理机构成为高等教育管理的主体，将高等教育所涉及的各类工作都归入到纵向的庞大的管理体制之内，造成组织庞大，效率低下，且不适应市场经济的需要。因此，我国高等教育应充分将所涉及的业务和权力组成部分进行解构，将宏观工作归属中央政府，将区域性管理权交由地方政府，将适合于其他社会性机构的权力外包，并形成制约机制，从而调动各管理主体积极性与创造性。

在学校内部管理制度方面，我国的模式是处于行政化向自治的过渡阶段，行政化色彩浓重。而美国的高校董事会制度，将学者治校的内部管理与社会人士治校的外部管理相结合，这既不同于我国的集权模式，也不同于欧洲的大学自治模式。董事会作为学校的最高决策机构，其成员的多样性充分调动了社会各方力量，参与高等教育发展。适度的引进董事会制度，可以使高等教育发展更加适应我国市场化创新的需要。在社会机构方面，我国的教育评估与认证机构主要是政府组织，以政府的公信力作为保障。而在我国现行高等教育管理模式下，这种纵向的集权式的管理，政府组织的评估机构不能很好地对同一体制内的高校进行评估与监督。将属于政府权力而政府不具备相应能力的公共服务外包给社会组织，是市场经济的基本思路。美国的第三方评估机构在高等教育发展中发挥着不可替代的作用，它即有利于促进高等学校间的竞争，又可以为公众提供科学、便捷的高等教育信息，从而为教育资源的公平和合理分配奠定了良好的基础。

二、美国高等教育管理创新发展趋势

（一）完善高等教育管理体制

美国高等院校在历史上已形成了一个竞争、开放和自主办学的主流，这对美国自由市场经济的发展起到了推动作用。面对经济全球化的大环境，美国的大学比过去有了更大的办学自主性、更强的市场经济适应性和面向世界的开放性。美国高校可以不受外界干预自主办学，掌握着主动权，从而进一步增强了人才市场的竞争、办学经费竞争、同行之间竞争的能力；

能很好地根据社会发展和经济的需要制定和调整学校发展战略和目标，培养出多层次、多类型、高质量的人才。美国当代高等教育创新除了强调学校的办学自主性以外，还特别注重其开放性，从而建立一个全方位开放的教育体系。许多高校都千方百计地吸引世界各地的优秀人才，一方面博采众长，更好地提高人才培养质量和科研水平，另一方面有利于进一步促进教师同行之间的竞争，提高师资素质。不少学校特别是研究型大学，还积极争取举办国际性的学术交流活动，这不仅使教师更好地获得了学科前沿进展的新信息，同时加强了彼此之间的广泛合作。

（二）重视本科生教育

本科教育质量关系到一个国家未来科技人才的整体实力和水平。曾在一个时期，美国一些大学尤其是研究型大学把学校的教育资源主要投入到研究生教育；随着社会各界对本科教育质量的批评，美国近年来开始重新关注本科教育。20 世纪末，斯坦福大学近 30 年来首次制定了本科教育全面创新的计划。哈佛大学提出要把本科教育的质量作为优先考虑的工作。为培养出复合型本科人才，美国各大学还根据时代发展的要求，及时调整专业结构和教学计划，优化课程体系、更新教学内容，改进教学方法、创新教学手段，注重加强本科生通识教育，处理好博与专的关系。

（三）重视科学研究

近年来，为适应经济的高速发展，“市场需要”已成为美国高等教育发展越来越大的推动力。现在许多美国高校不仅是高级人才培养的基地，而且是科学研究甚至尖端科学研究的重要场所。美国各大学非常重视包括基础研究、应用研究和开发研究在内的科研工作，明确规定教师的三大主要职责是教学、科研和服务。为了更好地发挥为社会生产服务及加强学校适应市场经济需求的竞争力，充分利用外部资源以加快学校的发展，美国高校越来越重视加强与商业界的密切联系和实质性的合作，并取得了较大的成功。科学研究实现了知识向经济效益的有效转化，是“科技是第一生产力”这基本原理的生动体现。

（四）大力发展高等继续教育

在高等教育创新中，美国教育界越来越重视继续教育的问题。许多教育界人士认为，当代高等教育正从传统的一次性教育过程转变为一种持续不断教育过程。高等教育应该是一种终身教育，它对人们的教育和培养已经不再局限普通高等教育的一个阶段，而要充分的满足各个年龄阶段的人的再教育。继续教育不仅能够充分挖掘学校的教学资源，而且能够提高广大劳动者的整体科学素质，优化人力资源配置。目前，美国许多高校专门为高等开设了大量的非学分课程。例如著名学府哈佛大学在校正规大学生为 2 万人，然而每年进入该校接受各种高等继续教育的高等则高达到 4.5 万人。

三、美国高等教育管理体制

（一）管理体制

美国高等教育管理体制，从宏观上来看属于分权型的管理模式，分联邦政府和州政府二级。美国高等教育已有 300 多年的历史，而中央政府的教育行政部门——教育部 1867 年才成立，其主要职权至今也不过只有三项：一是负责联邦政府对地方补助拨款的分配和管理；二是在基础教育和高等教育方面制定一些研究项目；三是负责收取和统计全国教育状况的资料。总的来说，教育部的权力不大，不直接干预学校的决策与管理。也就是说，美国高等教育管理以州为中心，而联邦政府在高等教育事务中发挥的作用甚小。各州的高等教育管理各成体系，没有统一的模式。州的教育行政组织一般分为二部分：一是代表立法机构的“州教育委员会”；二是执行教育法规的“州教育厅”。目前，各州的教育委员会的职权主要是制定教育法规，州教育厅则主要负责对各学校办学目的与教育质量进行监督和宏观管理。美国现有近 4 000 所高校，有州办、地方办或州与地方合办的公立大学，还有私立大学，二者约各占一半。不论是公立还是私立，均须获得州政府颁发的执照，建校章程必须得到政府的批准。美国不同类型、不同层次的大学，办学目标与特点不尽相同，但其管理组织又有许多共同之处。大学的管理组织都由学校董事会、学校行政管理机关以及教授评议会三大部分组成。第一，学校董事会。大学的董事会是大学的最高管理机构。董事会的重要任务是：任命大学校长：审批学校制定的长期发展规划；审批重大的方针政策及一些方面决策事宜；监督办学目标与教学质量；沟通学校与政府、学校与社会的关系，力争他们对学校的大力支持。第二，学校行政管理机关。学校的行政管理机关是大学管理的中枢组织，而校长是学校行政管理机关的首席执行官，实际上掌握着管理大学的实权。美国大学实行校长负责制，校长对学校内部的各项工作有最终的决定权，同时负有学校管理的全部责任，要对董事会负责。由于筹集足够的办学资金是学校的头等大事，美国各大学的校长的首要任务和主要精力便也是为学校筹措资金。第三，教授评议会。美国大学的教授参与学校的管理工作，几乎每个大学都有教授评议会（或学术委员会），这是学校最重要的一个委员会，它充分体现了美国大学的教授治学、民主管理的一大特点。校长充分发挥了教授评议委员会的重要作用，不仅摆脱了许多具体的工作，能够统揽全局，更为重要的是能够集各学科专家的智慧与经验，在学校的中心工作，即教育教学及科学研究等方面科学决策，减少失误。

（二）教学质量保障机制

体制分权化和多样化是美国高等教育的明显特征。美国高等教育已发展成一个多类型多层次、非中央集权管理的世界上最为庞大的教育体系。学校拥有相当大的独立性和自主权，很少受国家的控制和影响。全国所有的高等院校都完全按自己所选择的方式根据社会的需求办学。各学校的办学目标不尽相同，课程设置及教学组织的形式十分灵活，软硬件的条件以及管理水平也参差不齐。因此美国高校之间在办学特色以及办学质量上差异较大，这就需要有一定的机制来保障教育质量。为了加强对高校的监督，协调好学校、社会、政府之间的关系，保证各高校在一个基本的质量水平上运作，认证作为非政府性的、同行专家评议的手段多年前就已在美国应运而生。通过长期实践，美国高等教育认证的标准、程序及实施办法已经规范化和制度化了。认证最主要的目的有两个：一是确认一所学校或一个专业是否达到所要求的标准；二是帮助薄弱的院校建立自我改进的目标并推动院校不断提高。认证类型有两种：一是“全校性”的认证，即对学校整体的评估，由地区性的认证机构来实施。主要对学校的办学目标、物资条件，经费来源、师资队伍、教育质量、学校工作、毕业生就业情况、管理水平、办学效益等方面进行评估。二是“专业性”的认证，即对一所学校具体的某个专业的评估，由全国性的专业认证机构负责。主要对专业的师资队伍，课程设置、实验设备、教学管理、各种教学文件及原始资料等方面的评估。目前，美联邦政府教育部共确定 6 个地区性质的认证机构及 59 个全国专业性的认证机构。各认证机构都有十分严格、科学、公开、制度化的程序和标准。认证程序都明确规定了认证人员以及认证院校的权力、义务与责任，并实施回避制度，从而使得美国高等教育的认证工作多年来能够很好地规范运作。

（三）学校管理制度

1. 制度化的教学管理

美国大学的教学管理十分规范化，具有健全的教学规章制度。对教师在教育工作中的职责与义务、对学生在学习等各方面的纪律与要求、以及学校有关教学方面的政策与管理细则都做了十分明确的规定和说明，同时也对学校的管理机构和教育资源的有关情况以及学校所开设的本科生课程、研究生课程进行了简明的介绍。在每一个环节上都有章可寻，且操作性强。硬件设施优良的美国大学，都十分重视软件建设，注意完善教学过程中的指导性文件以规划教学工作。对于各门课程的教学大纲，每位教师都是在第一堂课发给学生，这样不仅使学生了解本门课程的学习目的、基本教学内容、进度、教科书及参考资料情况，还清楚任课教师对学生的出勤、作业、考试以及课程论文、演讲等环节的具体要求。既有利于双方的相互配合，也便于学生监督教师教学活动的规范性。

2. 注重目标管理

美国大学的教学管理侧重目标管理。在教师教学效果评价方面，主要采取目标管理进行教学质量监控。每学期学生对任课教师的教学效果进行评价是美国大学教学管理最大的特点。对教师教学的评价通常包括系主任、资历较深的教授和学生的评价三部分。但教师很重视学生对自己的评价，因为，在美国大学，评价一个教师的教学质量如何，是否能很好地因材施教，是否能不断地更新教学内容、改进教学方法和手段，从而激发学生的学习兴趣，充分调动其学习的主动性和积极性，完全是依据学生对教师的评价而定。

四、美国高等教育管理的发展经验

美国早在20世纪50年代初，就率先实现了高等教育大众化，70年代后期又在世界上最先进入高等教育普及化阶段。美国强大、开放、竞争性的高等教育体系，为美国科技经济的发展提供了源源不断的动力，通过对美国高等教育发展史的反思，我们获得的启示在于以下几个方面。

（一）办学体制上的并举

经历近半个世纪的发展，美国已形成了公、私立高等教育共同发展、公、私立学校数目各占一半的基本格局。尽管公立学校平均规模较大，拥有全部在校生人数的3/4，但精英教育多数集中在那些历史悠久的著名私立大学。

（二）管理体制上持有自治权

只有大学自治，大学才能一贯致力于自己的发展目标。真正能够自治的大学主要是私立大学，也就是民办大学，所以，在21世纪的我国应该大力推进民办大学的发展，并把民办大学的发展纳入法制化的轨道。对公办高校国家也应赋予他们充分的自主权。高校作为高等教育市场的主体，应享有充分的办学自主权，包括学校的发展规划、人事任免、专业设置、招生规模、学费收取等：使每个大学都能够根据市场情况依法自主办学，在专业设置、教育层次、发展规模、人才培养、科学研究等方面做出自己的选择，形成自己的特色，不断增强办学实力，从而良性循环地发展。

（三）高等教育投入多元化

注重高强度的全社会教育投入是美国实现高等教育持续发展的另一个重要经验

= 联邦、州政府和地方政府的三级高等教育财政拨款、资助、各种类型的基金会、社会团体、企业和校友对高等学校的捐助、学校基金的资本市场运作、以及学校自办商业收入和学费等，构成了美国高校经费投入多元化的基本格局，其中，来自非政府拨款的投入占了美国高教总经费的半数。据统计，美国一年的教育总经费约占GDP 的 3%，为全世界最高；而其高教经费总量几乎占到了全世界高教经费总和的40%，也占美国教育经费总量的 40%。高校教学科研设备更新的速度快，教师收入水平高，1 400 多万在校生的规模为世界之首，全部在校生占本国人口的比例高达5%，成为支持美国科技经济不断创新和人力资源得以充分发挥的主要因素。

（四）全方位开放的高等教育体系

全方位开放的高等教育管理体系，是美国经济、科技和社会发展的发动机。美国高等学校基本分为四种类型：传统的四年制学院、综合性大学、研究大学及两年制的社区学院。它们满足了社会所需要的不同层次的人才培养要求。根据世界和我国经济社会发展对人才培养的需求，我国高等教育在人才培养上可分为三个层次培养三种类型的人。第一层次，他即培养“精英型”的拔尖创新人才。这不仅是我国参与世界经济、政治、教育、竞争的要求，也是我国共产党人和中华民族的希望。北京大学、清华大学等国家一流大学应责无旁贷地率先承担起这一历史任务。第二层次，即“应用型”的专门人才。此类人才的培养，是以教学为主的“教学型”院校培养人才的首选目标和主要任务。如各省直属高校，应以应用型专业性为特色。第三层次，即“技能型”高素质的劳动者和建设者。这类人才培养是全国各级各类高专、高职和民办高校培养人才的目标和任务。如现有各类中专学校合并组建的高职学院，以技能型、社区型为特色。

第二节　集权管理的法国模式

法国高等教育产生于欧洲中世纪，起源于被誉为欧洲大学之母的巴黎大学，是典型的教师型大学，有着悠久的大学自治传统，自拿破仑执政以后，为应对自治模式下高等教育发展中出现的弊端，法国全面实践了狄德罗的国民教育管理思想，并通过立法加强中央集权式的高等教育管理。此后，历届政府都承袭了中央集权式的管理高等教育体制。二战之后，由于集权管理和大学自治之间的矛盾日益突出，法国政府开始通过立法等形式明确政府和大学间的责、权、利关系，从而寻求发展的平衡点，使高等教育发展中的集权式管理和大学自治回归辩证统一。

一、法国高等教育管理简介

第一，通过颁布《高等教育方向法》，将“自治、民主参与和多学科办学”作为高等教育办学的三项基本原则。高等院校在行政、财政和教学方面享有自主办学权，可以在法律允许范围内设计内部管理结构及章程，校长由中央政府任命创新为大学教工选举产生。第二，通过立法和行政创新，对原有垂直的、集权的教育管理部门进行调整，实现权力下放、重心下移。中央教育管理部门主要负责制定高等教育发展方针政策，审批各高等院校授予国家文凭的权力，确定文凭与学位授予的考核制度等。教育经费每年由教育部一次性拨付给高校，高校自行分配使用，教育部门进行监督。通过创新，法国明确了政府在高等教育发展中的职责和位置，通过拨款、审议、监督对整体发展进行宏观调控。第三，设立独立于政府外的第三方评估机构。一方面设立由大学代表和各知识界代表组成的中介机构，由中央教育主管部门领导出任主席，根据高等教育指导法案和教育相关法令，对大学自治范围内的政策进行评估和咨询，并适时提出意见和建议。另一方面，成立全国教育评估委员会，系统地对高等院校开展的各种教学和科研相关活动、科研和教学进展、成果和效率等进行监督、检查和评估，并适时提出意见和建议，定期形成书面报告。第三方评估机构的设立在政府和高校产生缓冲作用，并结合《高等教育方向法》和体制创新，实现了集权管理和学校自治之间的平衡发展。

二、可借鉴经验梳理

任何一个国家的高等教育结构和管理都受到其所置身的政治环境和行政体制的深刻影响。从社会形态和历史文化角度来看，我国和法国的高等教育发展背景有很多共通之处。两国都有着深厚且独特的历史文化传承，都曾长期处于中央集权制的社会管理模式中。我国的高等教育管理实行中央领导下的分级管理，中央和国务院负责对一切教育发展的重要问题进行决策，地方政府负责协调本区域内的高等教育事业发展。法国则通过大学区制实现自上而下的统筹分级管理。两国的区别就在于大学自治理念的起源，具体的启示有两个方面。

一方面，要加强高等教育顶层设计，扩大大学自治的深度和广度。高等学校高度自治是其良性快速发展的必要条件。只有给予高等学校充分的自治权，才能使其内部管理的灵活性充分发挥作用，从而激发活力和创造力，使科研和教学工作不断创新进取。而大学高度自治的前提是中央教育主管部门加强高等教育的顶层设计，完善宏观U面的管理制度，制度允许内充分放权，使学校可以根据本地区，本学校的实际情况做出有利于自身发展的具体方案，调动高校的积极性和主动性，逐步实现学者治校，发挥教工集体智慧，激发创造性思维。而各级政府管理部门充分转变思想，将工作重心转移为建设服务型政府和监督评估上，通过立法和财政手段实现调控。

另一方面，要建立健全宏观监控体系。在处理政府与高校间关系的创新中，法国不断完善的宏观监控体系所取得的成绩值得我国借鉴。我国现行高等教育制度从计划经济时期发展而来，除政府和高校以外，缺少体制外的第三方中介机构，这使得我国高等教育评估和监控体系不尽完备，缺少缓冲和更为柔性的协调。目前，高校自治理念尚未在高校形成广泛、深刻而体系化的思想共识，仍处于向高校自治创新的初级阶段，高校自治与传统管理的矛盾并不突出。但随着创新步伐的加快，第三方中介机构的出现，将帮助政府更客观公正的实现监控和调控职能，并使教育资源得到更有效和公平的利用。

第三节　结合管理的日本模式

一、日本高校教育管理简介

高等教育是一个国家文化传承的重要组成部分，发展高等教育事业不能割裂固有的文化传统，全盘西化和对传统文化的全面否定都曾经对我国的高等教育发展带来过灾难。坚持文化传统，广泛学习各国先进经验，在这一方面，同属于亚洲文化体系的日本给予我国很多可贵的可借鉴之处。

日本高等学校主要分为国立大学、公立大学和私立大学三类。其我国立大学由中央文部省直接管理，主要职责包括任命国立大学校长，制定高等院校组织形式、专业设置、师资选拔和教学标准，编制高等教育年度预算，补助金配比。公立大学由地方政府通过设立的总务处或文书学士处的方式进行管理。私立大学具有独立法人资格，但部分领域接受文部省指导和监督。

日本高等教育中央层面的管理部门主要分为管理部门和咨询评议部门，管理部门主要是文部省下设的高等教育局和学术国际局，分别对高等教育的行政事务和学术事务进行管理。咨询评议部门主要指中央教育审议会，审议会制度是日本高等教育的重要特色。该机构主要通过广泛征求各大学团体、师资教授、在校学生以及社会各阶层意见，以咨询报告为高等教育决策提供智力支持。审议会是中央政府与地方政府、各级政府与高校、高校与社会以及高校之间的中介，是日本高等教育结合型模式管理模式的润滑剂与缓冲带。

日本大学的组织结构主要包括校长，下设大学本部机关，是典型的科层制结构。

中央集权与地方自治相结合的特点主要表现在三个方面：一是通过立法确立了中央政府对高等教育管理的主体地位，中央政府具有统一管理全国高等教育事务的权力；二是对同一级别但不同属性的高等教育院校，依据部门划分管理主体：三是中央教育行政机构和地方教育行政机构之间不存在上下级的隶属关系，地方教育行政机关虽有义务执行中央教育行政机关的规定、指示，但不接受其直接管理。

二、可借鉴经验梳理

首先，将中央集权与地方自治相结合的高等教育管理制度，一方面可以看作其对西方高等教育管理制度的去粗存精，但另一方面也是本民族文化传统的具体体现。从两国历史上看，我国进入集权制较早，地方自治情况较少。而日本虽然很早便遣使学习我国文化，但由于地缘和国力等原因，长期处于中央集权与地方自治的封建博弈之中，地方自治文化久远。采取综合式管理制度是其在坚持本国文化传统的基础上，融合西方各国先进经验的理性选择。从这一角度来看，坚持中央在高等教育管理中的主体地位，适度向地方政府放权，是我国高等教育发展的阶段性特征，这符合我国高等教育的实际发展传承。

其次，为高等教育建立完善的法律保障体系，是保持传统与博采众长的前提和基础。日本中央政府对教育进行宏观调控的主要手段是立法与经济杠杆，中央教育管理部门与地方教育管理部门不存在隶属关系，很少采用行政干预，这使得中央集权管理和地方自治管理可以通过各自的表达形式发挥作用，并行不悖。在立法方面，日本现行教育法规对学校教育、学科设置，学生定员、财务、行政、环境、保健、奖励、福利、私学补助方面都做了详细规定。所有事务都能做到有法可依，部门间权责明晰，高等教育发展相对平稳，很少出现大起大落。在经济杠杆方面，日本广泛学习西方国家经验，将大学教育经费的支配权赋予文部省，使其有能力对政策倾向的执行做杠杆式调控。公立大学的经费由都道府县核拨一部分，其余所需由文部省根据地方申请按学校现设机构和定员予以资助。此外，通过立法，文部省以补助金形式对私立高校进行经济调控，核定和发放具有导向性的私立大学经费补助金，从而间接参与私立高校管理。

最后，引入计划管理机制，加强政府对大学的调控能力。随着教育的复苏，大学数量激增，政府宏观调控力度不断减弱。为应对不断增加的大学数量以及由此带来的办学标准、经费分配等一系列问题，日本政府决定引入计划管理机制，以调整布局和结构，控制大学发展速度和规模。此后文部省增设了计划处，着手研究制定高等教育计划。经过前期创新的积淀，我国高等教育事业即将进入迅猛发展的阶段，在推进创新的同时，引入日本计划管理机制可以避免管理的弱化，使下一步创新工作平稳进行。

一百年来，我国现代高等教育管理创新不断借鉴、模仿和融合西方现代高等教育管理模式，成为我国高等教育管理创新过程中的一个突出特点。只有广泛吸收各发达国家高等教育管理的长处，选取适合我国国情的发展方针，积极探索一条适合我国高等教育发展的管理创新之路，才能使我国高等教育走向世界。党的十八大的胜利召开是我国高等教育发展的又一个里程碑，是科教兴国战略的又一新的起点。推动高等教育内涵式发展是十八大基于高等教育发展的新的指导方针，是“办好人民满意的教育”的坚实基础，是“全面实施素质教育，深化教育领域综合创新，着力提高教育质量．培养学生创新精神”的最好保障，是立德树人、培养德智体美全面发展的社会主义建设者和接班人的关键举措。坚持走内涵式发展道路与“拿来主义”式的借鉴吸收，不失为我国高等教育管理创新的一个思路和方法。通过适度分权、扩大社会参与度是分权模式给予我们最大的启示，在传统管理模式下寻求行政管理与大学自治的平衡点是集权模式给予我们最大的启示，而坚持文化传统、广泛学习各国先进经验是综合模式给予我们最大的启示。

第四节　英国高等教育教学创新的借鉴

如果将教学理解为高等教育的诉求，那么我们就需要确定高等教育的目标，在此基础上思考教学如何实现。实际上，很多高校在制定教学的标准或者对教学实践进行测评时，都会直接或者间接地把是否实现教育目标作为评价标准之一。因此，我们在探究教学创新的内涵时，首先要立足于其与高等教育密切的关系上。高等教育被看作是一个系统，学生进入这个系统，经过加工再作为产品出来。接受过高等教育的学生应具备什么样的素质和能力在不同的时期理解是不同的。

欧洲中世纪大学自诞生之日起就形成了教学功能，中世纪大学的基本目的是职业训练。时代需要一批经过很好训练的人，大学热心接受这个挑战。法学、医学和文学等都是需要有能力和受过学校教育的人。而大学正是培养这种经过很多训练的人的地方。自牛津和剑桥大学产生以至以后很长一段时间内，英国高等教育的目标就是向少数精英阶层的学生传授知识，使他们为成为社会统治阶层做好准备。17 世纪英国爆发资产阶级革命之后，大学开始与工业建立起微弱的联系，高等教育出现世俗化倾向。英国高等教育在经历了 17、18 世纪低迷的发展阶段之后，19 世纪的大学推广运动不仅使大学数量增加，而且使高等教育类型多样化。20 世纪上半叶，大学在数量上继续增加，大学拨款委员会的成立标志着英国高等教育与国家关系发生了重大变化，国家开始通过拨款干预高等教育的发展，同时，高等教育肩负为工商业培养人才和为国家发展服务双重职责，高等科技教育随之兴起。20 世纪 80 年代以来，高等教育已不再是学位授予或者某种高级专门技能的教授机构，而是更加注重学生的内在素质和能力培养，使学生适应不断变化的社会环境。英国高等教育白皮书提出高等教育应具有广阔的目标，要求高等教育要完成“教授技能，普遍提高智力，增进学识，传递公民的共同文化和共同准则”。

高等教育的发展会对我们认识教学产生重要影响。如果强调高等教育要培养技术娴熟的劳动力，那么教学实践就要考虑如何使学生的知识和技能达到某种专业化的要求：而如果强调高等教育要发展人的自主性，那么教学就要注重发展学生的认识能力，培养学生的判断力，在以目前高等教育发展状况为思考背景的基础上，我们从以下几方面来分析英国高等教育教学的内涵。

一、高等教育教学的缘起

这里的“缘起”并不是指宏观上教学的产生和发展，而是要从微观上探讨对个体教师而言，高等教育教学从何而来，及其能否在教师群体中发展下去。正如在含义界定中所提及的，英语中“创新”一词含有卓越的品质、人格等含义，从这一角度理解，高等教育教学是教师自身所特有的某种与教学相关的优秀的特质和人格，并且，在这些因素的影响下教师生成了某些创新的教学理念和实践活动。也就是说，高等教育教学首先存在于个别教师自身，而教师的教学理念和实践生成于其本身所具有的特质，而这些特质本身是不可传播和效仿的，那么，对于其他教师而言，高等教育教学就是不可获得了。这样，我们对高等教育教学的研究就仅仅局限在分析创新教师所具有的某些特质上。

英国、美国、澳大利亚等国建立了创新教学中心和创新教学奖用以对教师的教学实践活动进行支持和奖励，将少数教师树立为其他教师效仿的榜样，实质上是希望创新教学成为大多数教师的一种教学理念和教学能力，并体现在他们的教学活动中。从这一角度理解，个体教师的创新教学生成于学习、实践和自我反思，也就是说，创新教学是可以传播并为更多的教师所接受和获得的。如果说教师通过一定的外部支持和自我发展能够成为创新教师，那么，对创新教学的研究就是十分有意义的了，不仅关系到教师的发展，更关乎学生、高等教育教学乃至国家社会经济的发展。高等教育教学的支持者正是持有这样的观点，即高等教育教学是教师通过学习、反思和实践获得的教学理念，在适当的物质条件和环境的支持下，这些理念能够体现在教师的具体教学实践中，教师的某些优秀特质是会对教师的教学实践产生影响，但是二者具体存在怎样的关系并不明确，这些特质也不是教师创新教学生成的决定因素。

既然认可高等教育教学创新是可以为大多数教师所获得的教学理念和实践，那么，这里就需要考虑这样一个问题：高等教育教学在发展和传播的过程中是否存在永恒不变的“内在特质”，正如在概念界定中所说，我们很难对创新教学下一个明确的界定，而且在实践中，各国在教师具体的教学研究和探索中也没有对创新教学下定义，而是鼓励教师按照自己的理解进行创新教学实践。那么，那些被称作“创新的”教学理念和实践是否有内在的共同特点值得思考。

二、高等教育教学创新的本质

高等教育教学创新作为一种理念存在于学者、教师、高校管理者、学生、家长等的思想意识中，一旦运用于教学实践，则体现在各种具体的活动和关系当中。

（一）高等教育教学创新是道德范畴上的追求

英国学者乔恩·尼克松认为，高等教育无疑会对财富创造和经济发展做出贡献，为国家在全球市场竞争中提供各种知识、技术的支持，而其自身也从提供各种服务和支持中获得了很多益处。但是经济发展并不是高等教育的首要目标，高等教育是社会的镜子，如果二者同步发展，那么就能处于和谐的状态，但在很多时候，二者常常处在一种矛盾之中。当社会发展对高等教育提出的要求与其自身诉求相悖，或者超出其能力范畴，此时的创新教学就不能体现为对经济发展高速、高效的支持上了，而应是一种道德范畴上的追求和实现。

乔恩·尼克松指出，这种道德范畴主要包括正确性、尊重和真实性。威廉斯认为，“正确性”不会预先假定一个最终的真实情况，只是尽量避免不真实所带来的不利影响。人们要坚持一种信念，即忠于事实本身而不是利己主义和心愿的达成。森尼特认为，“尊重”首先要意识到差异的存在，在此基础上达成彼此的理解，同时还要保持自身的独立性。善于接受不同观点以及这些观点产生的历史文化环境是人类在现代社会生存的重要能力，创新就是要融合这些差异，使其跨越文化和政治的不同而成为共同的理解。“真实性”是创新的核心，是正确性和尊重的外在表现。森尼特再次强调，在追求需要、效率和效力的社会中，真实性是很难达成的，同样，创新也是很难实现的。现在的社会环境中，追求创新的实现是需要极大的勇气的。创新是成长的过程，发展和繁盛，而不是终结。

（二）高等教育教学创新是“教学活动”

对高等教育教学创新的探索形成了各种教学实践和活动，高等教育教学创新归根结底体现为模式、目的等各不相同的教学活动。对于什么是“教学”目前人们的理解并不全面。教学有三个阶段：前表现阶段，包括制定课程计划、开发教学材料、反思和检查、教学研究等；表现阶段，包括授课、小组讨论或指导、研讨会、实践课等；后表现阶段，包括学生咨询和个人指导、远程讨论、评价和反馈等。但在很多高校，尤其是研究密集型高校，人们对教学的界定往往很狭隘。很多教师认为，教学就是授课，不包括课前准备、讨论，也不包括课后对学生进行的单独指导和教学研究等活动。另一方面，由于受到传统测量和评价方式的影响，一些教师认为实施教学活动就是掌握一系列的技术，遵循教学规律，将知识传递给学生，忽略了在情感和智力上对学生学习的支持。教学理解的偏颇极大影响了人们对创新教学活动的界定，创新教学一直强调教师素质的重要性，这种素质建立在真正的师生关系上，而不是教师的讲台技能，这就意味着人们需要开始更加关注前期和后期表现阶段的教学活动，同时强调教师的精神层面而非技术层面。

（三）高等教育教学创新体现为和谐的师生关系

高等教育教学创新的创新性体现在教学过程中师生关系的建立和完善上。教学是建立一种关系而不是简单的正式课程内容的传递，随着教育心理学化的思想被创新教学的研究者所采纳，很多学者开始强调教师对学生需求的意识和满足，而其他措施，如现代化的教学技术的运用，无一不是为实现这一目标服务的。

高等教育教学创新应具备的七个要素，其中提到教师在思考问题时首先要从“学生所在的位置开始”，对学生个人的需要做出反应并努力达成，在教学过程中要意识到交流的重要性，了解和评价学生，在学习过程中为学生提供灵活的选择，随着教师变得越来越有经验，他们关注的重点开始发生相对可预测的改变，从关注他们自己，他们如何被他人认知，到学科问题，再到他们的教学方法，最终到学生，学生最终能学到什么。高等教育教学创新包括关注学生个体和智力的发展，以及身份认同的发展。教师为学生智力发展提供各种支持，同时发展他们的价值观和公民意识。这种和谐师生关系的核心是以学生为中心，但并不是关注学生“获得了什么”，而是强调学生“发展了什么”。教师是学生心智提升、个性发展、生成身份认同感的辅助者，同时师生在地位上是平等的，学生对教学有发言权，对教师有评价权，可以与教师进行平等的对话。

三、高等教育教学创新的目标

不同的利益团体（教师、教育政策制定者、高校管理者等）站在自己的立场对高等教育教学创新进行了阐释，其理解的差异性使得其在具体的实践过程中存在多种不同的目标。最初人们对高等教育教学创新的理解仅仅局限在教学内容的传递上，此时的创新教学的目标就是教师要使学生获得自己所教授的教学内容。学生将自己所学知识和技能作为成为社会上层管理者的途径，而创新教学就是要保障教师将知识和技能顺利地传递给学生，并在教学过程中培养学生成为政客和社会生产管理者所需的口才、逻辑思考能力、批判思维等，教师自身的发展并不是创新教学的直接目标。

随着高等教育教学理论和实践的日渐丰富，以及社会经济和心理学对高等教育的影响加深，高等教育教学创新内涵开始多元化发展，创新教学的目标也由关注学生是否获得教学内容转变为关注学生心智的发展以及教师专业素质的提升。教学是一种特殊的交往活动。师生交往的深层意义就在于使置身于其中的每一个人，把经过交往形成的知识、经验、精神模式、人生体验等作为共享的生存资源，发展智慧、情感、意志、精神等完整的一切方面，使每一个人不断获得完善自身、自我超越的动力，不断使自己成为“人”。以促进师生共同发展为目标的创新教学更类似于有效教学，即教师遵循一定的教育教学规律，以尽可能少的时间、精力、教学设施的投入，取得尽可能高的教学效率。而高的教学效率是指通过教师的教学，实现了教学目标，学生得到了进步和发展。随着建构主义学习观的发展，有效教学在强调学生发展的同时也开始关注教师的发展。

随着高等教育与社会经济的联系越来越密切，很多学者还把创新教学的目标定义为提高高等教育对国家的经济贡献，强调将经济学和管理学的经典理论应用于高等教育领域，提高高等教育教学的效率。而这时促进学生和教师的发展就不再是创新教学的最终目标了，而是其实现手段和表现形式，或者说是间接的阶段性目标。促进了人的发展不一定能实现创新教学发展社会经济的目标，但是要实现这一目标必须先考虑如何促进人的发展，因为人是社会经济发展的基本要素。

四、高等教育教学创新的控制

高等教育教学创新的量化是指根据创新教学的目标和本质，将其具体化为某些标准或规定，而这些标准或规定是一种“应然”，是一种理想化的教学状态，是一种教学理想；高等教育教学创新的控制就是按照这些标准或规定，对教师“应然”的教学活动进行评价和调整，以使其最大限度地接近创新教学。实质上，高等教育教学创新是难以量化和控制的，但是在实践中，它是可以被量化和控制的。“教学活动”可以通过一定的形式体现出来，人们也可以通过参与、观摩等方式来感知它的存在，但是“创新性”就是一个难以理解和把握的概念了，我们很难将它量化为某种普遍公认的标准或模式，也就很难对其进行控制和评价。但是在实践过程中，为了使创新教学得到推广和发展，人们会根据自己的教学经验和逻辑分析将其量化为一套模糊的标准，把这些标准作为衡量一般教学活动是否是创新教学的“尺度”。因而从这一角度来说，创新教学又是可以被量化和控制的。对高等教育教学创新的量化和控制深受其概念、本质的影响，因而每一种理解本身并无对错之分，但却存在很大争议。

英国很多高校设立了创新教学奖，为推动教师积极进行教学创新和实践提供各种资金、资源的支持。教师申请这些教学奖的条件是很宽松的，实际上，很多高校并没有明确表明申请者需要满足什么具体条件。如英国国王学院自 2002 年起每年都会对各学院的教师提供 1，000 英镑 / 人的教学奖，个人和团体只要填写一份推荐表都可以推荐自己认为优秀的教师参与奖项的竞选，而这份表格除了姓名、院系等基本信息外，只要说明教学活动的创新点、组织管理方式、课程设计的优越之处等就可以了。教师教学实践的创新性在某种程度上来说是需要“自证”的，教学奖的组织和管理者只会对申请者提出模糊的要求，如创新点、促进学生获得积极的学习体验等，而申请者需要对自己的教学活动进行“描述”，提供各种假设和证据证明自己的教学是创新的。这就在很大程度上给了教师自主权，教师可以根据自己对创新教学的理解和具体实践对创新教学的标准做出自己的解释，这就在很大程度上丰富了创新教学的内涵，大概可以通过以下特征定义四种类型的创新教学标准：

传递创新性。包括：有效、热情地与他人交流与自己教学活动相关的问题和技能：准备高质量的课程材料：拥有全面最新的专业知识；创新教学方法；使学生产生成功的学习体验：激发学生的好奇心、创新性和批判性思考能力。

教学学术。包括了：解与高等教育相关的教学方法和研究；采用严格和创新性的课程开发和设计方法；进行教学反思；正确理解教学与研究之间的关系。

与学生和其他教师沟通。包括：获得学生的反馈：获得同事的反馈；对学生进行有效反馈：与其他同事进行良好合作，传播好的教学实践。为学生提供支持。包括：对学生需求要有敏感性：给予学生适当指导；促进学生学习的合作和自主性；在工作中展现创造性；为研究生提供有效监督。其中第一种在高等教育教学创新的评价中是最为常见的。英国各高校对这些标准的采纳程度并不相同，有的只依据某一种类型来设定标准，而有的则是几种类型的组合。

五、英国推进高等教育教学创新的措施

为了促进高等教育教学创新的发展，英国政府和高校采取了一系列的实践措施。在国家层面，高等教育学院设立了国家级创新教学奖。英格兰高等教育资助委员会，在 54 所高校设立了 74 个创新教学中心。在高校层面，虽然一些高校没有得到英格兰高等教育资助委员会授权建立创新教学中心，但是为了促进本校教师教学素质的提升，很多高校依据自己的情况和目标设立了大学层级的教学中心和教师发展中心，

为教师进行教学实践和研究提供各种支持和帮助，同时设立教学奖以鼓励教师积极进行教学研究。

英国政府设立国家级创新教学奖和创新教学中心的最初目的是希望对专注于离等教育教学创新研究和实践的个人和机构进行奖励，以使这些好的教学实践为更多的人所学习。英国推广高等教育创新教学的实践措施基于的假设是：通过竞争性和选拔性的过程对进行高等教育创新教学研究和实践的教师和机构进行奖励，能够达到提升教学质量，对整个高等教育教学产生积极影响的目的。即通过奖励创新教学方面的少数和先进者，能够促进多数和后进者的效仿和学习，以推广创新教学理念和实践，促进高等教育教学的发展。

新自由主义意识形态对英国高等教育教学创新的实践措施有重要影响。新自由主义的假设是：竞争性的市场机制能够提高质量和效率，个人努力而不是集体协作更能够获得成就，与各机构内部制定的一些准则相比，消费者的选择更能够激励公共机构提高其表现。对自我利益的追求是人类的基本动机，因而对成功的奖励是必需的，尽管这会导致不平等的出现。“企业文化”促使大多数成功者有权利获得各种资源支持以追求他们更大的发展，这已经成为一种政策目标，毫无疑问，新自由主义受到其受益者的支持，这一意识形态也受到英国政府的推崇。英国创新教学奖和创新教学中心的建立受到新自由主义的影响，强调对创新教学研究和实践的“成功者”进行支持和奖励，而不是平均分配各种教学支持资源。

（一）国家层面

1. 创新教学中心

创新教学中心建设的目标有两个，一是奖励教师的创新教学实践，二是通过对这些教学实践进行进一步的资金支持以使学生、教师和各大学从中受益。

（1）性质

最初，英国将进行高等教育教学创新研究的中心命名为“创新中心”，其后才更名为“创新教学中心”，这一改变表明创新教学中心不仅关注对过去已经取得成就的创新教学实践和教师的嘉奖，它更是一个“发展性组织”，即更加强调鼓励和支持未来的创新教学实践的发展＝创新教学中心不是一个单一的部门，而是一个综合性的发展机构。创新教学实践从来都不是某一学科单独的事情，而是多学科、多部门甚至多校共同从事的一项教学研究实践活动。如教学形式、课程设计方法、高等教育的目标、高等教育教学存在问题的探析等，这些研究涉及不同的教学领域、学科和部门，而创新教学中心就是要对这些问题的研究和实践提供帮助和支持。

创新教学中心设立在不同的高校，而各高校有不同的实际情况和教学发展目标，因而创新教学中心是多样化的机构，这种多样性在运行过程中主要体现为以下四个方面。规模大小，有的中心设立在一所高校中，规模相对较小，而有的则是某几所高校合作设立的，规模较大。学科内容，一些中心只关注单一学科教学的研究，而另一些中心则是进行跨学科研究的。教学方法，各中心都会专注于一些特殊的教学方法的研究，如基于问题的学习，个人发展计划等。所在高校，创新教学中心广泛分布于不同类型的高校中。

（2）运行模式

为了提高工作的有效性，在更大的范围内推广各创新教学中心的工作，合作和网络化是创新教学中心的重要目标和主要运行模式。创新教学中心运行的模式主要体现在这样三个方面：校际创新教学中心的合作，属于同一学科领域或者在教学某方面有共同研究兴趣但是属于不同学校的创新教学中心存在这样的合作。同一学校创新教学中心之间的合作，一些高校设立了不止一个创新教学中心，由于存在于同样的校园文化中，这些创新教学中心对教学问题有很多共同的理解和价值判断。创新教学中心与其他机构的合作，除了创新教学中心之间的合作，创新教学中心还会与其他机构，如继续教育学院、专业团体等展开合作。

（3）主要活动内容

创新教学中心展开的活动是多种多样的，概括起来讲，主要有以下几方面：开发新的课程。运用创新的教学手段。为教师提供在未来教学中可以运用的支持手段。开发基于信息技术的学习系统，如电子学习系统。对能使教和学产生重要改变的方法的试点研究。设立科研项目和同行评议的出版物。其他活动，如内部发展活动和更大范围内的研讨会等。

2. 创新教学中心产生的影响

对高等教育教学创新发展的影响：各高校在申请设立创新教学中心时，需要向英格兰高等教育资助委员会提交申请，说明自身在教学中的独特之处和创新性所在。英格兰高等教育资助委员会并没有对什么是创新教学以及设立创新教学中心需要满足什么条件进行规定，各高校需要自行界定创新教学的含义以及提供各种假设和证明说明自身在教学方面的优越性。一方面，各高校可以根据自己的高校环境、教学发展目标和战略“量身定制”自己的创新教学中心，促进了各高校对自身教学发展的思考和理解；另一方面，这种做法也更加丰富了创新教学的含义和各种发展策略。

对教师的影响：英格兰高等教育资助委员会对创新教学中心进行了多次评价，分别对创新教学中心建立后的发展情况，开展的活动，对教师、学生、高校教和学各方面的影响，以及不足之处进行了详细的论述。创新教学中心建立以来，通过多种方式为教师的教学发展提供支持和帮助：为教师提供交流的平台，如定期的研讨会等，使有共同教学研究兴趣的教师能够交流教学实践和学习心得：为教师提供各种资金和资源的支持，如小额的教学奖金奖励、书籍、不定期的论文、期刊文章、DVD 资源等；为教师提供进行教学研究的机会，过去教师的其他研究活动占了很大比例，教师没有机会进行教学研究，创新教学中心为教师提供专门的教学研究机会，使教师能够有充足的时间和资源进行教学反思，无论是理论研究还是实践性研究，其研究结果都会受到创新教学中心的重视。

创新教学中心的这些措施无疑会对教师产生积极的影响，很多教师表示通过参与创新教学中心的各项活动，他们提高了教学自信和能力，一些教师还成为本校教学领域的领军人物。教师都认同或者强烈认同创新教学中心的活动提高了他们的整体教学实践水平，使他们发展了创新的教学方法。但是另一方面，创新教学中心在运行过程中也会不可避免地出现一些问题。创新教学中心定期召开会议，其本意是希望为活动的参与者提供一个交流实践和学习经验的平台，而实际上，这些会议不能被参与者充分利用，有时只是讨论一些常务性问题，如研究经费的分配等。很多高校的创新教学中心为鼓励教师进行创新教学实践和研究，会为教师提供一些奖金奖励或参与教学研究项目的机会，但是这些奖励和机会有时并没有真正给那些“创新者”，而是被一些“本应这样做的人”所获取。创新教学中心没有给予教师充分地进行教学反思和创新的时间，教师不得不把目前自己所做的工作当作创新教学中心所要求的新的工作来做。

创新教学中心对学生的影响。一提到创新教学中心，人们最先想到的是其对教师教学产生的影响，因为这些中心的大多数活动都是为教师开展的，教师是主要参与者，各项措施的直接影响对象也是教师。而实际上，创新教学中心也会对学生产生影响。其一是因为教和学有着天然的密切联系，教师的教一定会使学生的学产生变化；其二是因为一些创新教学中心不仅面向教师，而且很多活动同样是需要学生参与的，使学生协助教师完成教学研究，或者让学生直接进行教学研究，很多创新教学中心把影响学生的学也作为其各项措施和开展活动的直接目标之一。创新教学中心对学生的影响主要体现在以下三个方面：一是创新教学中心需要学生直接参与一些教学研究活动（这些研究可能与学生学习无直接关系，而是教师教学法方面的研究）；二是创新教学中心会进行一些关于学生学习态度和方法等问题的研究，这些研究鼓励学生进行更加活跃、深入和独立的学习；三是学生的学习会受到教师教学方法改变的影响。

创新教学中心对高校的影响：创新教学中心通过各种教学研究活动和推进教学发展的措施为高校提供了新的教学方法、教学知识和课程等，推动了高校教学的发展；创新教学中心还使高校政策制定者和管理者在制定政策的过程中开始注意到教学方面的重要影响；最后，创新教学中心对高校教师管理制度也产生了影响，很多高校在对教师进行奖励和职务晋升的评价中越来越重视教师从事教学实践和研究的积极性和水平，一些高校还把教师是否参与创新教学中心活动和项目作为评价教师的直接参考因素之一。

3．英国国家级创新教学奖

（1）基本情况

英国高等教育学院设立了国家级创新教学奖，该奖项主要面对英格兰、北爱尔兰和威尔士的高校，由英格兰高等教育资助委员会、威尔士高等教育资助委员会和北爱尔兰就业学习部提供资金支持。每年，高等教育学院都会颁发50个左右的奖项，奖项获得者主要由英格兰、威尔士和北爱尔兰符合条件的机构提名。目的：国家级创新教学奖的目的有三个，一是促进高等教育教科学发展；二是奖励对学生学习体验做出杰出影响的教师；三是从国家的高度关注高等教育教学创新奖励项目。组织管理者：国家级创新教学奖由英国高等教育学院管理和运营，国家级创新教学奖咨询小组为国家级创新教学奖的发展提供意见和指导。咨询小组由各部门代表和其他利益相关者组成，主要对国家级创新教学奖的选拔标准、被提名者的评价过程、获奖者的选拔提出意见。

（2）申请资格

国家级创新教学奖主要由英格兰高等教育资助委员会提供资金支持，在英格兰、威尔士和北爱尔兰的所有高校教师都有资格申请该奖项。凡是拥有100名以及100名以上，学习由英格兰高等教育资助委员会或者威尔士高等教育资助委员会规定的高等教育课程的全日制学生的继续教育机构也有申请资格。各高校教师无论处于职业生涯的哪一阶段，只要在学生获得积极学习体验方面做出了贡献，都有资格被高校提名申请国家级创新教学奖。任何教师都不会因性别、民族、国籍、种族、残疾、婚姻状况、社会背景、家庭环境、性取向等不合法理由而在国家级创新教学奖申请资格方面受到歧视。

（3）运作情况

申请国家级创新教学奖是有一定的程序的：每年，有国家级创新教学奖申请资格的高校可以提名三位在创新教学或在促进学生获得积极学习体验方面有突出成绩的教师参与国家级创新教学奖的评选＝在提名过程中，高校要充分考虑到在促进学生学习体验发展方面的各种教师角色。申请者提交申请材料之后，外部同行评审将会对申请者提供的材料进行评议，然后将评审结果报告给国家级创新教学奖咨询小组。国家级创新教学奖咨询小组再根据同行评审的报告对高等教育学院提出建议，最终的获奖决定由高等教育学院做出。获得国家级创新教学奖的教师需要在两至三年之内完成自己的教学研究活动，并需定期提交研究进展报告。

高等教育学院和国家级创新教学奖咨询小组认为，对创新教学的支持要与特定的学术、专业和高校环境相契合。因此，高等教育学院和国家级创新教学奖咨询小组不会对什么是创新教学做出具体明确的规定，各高校要在自己的组织环境中界定什么是创新性和创新性的教学实践。虽然高等教育学院和国家级创新教学奖咨询小组没有对申请者提出具体明确的限制条件，对创新教学实践也没有提出明晰的标准，但是为了指导各高校和教师准备国家级创新教学奖的申请，还是列出了三个选拔标准，以作国家级创新教学奖申请者的参考：创新的个人教学素质，教师需要证明自己的教学素质能够促进学生获得积极的学习体验。教师可从以下5点进行证明：第一，培养学生的好奇心和兴趣，提高学生学习的积极性；第二，为学生组织和呈现高质量的学习资源，以促进学生的学习：第三，支持和满足学生的各种学习需求；第四，借鉴能够促进学生学习的研究成果；第五，可进行其他相关的证明。促进创新教学发展，教师需要证明自己能够支持同事的发展，能够对他人产生积极影响。

国家级创新教学奖准则特别强调，以上的标准只是为国家级创新教学奖申请者撰写申请材料提供参考，申请者不应被这些标准所束缚。获得国家级创新教学奖后，获奖者需在两至三年之内完成自己的教学研究活动，并在每年的一月和七月向高等教育学院提交两份进展报告，在报告中要提及奖金的花费情况，教学活动计划改变的理由，已经进行的活动，已获得的反馈信息和在今后的研究中所预期取得的成就等。除了每年两份的进展报告之外，获奖者还需提交完成报告和最终报告。完成报告主要是对经费使用情况的监察审计报告，这份报告只在高等教育学院内部使用，不对外开放。最终报告是对获奖者教学研究项目的总结报告，较完成报告而言更加详细，主要论述获奖者所进行的实践和研究以及所取得的成就，是对公众开放的。

4. 国家级创新教学奖产生的影响

对高等教育教学创新发展的影响。设立国家级创新教学奖的目的就是希望能够通过奖励教师创新的教学研究和实践活动推动高等教育创新教学的发展，提高高等教育教和学的地位。国家级创新教学奖对创新教学理念的发展和完善过程起到了重要的作用，而参与国家级创新教学奖的教师的研究和教学实践活动是不可忽视的，这里强调的不仅是那些获得国家级创新教学奖奖项的教师，即使是那些未能获得奖项的教师，也在他们的准备过程中对创新教学的发展做出了自己的贡献。创新教学是一个历史性和情景性的概念，目前学术界没有对这一概念做出明确的界定。在国家级创新教学奖的运作情况中可以看出，国家级创新教学奖申请者对创新教学的研究和实践也是“自证性”的，即教师根据自己对高等教育学院所提到的国家级创新教学奖三个选拔标准的理解，提供相关的假设和文字材料证明自己的研究和实践活动是“创新的”。国家级创新教学奖的获得者也需要在教学研究和实践过程中不断修正自己的计划，通过学生、同事等的反馈信息完善自己对创新教学理念的理解。

国家级创新教学奖的三个选拔标准是专家团队通过逻辑演绎而不是真实案例得出的，其客观性和合理性难免存在一定的问题。创新教学的七个方面：对学生需求的反应和实现；思考问题时站在学生的角度和立场，鼓励学生接受积极的学习方法；意识到交流的重要性，了解和评价学生；在教学中运用新技术；采用问题解决方法；意识到学习迁移的重要性；在学习过程中为学习者提供灵活性和选择。

国家级创新教学奖对教师的影响。首先，国家级创新教学奖是对高校教师创新教学实践和研究的支持和奖励，因而对教师的教学产生了重要影响。几乎所有国家级创新教学奖的获奖者都认为，他们对教学所做的贡献得到了同事、学生和所在高校的认同。一些教师称，他们在教学中更为自信，并成为自己所在高校的教学领域的“发言人”。一些教师开始积极从事教学研究，对自己的教学实践进行反思，教师的教学理念和能力在国家级创新教学奖的支持下获得了发展。其次，国家级创新教学奖对教师的职业身份产生了影响。在高等教育职能逐渐多元化的今天，高校教师究竟是“教师”还是“研究者”，其职业身份越来越模糊使得高校教师很难定位自己的职业角色。而教学与研究关系的失衡也使得高校教师更倾向于将自己的精力投入到直接服务于社会的各种研究活动中，这就大大缩减了教师从事教学实践、进行教学反思的兴趣和时间。国家级创新教学奖的建立和实施使高校教师开始将自己的职业身份重新定位于“教师”，促进了教师对教学活动的重新重视。从更广的范围来说，也使得各高校重新开始重视教学在高等教育中的重要作用，提升了教学在高等教育中的地位。最后，国家级创新教学奖对教师的职称评定和职位晋升产生了影响。虽然没有明确规定，但是很多高校在对教师的职称评定和职位晋升进行评估和考察的时候，会将是否获得国家级创新教学奖作为重要参考因素之一＝国家级创新教学奖对教师也存在一定的消极影响。建立国家级创新教学奖本是希望通过对进行创新教学实践的教师进行奖励进而促进教师之间的合作，推动创新教学实践的发展，以最终提高教师的教学水平，促进高等教育教学的发展。但是在实践中，国家级创新教学奖并不能完全实现这一目的。一些获奖者认为自己在获奖之后受到了其他同事的排挤，甚至被孤立。而在研究密集型高校中，对国家级创新教学奖的过分追求也使得教师脱离了自己原来的工作中心，影响了教师的职业发展。

（二）大学层面

每一所英国高校都有自己的教科学发展策略，而对创新教学的提升和奖励则是高校促进教学发展的最为普遍的策略之一。高校对创新教学的支持更多的是促进性的而不是指导性的，如为创新教学发展提供必要的物质和人文环境，激励和支持措施等。高校对创新教学的促进更多地体现为一种方向而不是明确的计划，这些促进措施需要与各高校的性质、目标、任务等建立密切的联系，才能更为有效。英格兰高等教育资助委员会在多所高校建立了创新教学中心，并且每年为这些教学中心提供资金支持，而具体对创新教学进行研究的活动则由各中心所在的高校具体负责。

1. 建立

英国高等教育教学中心将研究作为高等教育的核心工作。关注于研究并不是将教师的研究活动作为其教学方法那么简单，而是对教学与研究的关系进行更深入的思考，认为学生的学习是通过学生积极参与自己的研究项目，并与其他师生合作得到强化的。使学生参与研究的目的是希望学生体验到知识的生产过程。创新教学中心试图减少人们将教学和研究看作是分离的活动的倾向。其建立基于的理念主要有以下三点：

（1）学生参与研究对学生的学习质量和其对自身学科的学习潜能有重要影响。鼓励学生参与研究项目有利于提高其所在学科的研究能力，并对这一学科的资助者和外部评审有积极影响。博耶的教学学术思想。博耶希望化解教学与研究之间的争论，并通过对学术的重新界定来重塑大学教师的角色。（2）博耶认为，教学和研究是同等重要的学术工作，学生不仅要通过教师的教学来学习，还应通过基于需求和能力的研究性学习项目来学习。批判教育学。（3）批判教育学认为，只有社会阶层的根本性变化才会导致教和学逐渐发展，而不是简单的制度改革。而能使社会阶层发生改变的关键只有教育，教育必须植根于学生的真实生活，学生需要切实参与到知识的生产中，而不是被动地接受教师所教给他们的知识。

2. 研究和活动

创新教学中心的主要目标是通过学生参与研究来促进学生的学习，因此其教学活动和研究的主题都与学生参与性以及学生作为研究者的角色有关。创新教学中心目前正在开展的研究分为不同的主题，在每一主题下有具体的研究项目，如“学生作为生产者”，其下有四个研究项目，分别是“本科研究人员”“变革推动者”“研究技能 A 到 Z”和“本科研究人员的数据资源”。该研究主题主要探讨的是将研究与教学相结合后对学生的影响以及如何为学生提供研究方法和资源支持。除了由创新教学中心日常经费支持的研究项目之外，还有一些是由中心管理但是支持经费来自他处的项目，这些项目的主要研究者和参与者都是学生。

3. 学术奖及其他奖项

除了教学研究项目之外，创新教学中心还为教师提供各种形式的教学奖，其中以学术奖最具有代表性。学术奖的资金来源是英格兰高等教育资助委员会对高校创新教学中心的直接资金资助。其设立目的在最大程度上体现了创新教学中心的工作原则：强化教学与研究之间的联系：鼓励学生在课程范围内进行研究活动：重塑学生的学习空间；在高等教育领域传播研究性学习的知识。

学术奖的申请和审查程序十分简单，申请者只需提交一份申请表格，一份能表明其在这一项目中已做的先期工作的简介即可。然后由包括中心主任、副主任等在内的遴选委员会根据一定的标准对教师的申请进行评价。评价标准没有严格的具体规定，主要由以下几方面组成：申请项目的时间表，目标、方法和活动，成果及其传播，对项目的评估方案，项目预算，是否符合创新教学中心的目标。项目结束后，获奖者需要提交一份最终项目报告。除了学术奖之外，创新教学中心还设立了布鲁克斯大学本科生科研奖、合作基金奖、公共研究基金奖，这些奖除了教师可以申请之外，学校的学生也可以申请，充分体现了创新教学中心将教学与研究相结合，使学生在研究性学习中发展研究能力的目的。除各种活动和奖项之外，创新教学中心还为教师和学生参与创新教学的研究提供其他各种资源、信息、空间环境等的支持，以促进创新教学研究的发展。

研究性学习对高等教育创新教学发展的影响。心理学角度的创新教学强调通过关注学生的个性和学习类型确定教师教什么和如何去教，教学的重点是学生，要求是教师在了解学生的基础上对学生学习需求的满足。研究性学习鼓励学生通过合作和反思自身学习活动的方式对自己的学习负责。学生通过参与研究活动促进自己学习的发展，在研究中认识自己的学习类型，巩固已有知识。在研究性教学中，教师能够与学生充分交流，针对不同学生的学习类型为学生提供研究和学习支持。

研究性学习对高等教育教学的影响，创新教学中心主要从事研究性教和学的研究，研究性学习有效发展了学者的批判性思维，培养了学生在大学毕业后继续学习的能力，满足了终身学习理念和知识社会的要求。与学生被动接受教师传递知识的传统教学模式不同，研究性学习通过鼓励学生积极参与不同社群的实践活动自行建构知识。研究性学习从社会建构主义学习理论角度阐释学习，建立了一种新的师生关系，这里学生成为知识的生产者和合作者。创新教学中心的研究促进了高等教育教学以及学生学习的发展。另外，创新教学中心还提高了教和学在高校中的地位，使教学与研究的关系重新得以平衡。教学被当作一项学术工作，教学地位的改变不仅发生于得到教学奖的部门，其他教学机构和部门受到创新教学研究的影响，也发生了改变。

研究性学习对学生的影响。创新教学中心强调将研究与学生学习相结合，因此也很注重对学生开展的研究活动进行奖励。创新教学中心鼓励学生通过校内外的研讨会、讲座、版物等方式分享他们的研究经验．如研究过程和结果等。一方面，学生的学习和研究能力在创新教学中心的鼓励下得到了巩固和发展，另一方面，学生的研究也对高校教学的发展提供了很多切实的效用。在英国，还有超过一半的高校没有获得英格兰高等教育资助委员会的批准设立创新教学中心，随着创新教学在高校中的影响越来越大，以及教师教学能力发展的需要，很多高校设立了自己的创新教学中心，主要为本校教学研究、教师专业发展提供理论、方法、资金和技术方面的支持，并使该校成为教学密集型高校中创新教学研究的领军者。

（三）教师层面

英国通过在国家层面和高校层面设立创新教学中心和创新教学奖积极推动高等教育创新教学的发展，各高校教师出于不同的动机和目的，对这些措施进行了积极的回应。由于创新教学没有明确的含义界定，各高校教师在申请创新教学奖时需要按照自己的理解提供相关假设和说明证明自己的教学实践是创新的，这在很大程度上为教师进行教学创新提供了机会。实际上，参与创新教学活动的教师的教学活动究竟是不是“创新”的，并没有人能真正说得清楚，但是获得创新教学奖及其他奖项，或者获得从事创新教学研究机会的教师，普遍就被认为在教学方面是“创新”的。另一方面，由于参与创新教学活动的教师很多，而且其各有具体情况和特色，很难对其进行总体的论述。

1．教师及其创新教学实践

通过分析英国创新教学奖奖项的获奖者及其教学研究，我们得出英国致力于创新教学研究的教师的一些基本情况：创新教学奖的获奖者都是各高校积极从事教学研究的教师，很多教师是本校教学研究以及促进学生和教师发展工作的负责人，有些教师曾经多次获得创新教学奖或者其他教学相关奖项。获奖者有积极从事教学研究的能动性，一些获奖者在教学研究方面有一定的研究基础和经验。

从获奖者所处的职业阶段来看，既有新手教师，也有具有多年教学经验的教师；从获奖者的专业领域来看，由于这些教师来自不同类型的高校，因而其创新教学研究涉及各个领域，如医学教育、音乐教育等；从获奖者所关注的高等教育教学研究问题来看，基于不同的理论假设和研究目标，各高校教师开展了不同的创新教学研究，如通过促进学生参与学校教学和科研活动来提高学生的研究能力和终身学习能力，通过将新技术应用于课堂教学提高教学的质量和效率等等。由于很多获奖教师都是从事过高等教育教学研究，有一定研究基础和研究经验的，因而他们的获奖项目也是有一定的研究基础的，很多是横向或者纵向的比较研究。很多创新教学奖的获奖项目关注的是如何促进学生能力的提升，如学生的研究能力，终身学习能力，适应社会和工作环境的能力等等。创新教学研究并不将如何提升教师的教学素质和能力作为直接研究对象和目的，而是通过分析提升学生“学”的方法来促进教师的“教”。

创新教学奖是对教师个人的奖励，但是很多研究项目是以教师团队的形式开展的。创新教学的研究过程和结果很好地体现了合作、分享的精神。一方面，很多研究项目是不同部门、甚至不同高校的教师合作进行的，研究的各方面由不同的教师分工进行；另一方面，创新教学项目的研究结果，如研究进展报告和最终成果报告等，也是对其他教师公开的，这些研究项目会设立网站，将相关资料链接在网站上，实现了最大程度上的资源共享。同时也使创新教学研究能够得到其他教师的监督、评价，其研究结果也能够为更多的教师所利用。

2. 教师参与创新教学实践的影响因素

自高等教育创新教学这一理念提出来之后，很多学者和高校教师积极从事创新教学的教学实践和研究活动，其原因大致可以从以下三个维度进行理解。

（1）教师个人具体因素

受教师个人具体因素的影响，一些教师对推进创新教学发展的促进措施会进行积极地响应。如新手教师为了尽快进入教师角色，需要通过一些教学研究活动提高自己的教学水平；一些教师为了得到创新教学研究项目的奖金以促进自身教学研究的发展等。需要指出的是，由于教师是否获得创新教学奖或者参与相关研究活动在教师职务晋升方面的影响越来越大，单纯只是由于职业利益的驱动，很多教师也会积极参与创新教学的研究。

（2）文化环境因素

通过高等教育学院和英格兰高等教育资助委员会的努力，各高校的创新教学中心在大学中营造了一种积极从事教学探讨、创新和研究的氛围。很多教师表示，在教学成为一种研究活动，并且高校为教师从事教学实践和研究提供了诸如资金、场所、信息资源等支持的大

学环境中，他们对教学更为有信心和兴趣，他们也更乐意于与其他教师分享自己的教学体验，探讨教学问题。随着今后创新教学逐渐成为一种大学文化氛围，教师也将更加关注教学活动。

（3）认可因素

作为一名教师，其教学水平和能力得到同事、学生以及高校的认可是很多教师的追求。而通过参与创新教学实践和研究，教师可以得到奖项、参与相关研究的机会，可以通过发表文章、参与研讨等形式从高校管理者、同事和学生那里获得关于自己教学活动的反馈信息。一些教师表示，尽管创新教学中心和教学奖的设立是为了推广创新教学实践，使更多的教师参与教学研究，但是教学奖和创新教学中心所提供的机会是有限的，很多教师并不能真正参与其中，所以，对教师的认可应更加强调同事、学生和高校管理者的评价。

自 20 世纪 90 年代，我国高等教育建设和发展出现了“井喷”现象，高校办学规模和在校人数逐年增加，在“建设世界一流大学”的目标号召下，我国高等教育

的基础设施建设和学科建设步伐大大加快。其中“211 工程”和“985 工程”作为我国高等教育发展的先行军，为我国高等教育吹响了前进的号角。我国高等教育追寻的“世界一流大学”的精神内涵需要着重指出，大学的内涵是“普遍、整体、世界”的意思，大学精神气质的这种普遍主义精神主要表现为：首先，大学知识传播者应该包罗万象，全面而又专业，其次，大学知识获得者也应遍布全球各地，尊重接受学生个性：最后，大学的内部管理和科研教学必须能够与时俱进。

但在我国这样一个拥有几千所大学的国家，谋求国际高水平大学的理想需要的不仅仅是政策性支持、教育资源投入和就业环境改善等外在条件，更重要的是我国高等教育进一步发展改革所选择的管理体制如何更好地适应新时代和新环境的需要。正如现任香港科大校长朱经武讲的“一流的大学源于一流的老师教出一流的学生，一流的学生造福回馈一流的社会。”目前我国大学里，教师队伍的素质、研究水平、研究成果，决定了大学的高度与地位。如何在改革环境中梳理出政府与高校、社会与高校以及高效内部的种种关系，成为我国高等教育管理改革的出发点和立足点。因此当代我国高校的发展需要理顺师资管理制度、科研管理制度、后勤社会化管理制度、教务管理制度等高校管理体制创新，迫切需要理顺大学与政府、政治与行政和学术、学生与教授以及就业与毕业等多重关系。可见我国高等教育管理体制改革是我国政治体制改革的延续，只有建设和完善我国高等教育管理体制的一系列改革。

第六章　我国高校内部管理体制改革

第一节　我国高校内部管理体制改革的制度变迁

一、高校组织结构的调整

高校是一个相对独立，且具有自身运行规律的社会组织。在我国高校内部组织的两维结构——高校行政管理组织结构和高校学科组织结构中，处于核心和主体地位的学科组织机构，是我国高等学校组织结构内部改革的重中之重。

（一）我国高校内部学科组织结构的调整

就组织特性而言，目前，我国高校是建立在以学科为基础的学术组织结构。应该通过激活学术的细胞、提高我国学术生产力、增强我国学科发展的活力，建立和变革我国高等学校的组织结构。伴随着高等教育内涵与功能的不断拓宽以及高校规模的扩大发展，高校的学科分化、高校内部的组织结构更是日趋复杂化。纵观我国高校的发展历史，高校内部的学科组织机构始终遵循的是校—院（系）—教研室单一化的纵向管理模式。改革开放以后，特别是最近十几年，随着我国的高等学校内部的管理体制的改革，高校内部学科组织结构由于规模的不断扩大和学科的逐步分化，已被分成多种模式，形成了以“校院—系”为主要结构的五种代表模式：（1）校（学院）—系—教研室；（2）校—学院—学系；（3）校—学院—系、所；（4）校—学院—学科；（5）校—学院—学系与校—学系、所、部、中心并存的模式。

改革开放前，我国高校的内部管理体制是仿效苏联高校办学体制而发展起来的，长期以来一直沿用的是计划经济体制下形成的“三级管理体制”。即对高校而言，就是校、系、教研室三级管理。我国高校长期实行

的校、系、教研室三级管理，在系下面建立教研室或在研究所下设研究室，作为基层的教学、科研，行政单位的组织实施都是以围绕本科生教育开展教学活动。在行政职能上，基层教研室过多强调教研室或系的独立性、完整性，导致各自为政现象比较突出。在校、系、专业教研室的管理体制下，高校的教学科研力量薄弱，教育资源的配置不够合理，不利于高校的自我约束、自我发展、自主办学机制的形成，

也不利于造就复合型人才，同时限制了学科专业的跳跃发展，导致二级院系办学没有活力，办学的积极性也受到了限制，进而影响高校整体办学水平、办学效益的提高。高校学术管理的重点在基层，如果基层组织缺乏学术活力，过分强调行政权力，忽视学术权力在高校内部占主导地位，就必然制约了学科水平的提高。

我国改革开放后，高校组织结构呈现出多样化，但是，不得不承认我国现阶段的高校内部学科组织结构主要是建立在传统组织结构基础之上稍加改进形成的，实际上并没有脱离以本科的教学过程作为目标的组织特点，更不适应当前我国社会发展变化的需要和对现代大学制度要求的需要。在西方一些发达的国家，虽然高校的内部管理同时存在着欧洲的研究所体制和讲座制、美国的学系制与系科制，但是他们的共同特点都是以环境的变化、社会的发展为依据，对高等学校进行组织上的创新和变革，并且保证基础学术组织的发展，教授们则享受学术上民主与自制的权力。近些年来，我国的高等学校借鉴了公司企业的“业务流程再造”的思想，将高校内部学科组织结构向“扁平化”的组织结构、灵活化的方向进行转变。权变组织理论提出，世界上不存在着万能的组织结构模式适用所有的组织结构，组织结构只有适应组织内部与外部环境，才可以使组织高效有效地运转。所以，组织创新和变革不能仅靠传统的模式，而是应该建立在对组织结构特殊的内部环境和外部环境进行辨识的基础之上。我国高等学校学术的组织结构与创新，对于照搬或模仿是不可行的，应该根据组织的内部环境及外部环境的特点设计组织结构，充分发挥使用高等学校的自主权力，同时，国家也要加大对高等学校分类指导的力度。我国的教学科研型大学及研究型大学应依据自身的组织目标和规范，依照组织的矩阵式和事业部的形态，打破“系所为一”的局面，在现行的“校—院—系”管理模式基础上，组建并调整一批研究机构，修整以本科教学为重的学术组织结构，从而高效地开展高水平的研究工作，壮大并促进新学科的兴起，激发高等学校的学术研究活力，从而真正实现以学科为重，以学术为基本的组织结构。

从管理层次上看，20 世纪 90 年代以前我国高校是校、院、系三级管理与校、系两级管理并存。但从 20 世纪 90 年代末到 21 世纪初，我国为了与国际接轨，同时也是高校自我优化结构、强化功能的现实选择，学院制成为了我国高校院系治理模式的主流。目前，高校学院的组建类型大体有以下几种：（1）由系升格为学院（系级院）；（2）以学科群组建学院（学科性学）；（3）按照产业或行业设置产业学院；（4）高校与地方政府或企事业联合、共建学院。其中由系升级的学院的这种模式可称为校院二级管理模式或称为校院系三级建制二级管理模式，而在我国研究型综合大学中，根据一级学科建学院的高校不在少数。实行学院制是优化校内资源配置的需要。由于学院建制比系级建制大，使学院可以对人、财、物等进行综合调配，能充分利用各种资源，适应了现代大学科学管理的需要。

综上所述，改革高校的管理模式，尤其是高校组织结构模式，已成为必然趋势。另外，大学的重要组成部分学科，也是有别于其他组织机构的高等教育之组织机构。学科是我国高校教学、科研和社会服务工作的基本组织单元，学科水平的高低是反映高校核心竞争力的集中体现。学科建设，特别是学科组织结构的设置，是影响我国高校办学水平及发展的关键因素。

（二）我国高校由部行政组织结构的调整

目前，我国的高校行政管理机构设置就是典型的校级、处级、科级三级管理。这种组织管理架构模式重心偏上、权力主要集中在学校，管理的权力是以行政权力为主、是高度集权的管理体制。在高校行政管理方面，学校管理机构的设置基本上是参照政府的行政模式设置的，政府内部有什么样的部门，各高校也就相应地设置，并实行与政府相同或相类似的运行机制，即高校不仅是个小社会，而且是典型政府的微缩版。这种行政管理组织结构弊端充分显现，如在机构设置上是机构重叠、庞大；在职能划分上职能不清、职能不顺及职能不配套的现象屡屡发生，在权责体系的分配上也出现了权责不明、权责错位的现象；在人事制度上，更是出现了人浮于事、人与人脱节的问题；在领导体制上，层级间的不连接，部门间的不配合更是十分明显；等等。这些弊端必然造成了在管理决策中行政意志、部门意识的过分突出而忽视了高校的学术特点。在管理重心上，造成了本末倒置，行政地位和部门的作用要高于教学、科研，也造成学校各行政部门不能更好地为教师、科研、教学进行服务的主客体关系的倒置。

我国原有的高校行政管理机构的改革一般都是从精简机构入手，其着眼点只是从数量上减少几个机构，而未在层次减少方面有实质性的改变，办事程序依然是由科级—处级—校级层层审批，这种改革未从体制上跳出计划经济体制的弊端。20 世纪 80 年代中期，高校内部开始了行政组织结构的新一轮改革，学校给中层职能部门较多的自主权，特别在劳动分配方面，各单位经济上相对独立，转变部处职能，学校由过程管理转变为目标管理，增强了活力。20 世纪 90 年代中期，由于高校合并、扩招等原因，我国高校的规模扩大使党政机构及管理人员大幅度增加，高校除了传统的教学科研外，还创办了颇具规模的校办产业，这使高校的行政组织结构更为复杂。由于高校党政管理系统迅速膨胀，内部机构臃肿，各部门职责不清，办事效率低下，因此，在这一时期，各高校进行了以机构编制改革为主的组织机构改革。

二、高校办学自主权的探索

我国高等教育体制改革的关键是高校办学体制的改革，而办学体制改革的核心是落实和扩大我国高校的办学自主权，使高校能够真正成为面向社会自主办学的法人实体。我国高校自主办学体制的建立是从复旦大学校长苏步青等人发表在《人民日报》上的一篇文章《给高等学校一点自主权》引起的，并推动了我国高校管理体制关于高校自主办学的探索。《中共中央关于教育体制改革的决定》正式提出了“扩大高校办学自主权”，标志着高校办学自主权得到了国家政策的认可。最初《决定》中提出的高校自主权政策并没有触及高校的法律制度，其内涵主要是改变政府对高校统得过多的管理体制，在国家统一指导下，加强高校与生产、科研和社会其他方面的联系，使高校具有能适应经济和社会发展需要的积极性和能力。随着我国改革开放的不断深入，高校办学自主权在国务院颁发的《中国教育改革和发展纲要》中得到了进一步的明确。在这个文件中把扩大高校的办学自主权和学校面向社会办学放到了我国高等教育体制改革的核心位置，这是管理理念的一次突破。在全国第二次教育会议上明确提出通过立法明确高校自主办学的权利和义务，使高校能够真正成为面向社会自主办学的法人实体，我国教育法正式颁布，其中在第31条明确提出高校“自批准设立之日起即取得法人资格,高等学院的校长为高等学校的法定代表人。高等学校在民事活动中依法享有民事权利，承担民事责任。”目前，《教育法》具体明确了我国高校的七项办学自主权,即招生权、学生和专业设置与调整权、教学权、科研与社会服务权、开展对外科技文化交流与合作权、人事权、财产的管理使用权等。其中,在制定招生方案、调整系科招生比例方面拥有了部分自主权；在调整学科、专业设置方面，具备了部分决策权等。

自第一次提出“要给高校一点自主权”到政府明确提出转变高等教育管理体制，把高校办学自主权进行“下放”或者“归还”于高校，再到以法律的形式予以规范、完善，我国高校办学自主权的探索经历了多年的历程。在政治、经济体制改革的推动下，取得很大的成效。

三、高校教师人事制度的改革

从某种意义上讲，高校办学水平与教育质量的高低，主要取决于人力资源管理制度及其运行的效果。改革开放以来，我国高校的改革重点一直都围绕着改革人事制度、优化人力资源的配置、提高人力资源的利用效率和质量。我国高校经过了多年教育体制改革，在劳动制度、用人制度和分配制度为核心的高校人事制度改革上取得了成效。梳理改革开放后在高校教师职称制度、用人制度、分配制度这三种人事制度重大改革的历史变迁，用以说明我国高校教师人事制度变革的历史进程。

我国高校人事制度变迁是由政府主导的，是自上而下的强制性变迁。高校人事制度的变迁过程完全融入国家对高等教育的强制性改造中。在强制性变迁过程中，政府不仅是制度唯一的供给者而且也是制度的主要需求者。整个高校人事制度变迁和改革的过程都以政治的行政意志为主导，这种强制性变迁集中体现在两个方面：第一，自上而下的理性建构3国家和行政管理部门是改革的权力主体，无论是对制度的制定、颁布都由国家来统一执行。其中高校最突出的就是院系的调整，通过对院系的改革调整，使原有的人事制度被打破。第二，新制度形式的统一仿效。我国高校通过向国外现代大学学习高等教育人事制度，将我国高校强制纳入统一计划管理体系确立党对高校和教师的绝对领导。

可以看出，我国今后将要进一步加大高校教师在职称制度、用人制度、分配制度等方面的自主权，从而促进各高校从我国长远发展的角度出发，科学合理地设置教师岗位、优化教师资源、提高教师教育质量。同时，要建立健全我国高校教师职业准入制度，形成严格的教师选拔机制和程序，将高校同行评议的机制引入到教师聘任制度中。形成全新的我国教师聘任管理模式，科学、公正地考核教师的绩效，建立教师职业发展制度促进教师的职业发展。

四、高校后勤制度的改革

后勤是高校办学的重要辅助活动，与教学、科研等功能活动和行政管理等，都是构成高校有效运行机制的必不可少的重要组成部分。改革开放以来，我国高校后勤制度的改革历程实际上就是制度变迁的过程。在近10年来的高校后勤社会改革进程中，在探讨后勤制度变迁上，我国学者们普遍认为，后勤制度变迁是诱致性的制度变迁过程，而本书却认为后勤改革的变迁实际还是一个强制性的制度变迁过程。从高校后勤制度变迁的主体来看，是高校后勤职工，但是，改革始终是在高校后勤主管部门的领导及指导下进行的。高校后勤制度的变迁离不开主管部门的强制性推动，高校后勤社会化的改革实际上是后勤职工追求“外部利益利润最大化”的诱致性的制度变迁，但其表现形式却是一种推动性的强制性变迁。所以，高校后勤主管部门的推动仍然对改革起着必然的关键性作用。

第二节　我国高校内部管理体制改革中存在的问题

一、管理边界问题

改革开放以来，指导我国高校内部管理体制的文件绝大部分都是以国家或者教育部的文件下发到各高校。由于所颁布的相关法律有些规定不清晰，或者某一表述太模糊以及颁布的条例不完善，造成了各高校对职责表述的界定不清晰或是关系之间表述的不确定。

《高等教育法》的第 39 条明确规定，“国家举办的高等学校实行中国共产党高等学校基层委员会领导下的校长负责制”。从这一规定来看，党委的职责是“领导”，而校长的职责是“负责”。但在实际应用中，由于职责范围表述界定不清晰，各高校出现了“领导不负责，负责不领导”等众多说法，我国在法律法规表述上需要进一步清晰、明确地表述党委和校长其各自的职责范围以及相应所应该承担的职权范围内的领导和责任。另外，在法律法规所要表述的两者之间关系也有不清晰的现象，如有学者指出，“党委领导下的校长负责制”这一表述可能会出现两种解释说法，第 1 种解释说法，“党委领导下的一校长负责制”；第 2 种解释说法，“党委领导下的校长一负责制”。从这两种解释说法上看，各高校对体制的理解会导致具体的责任者关系不明确。党委和校长的关系表述出现模糊，必然会导致各高校在现实中生成多种关系形式。例如，在某些高校里党委、校长是两个独立单位，两者之间的关系会呈现出，一是对立关系（两强或两弱）；两是凸显出“一头大”的局面（一强一弱），即所谓的“以党代政”和“党虚政实”的现象；三是党政不和，表面上尽力维持两者关系平衡，常常会表现出无原则或者是牺牲学校良好的发展机会。实际上，我国应从法律法规上明确规定两者的关系并非是从属关系，而是同时应对国家和高校负责，应独立承担其各自所应该承担的职权范围内的责任。

在《高等教育法》中关于高校自主权的规定，高校与政府关系的法律关系界定不清晰，有些高校在执行这一政策时，高校与政府之间的行政领导关系占据了主导关系，高校在办学上很大程度依然还是把执行政府的行政指令作为其必须。这种状况的出现与规定中有关高校自主办学的要求是不相符合的。应考虑在制定相关法律法规上，将政府与高校两者之间的关系表述更清晰；应更清楚的明确政府对高校的管辖权限范围和职能，真正赋予高校作为社会法人所应享有的自主办学权力；并在法律法规中清晰表述政府和高校出现越权违法的责任，明确高校与政府两者关系上的法律化。因此，我国应该有针对性地解决并完善指导我国高校内部管理体制改革中颁布的一些法律法规中有可能会出现的问题。

二、权力结构问题

（一）政治权力、行政权冷、学术权力三者存在冲突与矛盾

权力的核心是对资源的占有、支配和控制，由于这三种权力在主客体、价值趋向以及职责范围、运行机制各有不同，所以，在高校实际实施过程中往往存在着矛盾与冲突，具体表现是：（1）权利主体的冲突和矛盾。谁来控制高校的权力，学术

权力还是政治权利，这是一个值得人们深思的问题。高等学校作为一个学术研究机构，知识是基础，身为知识的所有者、传递者以及学术创新人员和学术机构都是有资格控制的。可是高等学校是由社会共同建立，应为社会服务，因此又应该是一个正规的社会组织。既然是组织，就应该有一定的专业人员对其控制与管理，否则极易出现杂乱无章、无秩序、无组织的局面。对于上述的情况，这三种权力对于高校的控制权，处于博弈与争持的状态之中。（2）权力客体的冲突和矛盾。存在于高校内部的事务含混不清，错综复杂。各个权力的客体在固定的工作范围中，很难明确地划分出负责的项目，无明显的工作界限。因此，应通过对使用性质、使用的范围的确定与划分，从而使这三个权利主体遵守学术管理活动中的规范秩序。目前，我国高等学校的管理运行机制尚不健全，与其发展相适应的实施细则和法律制度仍然缺乏。对于权力使用的范围没有明显的定位，因此常常会出现分工不明确，主体与客体间的权力相互越位。矛盾与冲突激化严重时会导致高校的各项工作都处于瘫痪停止，长此以往会使高校内部管理体制改革举步维艰、停滞不前甚至出现倒退。

（二）忽视学术权力，重视政治与行政的权力

迄今为止，我国高等学校的内部仍然存在着官僚化、机关化以及等级制倾向严重，以政治权力、行政权力干预或者用以取代学术权力的现象仍然比较普遍。最显著的特点是政治权力、行政权力对学术事务过多地介入而忽视高校教授、学者对高校学术事务的管理。学术权力在我国高校没有得到应有的重视，其作用也没有得到应有的发挥。政治权力、行政权力强化的结果就是引起官本位意识的进一步强化，使高校中更多的人关心政治、行政权力而不关心学术水平。具体的表现为，高校中的教授、专家、博士都希望担任官职，高校中也把给教授、专家、博士官职作为引进人才的主要措施，在高校中担任官职官的教授、专家、博士离开原单位的现象比比皆是；各高校中党政管理人员占据学术委员会一席之地的也比比皆是，学术权力运行的结果仍然与政治权力、行政权力分不开；学术权力成了政治权力、行政权力的附庸品，以此来代替执行某些政治权力和行政权力。由于我国高校长期受计划经济体制、高度集权管理的管理体制和管本位的影响，我国高校内部的行政权力与学术权力在三者关系中更为失衡，主要表现为行政权力与学术权力界定不明，定位不清，行政权力强化，学术权力下降，甚至出现了学术管理行政化的倾向。无论在高校还是在学院一级，权力过于集中在党政领导手中，学术权力孱弱。根据《高等教育法》规定成立的学术委员会并没有被赋予过多的权力，而是仅限于教学与科学的研究计划方案，评定教学和科学的研究成果等相关学术事宜，审查并评议学科及专业的设置，在高等学校中没有实在的决策权。许多情况下高校的学术委员会成了一个摆设。

三、组织结构问题

我国高等学校内部管理的体制改革，实质上，它体现了在高校不同领导层及不同结构利益分配，也表现了他们之间相互作用的关系。

高校组织的结构改革核心，即学院制的改革。在学院制的改革中，高校的各个部门更需要切实加强校、院、系三者的职能转变，同时也应加强对校、院、系三者的权利相应地做出调整，这个问题的解决是高校学院制改革顺利推行的关键所在。在高校中，学校作为独立的法人，学院则是办学主体，系（教研室）则是办学的基本单元。但在长期的实际管理运作中，高校的决策权和管理权往往都集中在学校这个层面上。而院（系）中的许多具体事务的决策权、人事权、专业设置权以及经费分配与使用等多种权力，并不取决于院（系），而主要是由学校这个层面所决定，院（系）只能按学校的指令进行办事。这种情况与院（系）所承担的任务及责任极不相称，势必会造成学校和院系之间的责、权、利三者关系的不清晰3我国高校中由于偏重行政权力，忽视学术权力的影响，强调学术权力和权力下移给学院制只是一个改革的说法，并没有真正落到实处。学院的建立并没有伴随着高校权力的下移而真正的下移，学院的权力和我国高校内部组织结构中改革前系的权力并没有本质的不同。而目前改革高校内部组织结构，全面推行学院制首要解决的问题就是理顺学校和院、系的责、权、利三者之间的关系，并赋予学院更多更大的权力。因此，下放权力，使管理重心下移，实现由学校集中统一管理向以学院（系）为中心的两级管理的转变，是当前内部管理体制改革中组织结构调整的关键。

四、人事考核问题

考核评估工作是高校人事制度改革中的重要内容，是建立现代大学制度，进行人事制度改革所必须关注的重要问题。高等学校特殊的性质，决定了高等学校人事制度的管理形式多样化及复杂化，从而导致在人事的制度改革中考察评估难的问题。通常表现为以下几点。第一，行政、教辅、科研及教学的工作对象、工作的方式及工作的方法都不尽相同。由于高等学校人员的职责落实困难，影响并制约了岗位责任制的施行。第二，难以量化高校的岗位工作，考核的标准也很难做到科学化及易操作化。第三，高校不同，所录用人才的标准也不尽相同。在职称评定方面、升级、升职等方面的考核，缺乏科学性和可比性。在录用后，要坚定地落实岗位责任制度，探索并制定适合高等学校特点的考核方法及办法。现在很多高等学校对分配制度都进行了改革。在学校内部的分配方面，整体性的拉大了距离，倾向于高学历、高职称、高贡献的人员，为的是调动专业技术人才的积极性。但是，仍有不少问题需要解决，如考核标准的不同影响了分配的合理性；行政管理人员的工作性质不易量化，分配上不能刚性化、固定化，从而显现出了许多的矛盾。

就目前教师工作的实际看，应当建立定量评价与定性评价相结合、以绩效评价为核心的评价机制，以达到人性化、科学化的考核目的。

五、后勤管理问题

后勤的形式社会化多于实质社会化，这是我国的高等学校管理体制改革的重要成果，大大推动了高校的调整与发展，也创造了各种各样的模式。但直到现在为止，各高校的后勤社会化改革仍然形式高于实质，真正能够符合高校的现代企业制度的后勤改革并不多，大多都是仿效一个模式或几个模式进行改革，有一些高校后勤社会化的改革仍然没有超出高等学校的范畴，依然是靠着高校的发展而发展。目前，高校后勤社会化仍处于单向的社会化，高校自内而外的社会化，是高校自身向社会化方向发展，社会参与的程度尚显不够。许多高校名义上在学校成立了后勤集团或是后勤实体，但只是把原有后勤机构的名称换成了后勤集团，后勤领导也只是在名称上换个称谓而已，后勤机构的管理仍是按照高校事业单位的建制运行，后勤社会化改革中的人事制度存在着老人老办法这个缺陷。另外，大多数高校的后勤管理领导缺乏企业化管理的实践，往往按着社会的改革步伐来调整高校的后勤改革，并不能把改革立足于高校后勤所拥有的特殊性上在后勤社会化改革中众多高校的后勤依然是高校所部属的机关部门，很多的高校甚至为了这个部门进行各种形式的补贴增加学校的开支：由于高校在后勤社会化上的主体定位不明确，主导思想含糊不清，宏观扶持政策不到位，导致高校社会化改革难以立竿见影。到目前为止，高校的后勤社会化改革依然有很漫长的探索与摸索过程。

第三节　深化我国高校内部管理体制改革的建议

一、加强高校内部管理制度体系建设

内部管理制度建设是提高我国高校管理水平的重要内容之一。推进我国高校内部管理制度体系建设规范化工作，才能实现科学治校、民主治校、依法治校。高校内部管理制度体系建设要本着科学规划、整体设计、注重效益、规范建设的原则，以此构建高校内部管理制度体系的系统。依据各高校的具体工作内容以及属性进行横向制度建设，如高校的法人制度、组织制度、人事制度、教学制度、学科制度、学术保障制度、资源配置管理制度等；也可按照各高校各管理层级进行纵向制度建设，

如学校层面的制度建设、院（系）二级单位的制度建设等。高校内部管理制度体系建设的内容也应当包括对理念、目的、内容、依据，体系结构、功能及作用的高校制度建设。

我国高校制度体系建设的首要任务，就是要根据国家的规章制度、规范文件建立并且健全我国高校内部的各项管理规章与制度，使我国高校的内部管理制度切切实实的实现有法可依，我国高校的内部管理制度在建设的过程中，首先，应该制定学校的章程。完善学校的章程不仅是高校内部所谓的“宪法”，也是学校进行管理的依据，更是界定学校同政府之间关系的重要文件，并以此为统领，制定和完善高校内部的教学科研、学科建设、干部人事、学生管理、后勤保障等各个方面与之相配套的规章制度。在制定学校章程时，应注意体现：一是要具备其合法性，即高校所制定的各项制度必须符合法律、法规的要求；二是要具备民主性，即制定各项制度必须充分听取和采纳高校内部各方面的意见；三是制度要具有程序性，即制定各项制度必须经过四个程序，起草、审议、表决、公布等；四是要有针对性，即所制定的各项制度都必须针对目前高校所迫切需要解决的具体问题以及具体行为；五是要有可操作性，即所制定的高校管理的各项制度必须是具体可行的。其次，进一步完善并完备我国党委领导下的校长负责制，促进民主管理、教授治学及校长负责的学校内部管理体制。再次，应该更高层次地对我国高校的基层学术组织结构进行改革从全局出发，对研究所、中心、系、学院等学术组织机构的资源配置、目标定位、功能确立进行设计。最后，要推行教师岗位分类管理和公开招聘制度，要逐渐地建立起通过岗位绩效的工资制度为首的高等学校薪酬制度，加强、加大对人才的分配力度，成立并建设适合我国国情和我国的市场经济体制发展的高校人事制度改革的制度体系建设。

二、正确调整权力结构，强化学术权力

学术性是我国高校的基本特征之一，我国高校的主要活动领域都是与学术相关的。同时，我国高校属于国家人事编制单位，教师兼具人事干部身份和教学科研职能，并且资源分配方式主要实行从上到下的行政培植模式，大学行政管理直接决定大学的学术秩序。因此，如何在高校中平衡学术权力和行政权力的关系，这是我国当前高校内部管理体制改革的基本问题。我国高校目前的权力配置模式大多以行政权力为主导，行政权力泛化，权力的重心偏上，各种学术组织都受制于行政机构，学术权力变得越来越弱。这种模式虽然有可取的优点，但其局限性在改革的现阶段越来越突出，因此，正确认识和区分行政权力和学术权力的关系，充分尊重和强化学术权力，在高校内部中确立以学术权力为主导的权力机制是我国高校目前亟待进行改

革和解决的问题。

（一）行政权力和学术权力要适当分离

在党委领导下的校长负责制，我国高校内部基本存在着党委代表着政治权力，行政组织则代表着行政权力，学术人员、组织等代表着的学术权力这三种力量。由于高校体制的弊端一长期以来党政不分。人们还是在传统概念下把党委、行政组织作为一种力量来对待，故而对学术人员来说这两者并没有更多的区别。对于高校中这三种权力的界定，需要有明确的划分。要做到党政分开、责任明确。在高校中要明确，把政治权力、行政权力中属于高校的学术事务交还给学术权力机构进行管理。党委要行使政治权力，把握学校的总体发展方向以及大政方针政策，但切忌不要包办高校的一切；高校以校长为核心的行政组织，则应偏向于学校的行政事务工作；把学术的权力留给以教授、专家为代表的学术力量行使学术权力，对学术事务进行管理。

（二）厘清行政性事务与学术性事务

一般而言，凡是在高校中涉及党建、思想政治等工作，以及组织机构的设置与教师人事的任免、学校的改革总体规划以及高校制度体系的制定则应完全交由政治权力机构完成；凡是涉及教学、人事、财务、后勤等事务管理的，应交由熟悉教育规律和学校管理的人员组成的行政权力机构来实施；凡是涉及学科建设、专业设置、教学计划、科研方向等学术领域的决策和管理，应交由专家、教授所组成的学术委员会等学术权力机构来负责。

（三）强化学术管理机构以及学术人员在高校管理中的地位和作用

我国高校必须加强学术委员会、教授委员会等机构和组织的职能作用，使他们能够各自发挥出其独特的职能，赋予学术委员会、教授委员会在有关学术性事务上的决策功能和在行政事务上的咨询和建议功能。

高校应充分发挥这三类权力组织的长处、从未来高校的改革要求和发展趋势上看，行政管理与学术管理都应该向知识管理的方向发展。一方面，要求在组织体制上尽可能实现学术权力与行政权力的最佳结合；另一方面，高校的各级领导和管理人员，需要同时具有学术与管理的两重文化背景。

三、推进我国高校学院制建设，扩大学院的自主权

伯顿·克拉克指出：“学科和院校二者以一种特殊方式决定了高校的学术组织。就系统本身而言是以知识任务为中心，就有关系统运行的一项重要保证是学科和院校的联系都会聚集在基层操作单位，即学术组织的基本工作群体。学系、讲座或研究所既是学科组成的一部分，也是院校组成的一部分，只有将二者合一，从结合中汲取力量，才能使操作部门获得有效的利益，使之成为系统的核心。”学院制的核

心是提升学院的自主发展权利,即学院能够在学术方向建设、学科资源开发及其分配、学院人事制度安排等方面实现权利自主。

实行学院制所带来的竞争优势主要表现在以下方面。首先，促进资源基础的多元化和生态化。学院制在资源开发方面更具有参与成员的多元化和资源开发路径的多元化，使有关教职员工能够从传统地向学校争取资源，调整为向外部的更多资源机构争取合作与竞争。其次，促进基层学术组织的能力提升。学院开发资源的过程实际上需要对教职员工进行能力提升与整合，教职员工与其他组织进行资源开发的合作与竞争的过程，是进行更广泛的信息交流与合作沟通的过程，也是有关成员在产学研合作方面的能力提升过程。再次，促进基层学术组织形式的健全与完善。学院制使高等院校管理重心下移，突破了传统的大学行政化模式下，学院主要作为教学科研执行单位的管理模式。重心下移使学院层级的基层学术组织能够建立起更加快速与灵活的组织响应机制，也更加便于教职员工主动参与学院管理模式及其运行的治理过程,有助于扩大学院民主制度及其管理创新,从而提高学院自身的发展能力。

施行学院制的关键在于合理划定校、院、系的权责关系，重点在于学术管理权力和行政管理权力的层级划分。我国高校实行学院制管理，势必要将管理重心下放给学院，实现由学校集中统一管理向以学院为中心的两级管理的转变。学校要发挥其宏观管理的职能，主要应定位在宏观的统筹规划与资源调控、重大人事任免、对共性的事务进行有效的整合和管理，以及其他涉及全局性的对内和对外重大事务的处理上，以保证学校整体的发展方向和办学效益。第一，学院制的核心在于获得学科建设、教育创新、科学研究、资源开发和师资管理方面的自主发展权利，尤其是获得对自主资金和资源使用的决定权。学院是最贴近教职员工的基层学术组织，只有在学院层面上才能充分认识和挖掘个体潜力，只有学院对相关权利的自主性才能推动资源开发与配置的最优化。第二，学院制的关键在于改进和完善学院决策机制，尤其是决策权、行政权和监督权的组织设计与程序设计：学院获得相应权利的基础应是建立相应的民主决策与监督的体制机制，建立在相应的学院教职员工集体决议制度之上，并且接受学院监督、组织和学校监督考核机构的监督和评价。也只有在决策权、行政权和监督权形成校院两级的组织监督与程序设计，才能推动学院制实现民主参与民主决策，才能稳定基层学术组织并且推动学院发展。第三，学校指导模式是学院制发展的重要内容。学院制模式下学校主要承担着组织者与监管人的角色，主要任务是制定发展规则、维持管理程序、平衡组织冲突，协调学校、学院、职能部门之间的利益关系。学校在管理方式上应改进校级职能部门设计，促进校级职能部门从行政资源配置型组织向服务指导型组织转变，从学校相关事务决策与执行部门向学院相关事务指导与监督部门的职能转变。

从目前的学院制实践情况看，学院制有助于转变和理顺校院之间的关系，解决权力过于集中在学校层面所导致的管理僵化和适应不足的问题，推动高等院校的管理模式从资源分配式的行政决策模式向服务指导式的管理咨询模式转变；有助于进一步调动学院教职员工的主动性和创造力，尤其是在开发资源和发展科研方面调动起全员积极性，有助于提高教职员工对教学科研和管理创新等方面的参与意识和创新意识。

四、构建高校新的组织运行模式——“去行政化”管理模式

我国高校在行政化管理体制下建立的是党政共治的二元管理组织，党务组织履行对高校的政治领导与管理，而行政组织在高校中履行的是对学校的行政领导与管理。党务组织行使的是政治权力，行政组织行使的是行政权力。因此，在行政化管理体制下，政治权力与行政权力相互交织、相互交融。随着我国高校政治组织的行政机构化、行政事务化、行政身份化，更加剧了高校的行政化程度D各高校的学术事务大体也采取行政管理的方式，学术人员的学术权力其所发挥的影响是微乎其微的，行政权力主导了高校的学术事务。因此，从权力类型及其影响方式上看，高校的权力结构呈现出一元化特征，政治权力就是一种行政化的权力，其所发挥的作用方式及所作用的对象与行政权力并无不同，在一定意义上，表现出的是一种更大的行政权力。行政权力控制了高校的运行。一元化的高校权力结构使学校管理表现出了高度集权的特征，这与现代大学制度所倡导的教授治学、学术自由是不相匹配的。因此，我国高校应坚持“分权平衡性、强化民主性、突出学术性”的原则，设计并构建出适合高校新的组织运行模式——“去行政化”管理模式。

我国高校在“去行政化”的实践过程中，应该借鉴国外已取得的优秀经验，根据我国高等学校现存状况，制定出适合我国国情的高等学校运营方式。国家不同，国情不同，高等学校的运行方式也必然不同。目前，我国高等教育的发展水平肯定了我国高等学校应该走具有中国特色的“管理运营模式”，目前，我国高等学校的组织运行模式大多是根据国家政府机关的管理方法与模式仿效而成的。“党委领导下的校长负责制”是我国高等学校内部领导体制。高校广大师生权益服务的机构则是党群工团组织。对于行使权力主导型的体制改革，应该考虑到新老交替问题。

在我国构建“去行政化”的高校组织管理运行模式下，各高校应积极发挥党群工团组织的服务职能，发挥“中国特色”。详细地说，建设具有“中国”特色的高等学校“去行政化”的管理运行方式，可以概括为以下几方面。

（一）应该建设具有高水平、高素质的领导团队

若想改变我国目前的高校管理现状，对我国高等学校行政组织的机构改革关键

点是，分离决策组织、执行组织及监督组织。对于我国实施的党委领导下的校长责任制度，尽管对高等学校的政治趋向与国家保持了一致性，但在实际中仍然难以避免在管理中所谓的“服从上级”。因此，在高等学校的内部，建立行政决策团队的同时，确立由我国党委领导的理事会负责制度。而党委领导的机构成员由政府分管教育的部门选派，学校内的代表教师所组成。机构的定员为 3 ~ 5 名。

（二）建立学术委员会、教授委员会

随着高等教育改革的深化，高校学术组织的作用得到进一步发挥。我国《高等教育法》第 42 条规定：“高校设立学术委员会，审议学科、专业、科学研究计划方案，评定教学、科学研究成果等有关学术事务。”我国高校应建立健全学术委员会、教授委员会等机构和组织，并充分发挥学术委员会、教授委员会在校院事务中的建设性作用，使他们发挥其独特的职能，并赋予学术委员会、教授委员会在有关学术性事务上的决策功能和在行政事务上的咨询和建议功能。只有学术委员会、教授委员会制度的不断健全和改善，学术委员会、教授委员会的地位与作用才能更加巩固，学术权力的影响才能不断增加，才能提高广大教师参与学术管理的积极性。

（三）明晰我国高等学校部门间的管理权利与责任的范围

高等学校的党委组织，其责任主要是领导我国高等学校发展路线问题、学校的重大决策问题、干部权责问题、政策如何制定和怎样制定等。除了高校党委书记兼任理事会主席一职且负责高校的政治领导外，党委的其他成员是不允许参加并参与管理学校的行政事宜。

我国的党群工团组织是为了服务我国高校的师生所服务的，是具有“中国特色”的机构。党委和工会共同组建了党群工团组织。在我国的高等学校中全权负责团员管理工作、党务工作和工会的具体工作计划和安排，并且对各个学院直接服务。

我国《高等教育法》第 43 条规定：“高校通过以教师为主体的教职工代表大会等组织形式，依法保障教职工参与民主管理和监督，维护教职工合法权益。”高校教代会以学校的教职工及群众民主地对学校进行管理、使用民主的权利的重要表现形式。然而，高等学校的教代会并没有实质的意义，只是流于形式，往往在高校中只是听取学校领导的工作总结，然后用教代会的形式来通过学校的未来计划和各类高校将要实施的方案。目前我国高校中的教代会演变成了学校为教职工所设立的福利机构，并没能对学校的大政方针实施必要的监督。

因此，除了真正地让这个监督机构发挥必要的作用外，还必须有其他的途径来实现高校的监督机制的完善，而校务公开就是高校新的制约制衡机制的体现。管理者接受群众监督的重要途径“校务公开”，这一机制是继“村务公开”“厂务公开”“政务公开”后的被教育领域所延伸的一项监督机制的新举措。我国高校校务公开应包

含重大决策公开、财务公开、热点问题公开。只有采取校务三个公开才有利于高校和教职工的政令畅通，才能促进上情下达、下情上传；有利于高校领导和教职工的双向知情权，以减少矛盾冲突；有利于促进高校民主决策和科学决策。

在我国的高等学校中，最高的行政负责人是校长。他对理事会及党委直接负责。校长直接领导并管理学校内的各个行政部门、研究机构、各个学院。为了提高院系的办学积极性，应该尊重其自主的权力，确立其主体的地位。为此，我国的高等院校在“去行政化”的过程中，应以政策有效性为前提进行试行，同时要处理好新老交替的问题与关系，在必要之时，也可以灵活化的处理问题。

五、加强高校人事制度改革的制度重构

我国高校的人事制度改革应以更高效率的人事制度来替代传统的人事制度改革，其中制度重构是制度变迁的一种方式。目前，高校人事制度改革中以聘任制为人事制度改革的突破点。并且对其加以学术评价制度予以相辅。在我国高等学校教师聘任制的施行方面，高校的人事制度改革将其作为重点。根据目前我国高校的现状，应该并必须引人竞争的机制，丢弃平均主义与大锅饭的价值观。非终身聘任制和终身聘任制应该清晰地分辨。依据过程指向理论和制度变迁理论，我国从以下几方面加强我国高等学校的教师聘任制度的实施。

（一）学校有自主聘任的权力

据目前高校人事制度改革来看，可在高校中试行取消职称评审制，进而以聘任制来代替。其中高校中的职员、相应专业技术人员、助教、讲师、副教授、教授、应实施宽松化的自主聘任的权力，政府只，负责监督与立法。

（二）设置终身教职制

终身教职制也是我国高校试行人事制度改革中所提出的新方案，促进了骨干教师发挥积极的作用，保障了学术的自由。为此，我国应予以立法，从法律上使其得到保证。除此以外，还要设立终身的教职评估相关制度，如副教授一三年一次，教授——五年一次，在设置终身教职的同时，各高校还应考虑激励的连续性问题。

（三）实行“非升即走（转）制度”

由于我国高校的类型、层次和办学任务都不尽相同，所以制度改革与创新不宜一刀切，不能一概而论。对于地域较好、学校层次较高的高校，改革的力度可以大一些，除了对新人采取非升即走、聘任制和终身制相结合的较为全面的一体性的聘任制度，还可以尝试针对部分“老人”采取过渡性的“非升即走”制度。对于地域本身没有吸引力、学校层次又不高的学校，为了稳定和吸引优秀人才，可以采取尝试“老人”老办法、“新人”新办法、“老人”即原来的教师暂时不参加改革，对于部分“新人”

采取聘任制度和终身制度相结合的聘任制度。

（四）完备并完善相关考核制度

我国高等学校中的教师考察考核制度，主要设立在教学成绩、科研成果的考察考核基础上，是在学术评价方面。如何设置考核标准才合理，采用什么的考核方式、手段才能避免考核结果失真，如果避免考核过程主观随意性又适应教师工作难以量化的特点，考核的信息如何反馈利用才能充分发挥激励作用等。因此，各高等学校应以积极的态度建立具有合理性、易操作性、科学性、完备性特点的学术评估评价制度，这是我国目前关于人事制度的重中之重。我国高等学校使用的是量化考核制度，它的宗旨是提高效率，它是效率主义的产物并与当前改革相适应。

六、加快后勤现代企业制度建设

现代企业制度是适应社会化大生产并符合我国市场经济发展的要求，以产权制度为核心，以有限责任制度为保证，以现代公司制度为主要形式的，产权明晰、权责明确、政企分开、管理科学的新型企业制度。要构建新型的高校后勤现代企业制度，就必须按照现代企业制度的要求。首先，要做到理顺高校与后勤的产权关系，即要做到产权清晰。现代企业制度当中，最显著的特征之一就是企业必须要有明晰的产权 D 其中，最基本的经济关系是产权关系，而产权制度是现代企业制度的基础。明晰产权的具体措施主要有：第一，界定产权，要实现学校资产所有权与后勤法人财产权相分离；第二，要明确界定产权边界，即明确划分学校和后勤各自所拥有的资产数量和分配比例；第三，评估原有的后勤资产、剔除不良资产、剥离经营性资产和非经营性资产。

其次，要做到高校与后勤权责明确。高校后勤要建立适应自身的现代企业制度，必须要明确划分学校和后勤的权利与责任范围。作为对资产投资者的权责明确：其权利是按出资者投入后勤企业资本额享有资产受益权，学校有权对其享有重大决策权；有权选择管理经营者；有权干预和防止集体资产的贬值与流失。学校应赋予后勤的经营活动权利，应在资金划拨、人员建设、配套条件、设施等各个方面给予扶持以及大力支持等；当后勤经营出现破产时，亦应按其出资额对其债务承担相应比例的有限责任，而不负无限责任。后勤企业应完全面向市场，按照市场需求组织生产和从事经营，以经济效益最大化为主要目标，在市场中平等竞争，优胜劣汰。作为资产经营者的义务，后勤企业要作为其独立法人依法进行自主经营、自负盈亏，并以高质量、高水平的服务为学校的教学、科研以及教师提供好后勤基础保障，后勤企业应依照国家法律，在对学校负责的情况下，承担起对集体资产的增值和保值的责任。

最后，建立科学完备的后勤管理制度。高校后勤要适应当今国家与社会的要求，要以现代企业制度为标准制定出一整套行之有效的、科学完备的后勤管理制度，以此来促进高校后勤的发展。现代企业的制度倡导科学管理，其实质就是指企业通过价值、竞争、供求、社会化大生产等规律组织和管理市场。为此，高等学校的科学后勤制度应该涵盖以下六点。1. 后勤的组织制度科学化。依法建立后勤党组织的政治核心的制度、民主管理的制度及组织结构和责权关系。2. 后勤的领导制度科学化。现代企业领导制度必须坚持企业领导专家化、集体化和民主化的管理原则。3. 后勤的分配制度科学化。4. 后勤的人事制度科学化。5. 后勤的财务制度科学化。6. 后勤的监督制度科学化。

高校后勤企业必须加快建立与完善现代企业制度，并且要把握好企业产权制度、企业组织制度与管理制度这三者之间的关系。从高校、高校后勤企业的实际情况出发，吸收和借鉴社会其他企业的有益经验，真正加快建立起既符合国情、校情、企情，又能与国际惯例接轨的具有中国特色的现代社会主义高校后勤企业制度。

第四节　我国高校内部管理体制的创新策略

一、高校内部管理创新的层面

目前，我国高校的内部管理存在诸如机构重叠、职责不清、冗员过多、人浮于事、效率低下等现象。这些问题存在的深层次原因是政府的高校管理模式和计划经济体制的影响，由此造成了高校内部的管理系统并不是完全遵循大学逻辑和理念来管理高校事务，管理的体制与运作的机制与大学的组织特性不适应。

高校内部管理体制创新是一个系统概念，可以从组织创新和制度创新两个层面展开，而管理体制创新必须以观念创新为前提。因此，以管理体制为核心的内部管理创新包括三个层面：观念创新、组织创新和制度创新。

即管理观念和管理体制两个方面。

长期以来，我国高校一直作为政府部门的附属机构，虽然近年来的改革使学校拥有越来越大的办学自主权，但是“事业单位”和“铁饭碗”的观念影响仍然很深。大学的根本属性是学术属性，“学术自治”是其传统。内部管理创新首先就是观念创新。

在高校的运行过程中，各种权力交织在一起。如何协调它们之间的关系，即使学者们在宽松的环境中进行教学和科研，又能保证学校管理的效率和发展的水平？这是一直困扰我国高校的问题。组织创新就是要实现权力的制衡、权责的平衡和机构的调整。

静态的权责体系要有效地运转起来必须依靠制度作保障。与观念创新和组织创新相比较而言，制度创新的操作性最强。制度是高校协调运转的支持，也是规范学术和行政活动的手段。

二、高校内部管理的观念创新

观念创新是高校内部管理体制创新的先导。

高等教育的改革面临着新的形势和要求，高校内部管理创新所处的环境已经发生巨大的变化。如果人们仍然停留在传统的思想意识里，改革和创新就会步履维艰。

观念创新包括以下几个方面：

（一）树立主体观念

自 20 世纪 80 年代以来，我国把扩大高校办学自主权作为我国高等教育体制改革的一项重要内容并加以实施。高等学校拥有招生比例、学科专业设置、教学活动、科研开展、社会服务、合作交流、人员配备与机构设置以及评聘教师等方面的自主权。所谓高校办学自主权，实质上是指高校具有主动适应经济和社会发展要求的自我调节的能力，而不是在封闭的系统里自我完善的能力。

高校不是政府管理部门的延伸，更不是行政性组织，而是从事“知识生产”的场所。办学自主权的放开，实际上是赋予高校更多的责任，高校成为办学的主体。离开了行政部门的直接干预，高校必须独立地对运行过程中的各类问题做出决策，对学校的发展负责。作为办学主体，高校要善于根据外部环境的变化，抓住机遇，迎接挑战，具备独立支配学校的资源和管理内部事务能力，以实现大学的社会功能和承担的历史使命。

高校充分利用办学自主权，树立主体观念，有利于高校按照高等教育的规律来管理学校，特别是对于维护学术活动的独立性有重要作用。

（二）加强服务观念

教学和科研是高校的主要活动，这是由其中功能和社会责任决定的。学者们通过教学和科研活动，完成传授知识、创造知识和应用知识的使命，是进行“知识生产”的过程。为了保证学术活动有序和效率，与此直接相关的管理活动以及行政管理活动都是围绕“生产过程”组织的，其本质作用是辅助和支撑。

从“价值”的角度看，教学和科研是创造价值的活动，其他活动是维持价值的活动。因此，高校的各级管理者和行政人员一定要彻底打破“本末倒置”的观念，转变思考方式和管理意识，缩减和规范行政审批管理事项，为学术活动创造良好的氛围和条件。在高校中，管理就是服务。

（三）深化自主观念

内部管理创新的目标之一就是提高民主管理程度。

学术活动本身具有学者平等参与的特点，与刻板规范、等级森严的科层制有本质的区别。但是，我国高校的学术活动行政色彩较浓，行政权力经常代替学术权力管理学术事务，民主管理的深度受到影响；在行政活动方面，“倒金字塔”的管理模式使行政管理的参与水平也很低，决策的重心在高层，教职工代表大会、学生会参与学校管理的水平低，在很多高校发挥的作用有限。

深化民主观念，一方面，要健全各种民主管理的机制和渠道，这是民主管理的前提；另一方面，要充分调动广大教工和学生参与学校事务管理的积极性和主动性，引导树立主人翁意识，加强民主决策、民主管理和民主监督。

三、高校内部管理的组织创新

组织创新是高校内部管理创新的重点。构建合理的权力机制和组织结构是组织创新的主要任务。对于教学研究型大学而言，权力的分布应该围绕其核心活动即教学和科研。组织创新的基础是权力机制的重新构建。

很多文献对于政党权力与行政权力的协调已经进行了深入的研究。因此，本节内容将主要围绕学术权力、行政权力和其他群体权利来研究组织创新的问题。

组织创新就是对组织成员责、权、利关系的重构，创新的目的是优化组织结构、更好地实现组织的目标。组织结构的设计要能充分体现组织的特征和能够实现组织的功能。基本思路是建立以三级结构二级管理为主体，学术机构健全，行政机构精简，学术机构与行政机构协调、能实现信息通畅和共享的组织结构体系。

（一）学术组织的三级结构

一项关于基层学术组织现状与问题的调查表明，“学校（学院）—学院—学系—教研室”是一种普遍存在的学术组织结构。在这种结构中，存在着学院和学系两个中间层次，普遍表现为一“实”一“虚”。校以下三个层次的职责发生混淆，尤其是相邻的层次职责不清，或者权力越位，或者权力丢失。此外，教研室是计划经济条件下为培养窄口径的专业人才而设置的专业组织，无法适应高校人才培养模式、高校功能的扩展等变化的要求。

取而代之的应该是一种更为合理、灵便的组织结构，“学校（学院）—学院—学系”。学校是独立的法人，学院是办学主体，系是办学的基本单元。在教学研究型大学中还存在一定数量的研究所（中心），它们可能是在学院内部的（位于第三层），也可能是跨越学院（位于第二层），是一种矩阵化的组织。

学院和系（所）成为学校开展教学和科研的基层学术组织。

（二）校院两级管理

尽管上述三级结构已经被很多高校采纳，但具体管理模式与传统的学术组织结构没有明显的区别，只不过是一种名称的改变。大学的决策和管理权集中在学校层面，院（系）很多事务的处理要依赖于学校，反应缓慢、管理效率低的弊端日益显现。

借鉴国际经验并结合我国高校实际，校院两级管理是理想的管理模式。校院两级管理实际上就是权力的垂直分散，即权力的下放。学院是教学和科研活动的“前线指挥部”，直接处理教学科研和有关的行政事务，相关权力的下放将有利于增强基层组织的活力，调动教师工作的积极性。校院两级管理的关键是权力的下放一定要落到实处，在与学校发展目标不矛盾的情况下，真正赋予学院一定的教学、科研、人事、财务、设备管理和决策的权力。管理重心下移应该是责、权、利的同步下移，维护各层次的权力和利益皆不受侵犯。

校院两级管理并不是意味着权力越分散越好，否则协调的成本将远远超过效率提高的程度。管理重心下移要合理、适度，确保基层作为办学主体积极性的发挥以及学校整体管理的效率：校院两级管理不仅要解决垂直的权力下移，还要处理好学校与职能部门、职能部门与学院之间的关系。在学校与职能部门的关系上，坚持适度集中与分权的原则，将影响学校建设与发展全局的权力集中在学校，将专项教育管理权力明确给职能部门行使；在学校职能部门与学院的关系上，坚持“条块分割”原则，职能部门就其职责范围行使教育管理权力，学院则就某方向工作接受职能部门的指导和监督，执行职能部门的决定。

（三）健全学术机构

为了与开展教学科研等学术活动的组织相区别，把学术活动的咨询、审议和决策组织称为学术机构。

《高等教育法》第42条规定：“高等学校设立学术委员会，审议学科、专业的设置，教学、科学研究计划，评定教学、科学研究成果等有关学术事项。”学术委员会的成员由各学科专业的教授、专家组成，是高校的学术咨询和审议机构。

除了学术委员会外，学术机构还有学位委员会、教学委员会、科研委员会、教师专业技术职务评审委员会、教材委员会、图书情报委员会等。这些学术机构都是与学术委员会平行设立的。因此，我国高校的学术机构是以学术委员会为主体的一主多元的组织模式。

学术机构建立并不等于健全，如果只是走形式、空架子，学术机构形同虚设。学术机构建立的同时要有明确的职权范围、组织机构（特别是办事机构）和活动、议事的规则。学术机构的职责权限是对其工作范围和工作内容的说明，有助于确立工作方向和目标。组织机构包括学校一级和基层的学术机构组织，以及各级组织中的办事或常设机构，维持学术机构的日常运转。此外，学术机构要定期组织活动，有详细的议事规则，发扬学术民主。

健全学术机构应该从思想、组织到机制上都完善起来，使学术权力在民主与法制的轨道上运行，保证学术渠道的畅通和有效。

（四）调整重组行政机构

目前高校行政部门冗余、职能不清、人浮于事的现象还较为突出，造成工作的低效率。要改变这种状况，就必须调整重组行政机构。

行政机构调整与重组的基本原则是：机构精简、权责明确、关系清晰、服务学术。精简，就是可以撤销的机构要撤销，可以合并的机构要合并，减少机构的数量和人员的配备，提高办事效率，压缩行政开支。对于每一个合理的机构，要有明确的责任与权力，使各部门的工作职责清晰，减少扯皮和相互推诿的现象，有效地完成工作任务。同时，高校的很多活动需要不同的部门和机构之间的合作，清晰的关系和协作机制是非常重要的，有利于发挥部门的整体效率。以上三个原则不仅适用于高校行政机构，也适用于其他的行政性组织。作为高校，行政机构是为教学科研服务的。行政机构的设立要以服务学术为出发点，简化办事流程和程序，规范管理手段和方式。

调整重组的步骤包括：第一，分析高校的行政需求；第二，对现存机构进行评估；第三，制定备选方案；第四，方案评价与选择；第五，新方案实施；第六，反馈与调整。需要指出的是，高效行政机构调整要吸收学术人员参加，重视学术权力的作用，采纳教授、一般教师和教辅人员的意见和建议，使行政改革得以顺利实施。

（五）学术机构与行政机构的协调

学术权力和行政权力的价值取向不同决定了两者必然存在着冲突。两种权力的协调是提高管理有效性的必然要求。学术人员与行政人员的共同参与是两者权力协调的重要形式。学术机构要以教授为主体，也可以吸收行政人员和学生参加，使学术管理工作规范、标准。教授，作为学术权力的主要力量，也应该参加到学校的各级决策机构中，对关系学校发展和规划的重大项目和原则性问题发表自己的意见，使高校管理决策更合理、更科学。

领导者的双重角色也是学术机构和行政机构协调的有效方式。校长、院长不仅是行政机构的领导，同时还是某一学科领域享有一定的学术声誉和地位的学者，通常也是学术机构的负责人。这样的例子在西方大学比比皆是，在我国高校中也很常见。这些处于交汇点的负责人成为联系学术团体和行政系统的纽带，发挥一种桥梁的作用，使学术机构和行政机构和谐共处。

（六）建立信息中枢机构和共享机制

高校实际工作中，部门只从自身需要出发、相似甚至相同的工作不断重复的现象层出不穷。不难发现，“信息孤岛”是产生这些问题的根本原因。部门相互之间的沟通很少，缺乏整体意识，实际工作中容易产生冲突、矛盾和目标的不一致。这种状况使学术认证与评价、师资培训与管理诸多存在有机联系的流程和相关活动被人为地割裂成条块，沟通存在着巨大的障碍，削弱了管理的效率和效果，造成了极大的冗余和浪费。

因此，组织创新不仅应调整、完善现存的学术、行政机构，更应该抓紧建立信息中枢机构，出台统一的标准和规范，实现信息共享，提高管理水平。

四、高校内部管理的制度创新

制度就是一种规则或者规则体系，起到规范和约束行为的作用。制度创新能给组织带来活力，是大学发展的重要动力，也是内部管理体制创新能否取得预期目标的落脚点。

按照制度发挥作用的方式和范围分为两类：第一类是具体制度，对学校中一定领域的活动起约束作用，如教学制度，科研制度等；第二类是基础制度，是人们活动的一般性规则，如民主管理制度、校内服务制度等。

大学由于本身活动的性质决定，制度创新必须要保持连续性、渐进性和前瞻性。要创建高水平的教学研究型大学，制度创新要从以下几个方面展开。

（一）教学管理制度

以学年制为代表的传统教学模式如同“流水线”一样，学生经过一系列的课程学习被培养成为“标准”的专业人才。这种一刀切的教学制度缺乏灵活性，忽视了学生的个性。社会对人才需求的多样化以及成才观的根本转变为学分制、弹性学制的全面推行创造了外部条件。

学分制是以学分为计算学习量的单位的一种教学制度，衡量学生完成学业的标志是，是否达到规定的学分。学生修习的课程成绩合格，均被视为已取得该课程规定的学分，取得总学分即准予毕业，而不考虑修业年限。

学分制是以选课制为基础，学生可以在一定的框架内灵活的选择课程、选择教师，上课时间也可以自主掌握。选课制打破了统一组织教学的模式，学生学习质量的衡量可以通过计算平均学分绩点实现。

在学分制条件下，学生的个体特征差异明显，需要个性化的指导和帮助。导师制是与之相适应的管理模式。导师的职责是帮助学生了解学校的培养目标、专业结构等，指导学生制订适合自己特点的学习计划、合理安排学习时间、选修哪些课程，向学生提供必要的学习咨询、指导和帮助以及思想道德教育。

弹性学制是与学分制相联系的。弹性学制允许学生适当延长或缩短基本修业年限，是对传统学制的根本性革命。学分制和弹性学制的实行，为学生学习创造了自由空间的同时，也对教学的质量、管理提出了更高的要求。

（二）科研管理制度

科学研究的核心和载体是课题（或称之为项目），没有课题科学研究无从谈起，研究生培养和学科建设成为无本之木。因此，科研管理要抓住“课题”这个关键，借鉴“课题制”管理的经验，坚持以人为本、学术自由。

第一，是课题的确立。目前，我国高校的科研课题主要由政府科技部门资助和企业委托的横向项目组成，教师自选课题的积极性不高，校内立项课题数量不足，这是科研创新的突破口。课题立项要完善评估和评审机制，优化立项程序。在课题立项上，应该鼓励教师基础研究和应用研究相结合、理论研究与实践研究相结合，使他们善于进行创新和创造性研究。

第二，课题的组织管理。立项课题要有明确的负责人（课题组长），在计划范围内享有管理课题计划、进展以及经费支配的充分自主，科研管理机构和行政人员不宜过多干涉。在课题执行过程中，发生的主要研究内容调整、课题组主要研究人员变动等可能影响课题顺利完成的重大事项，要及时与管理部门沟通，妥善解决。

第三，经费管理。经费是课题顺利完成的宝贵资源，要及时拨付，重点抓好预算和决算制度。经费预算是课题计划必不可少的部分，预算内容包括与课题研究有关的所有直接费用和间接费用。在课题结题时，要对课题研究费用进行决算，以保证经费支配的合理和有效。

第四，验收与成果管理。课题结束时，要组织本学科领域的专家和学者对研究成果进行验收和评价。在对待科研成果上不能急功近利，要有战略眼光、允许失败。从某种程度上说，失败往往也是一项“成果”，因为失败证明了某种可能性并不存在或某种研究途径的错误。一个宽松的科研环境，才可能更大程度地激励创新，激发教师科研的积极性和创造性。

（三）师资管理制度

师资队伍的水平是一所学校发展状况的决定因素。高校传统的人事制度严重制约了教师的积极性。教师聘任制是师资建设和管理制度改革的必然方向，为教师的聘任、晋升、管理提供了思路和方法。

所谓教师聘任制，是指在双向选择的基础上，以聘任合同的形式把岗位设置、任职资格、招聘过程、任用管理、争议处理等环节同学校和教师双方的责任、权利、义务组合而形成的教师管理和任用制度系统。从世界各国的经验看，高校教师聘任制主要包括：一是契约合同制度；二是职业阶梯制度；三是人才竞争制度；四是专家评价系统；五是终身制或长久职位制度。与传统用人制度相比，聘任制的突出特点是，能进能出，能上能下，优胜劣汰。

对与学校签订聘任合同的教师，合同期满可以选择留在学校也可以选择离开。如果选择续聘，学校将再次组织专家小组对其进行考核和评价，为做出是否续聘的决定提供依据。对于重点岗位的教师，在被聘任期间，申请晋升职称应该根据“非升即走”原则，在一定的年限内，通过有限次数的申请仍然没有晋升到更高一级职称的教师将会被淘汰。在教学研究型大学中，“非升即走”只能适用于重点岗位的教师，而对于一般教学岗位的教师则应采用专任教师晋升办法。这项原则虽然看似残酷，但是，对于高校的发展或教师本人的成长都是有好处的。

终身教职也是聘任制的重要内容，与全员终身制有本质的区别。终身教职制度的引人，不仅有利于保障学术自由，更重要的是可以在人才选拔中发挥积极作用。

师资管理应该实行回避制。所谓回避制度，就是本校毕业的学生不允许立即申请本校的教师职务，优秀的人才只有在其他单位工作过一段时间以后方可向母校申请。回避制度可以破除教师近亲繁殖，保证学术自由和废除官本位。

对于高校中的其他管理和服务人员应逐步实行聘任合同制。当前，高校职员制试点已经取得了初步成效，但这是一项前所未有的制度创新工作，还在不断地摸索中。

（四）学科管理制度

学科交叉与融合是科技与教育的重要发展趋势。科学发展的历史表明，科学上的重大突破、新学科的产生经常是在不同学科的相互交叉渗透中产生的。高等学校为交叉学科的发展提供了巨大支持，同时，交叉学科的发展又成了高等学校提高学术和教学水平，尤其是创新水平的不可或缺的要素。

学科交叉必须打破原有组织结构的约束。国内外大学一些高水平大学的经验是采用建立中心的方式，集中相关学科的力量，建设新的学科。例如，清华大学组建了 14 个校级跨学科的研究中心，高等研究中心（数、理、化），宇航研究中心（精仪、电子、力学、机械等）……对于大多数教学研究型大学而言，为了促进交叉学科发展，可以从如下几个方面着手。

（1）培养跨专业研究生

研究生是高校科研的重要力量，他们有不同的知识背景。通过招收不同院校尤其是不同专业的学生，学科研究的领域将更加广阔，有利于新的科研增长点的产生。

（2）开展跨学科的科研

现代社会很多问题的解决越来越依赖于多学科的合作与互补，这是发展的趋势。例如，很多的现代制造业信息化方面的科研项目，需要管理、机械制造和电气自动化等学科专业的学者共同合作才能完成，取得的成绩凸显了跨学科科研的优势。

（3）组建跨学科的研究中心（院）

这样的研究中心（院）聚集了相关学科领域的专家和顶尖人才，他们直接在一起工作，思想不断碰撞和融汇，为交叉学科的发展构建了平台。对于跨学科研究机构，高校应制定相应的政策，并给予经费、场所等方面的支持，创造有利于学科发展的环境和氛围。高校学科建设要上一个新台阶，需充分考虑学科发展的特点和趋势，努力实现制度创新。

（五）民主管理制

民主参与是高校融合各种权力的有效手段。高校应健全民主参与学校管理的制度和机制，畅通渠道，使基层的意见和建议成为决策者的智慧来源。民主制度建设包含两个方面，加强监督和参与管理。

有决策就有监督，有执行就有监督。监督机制是管理系统中不可或缺的组成部分。加强监督，就要坚持推行校务公开，增加工作透明度，对教职工、学生和其他相关群体所关心的热点问题、有争议的焦点问题、与切身利益密切相关的问题要全面公开，让教职工、学生和其他相关群体有知情权、监督权。

有监督就会有反馈。因此，反馈渠道的建立对于健全监督机制是非常重要的。完善的监督机制不仅有利于提高工作效率和工作水平，而且有利于不断完善和规范办事行为。

在高校管理闭合回路中，监督和反馈处于末端。从“控制”的角度看，监督和反馈属于事后控制。事后控制也称为回馈控制，待问题偏差发生之后，才采取控制程序、改正问题。深化高校民主更重要的途径是提高教职工、学生和其他相关群体参与管理的力度，实现事前控制与事后控制相结合。

教职工代表大会（简称为“教代会”）是教职工维护自身合法权益、参与民主管理和监督的重要组织形式。教代会以参政议政为主要职能，起到了畅通民主渠道、提高参与程度、共同为实现决策目标而努力的作用。

除此以外，学生代表大会和校友代表大会，不仅具有管理自身事务的职能，还是学校民主管理的重要组织形式。学生和校友是高校最忠诚的“客户”，他们为学校的发展积极进言献策，是促进高校管理水平提高的重要力量。

（六）校内服务制度

在大学里，一方面，由于自身组织的膨胀；另一方面，由于与外界交往的增多，校内的活动变得很复杂。妥善处理这些复杂的关系需要成熟、完善的规章制度。学校的各种管理部门、后勤部门要加强服务意识教育，变管理为服务，为教学科研工作保驾护航。这些部门应进行积极地改革和自查，推进校内服务制度创新，使公共服务与管理为高校的健康发展提供宽松、稳定的环境。

校内服务制度的创新的目标表现在以下方面。

（1）同一化

高校的各种规章制度非常多，有学校制定的，也有部门制定的。很多时候这些制度本身就存在着矛盾和不一致的地方，各自独立发挥作用。解决这一问题就要简化规章，使对同一对象、同一行为的约束和规范保持一致。

（2）科学化

衡量是否科学化的主要标准是流程是否顺畅、流程由一个个连续的、连接在一起的活动组成，每一个活动由一定的人员或部门依据一定的标准来执行。流程顺畅可以简化办事程序，节省时间、提高效率。

（3）信息化

目前，大多数高校的内部管理明显滞后于学校的科研技术发展水平，很多管理工作基本上停留在传统的手工方式上。信息化是提高管理效率的重要手段，高校具有实现自身信息化各方面的优势，如知识、人员、环境等。高校管理信息化将彻底改变管理的方式和手段，更好地为教学科研服务。

第七章　我国高校教学管理体制改革

第一节　高校教学管理体制与高等教育质量的关系

教学管理是指学校领导和师生员工共同遵循教学规律，充分发挥管理职能，通过各种管理手段和方法，对教学系统的各个要素（学生、教师、教材、教学、设施等）进行合理组合，使教学管理的组织机构协调运转，教学活动有序、高效运行，完成国家颁布的课程计划、教学大纲和教科书规定的教学任务，实现教学目标的职能活动过程。教学管理的功能任务是根据确定的培养目标，按照一定的管理原则、程序和方法，组织和协调教学过程中的人力、物力、财力、时间和信息等，建立正常、相对稳定的教学秩序，以保证教学过程的畅通，使教学过程达到协调化、高效率与最优化，确保教学任务的完成，培养德、智、体全面发展的合格人才。教学管理在高校的管理工作中居于重要的地位，主要有以下几个方面的因素：第一，学校的基本任务是培养人才，学校的各项工作都必须围绕培养人才这个中心来展开，而人才培养在一定时期内仍将通过教学活动来进行，学校的各个方面几乎都离不开教学这一教育形式。第二，教学管理受教学过程的客观规律所制约，而教学过程又是一种方向不确定的动态系统。因为教学过程的随机因素复杂，其效果的不确定性非常显著，即教师教了以后，学生不一定就懂。要使教师教好，学生学会并且学好，就要有一定的措施加以保证，这就需要教学管理来规范教学活动，形成教育合力，提高教育效果。第三，教学管理担负着对学校全体教师和学生的管理，学校管理最重要的是人的管理，教师和学生都是活动中最重要的因素，也是学校的主体。教学质量的高低和学习效果的好坏取决于教师工作的主动性、积极性，学生学习的态度和方法，因而对教师和学生的管理对于学校整个管理具有非常重要的意义。

一、高校教学管理的职能分析

在教学管理活动中，必须正确、恰如其分地发挥出管理职能，才能形成有效的、系统的管理过程。通过对教学管理活动的实践和理论研究，决策—计划—组织—实施—指挥—协调—监督—检查—总结，既是教学管理过程中相互联系的环节，也是其发挥的职能，大致可以做如下划分。

（一）决策与计划的职能

决策与计划是教学管理的首要职能。决策就是人们对未来实践的方向、目标、原则、方法和手段所做出的选择和决定。计划是根据决策和目标的要求，进行统筹安排，拟订实施方法和程序，制定相应的策略、政策等3决策是计划的前提，计划使决策具体化，决策与计划是整个管理工作的基础。教学管理决策包括目标预测和目标决策。高等学校作为培养国家高级人才的基地，对人才培养的目标有明确的规定。教学系统自身发展的目标是指与教育目标相适应的办学规模、办学条件、师资队伍等方面的发展目标。目标决策主要是对教学目标和教学管理目标的决策，教学目标包括教学总体目标和教学过程各个阶段的具体目标等，教学管理目标包括教学管理总目标和教学思想管理、课程管理、教学质量管理、教师管理、学生管理等子系统的具体目标。

教学管理计划包括教学规划、教学计划、教学政策法规和教学管理工作计划等。教学规划是学校教学工作整体的、较长远的发展设想和计划，包括规模、方式、方法等的总体目标和总的方向。教学计划是学校组织实施教学的总体设计，包括培养目标、规格、课程设置、要求、学时和教学环节分配等多方面。教学政策法规包括国家依据教育目的而发布的规定、条例、规则和学校为了完成培养人才的任务而制定的规章制度等。教学管理工作计划包括组织和管理教学的各类工作计划，如招生工作计划、毕业工作计划、师资培训计划等。因此，教学管理计划是一个内容广泛的计划体系，计划功能对于教学管理系统具有特别重要的意义。

（二）组织与实施的职能

组织与实施是教学管理系统的一项重要职能，指按照决策目标要求，把系统中的各种要素和成分组织起来，去执行管理计划，使教学管理计划能够付诸实施。组织与实施功能具体包括两个方面：组织设计的功能和组织行为的功能。

组织设计指按照目标要求，设计任务结构和权利关系，建立一个合理而有效的管理组织结构。它的基本内容包括：为实现教育教学总目标把教学总任务分解成若干具体任务；把具体任务合并归类，划分部门，建立职权机构，如按年级设立年级组、按学科设立教研组等；选择和配备教师和管理人员，明确职责，并授予他们组织和管理教学的相应权力；为协调组织机构的职权关系和信息沟通关系而拟定各种规定，如教师工作职责、教学管理规章制度等。当然，并非对每项任务的管理都需要有建立组织机构的过程，经常性的组织工作是根据各个时期的任务所规定的目标组织力量、明确分工、授予权力和协调关系。

组织行为的功能，即组织实施，是组织力量执行计划的行为和过程，其目的是使管理计划能够付诸实施。组织实施的基本内容包括：统一目标，使全体教职工在目标认识上一致；统一组织指挥，使系统内的一切下作都有人按时、按量、按质去完成；人各有责，人尽其才，实行职、权、责相统一，使全体教师和管理人员明确自己的职责、工作范围、工作质量要求和协作关系；统一步骤，按计划步骤统一行动，保证计划的步步落实。

（三）指挥与协调的职能

指挥与协调也是教学管理系统的重要职能。指挥，指领导者依靠行政权威，指示下属从事某种活动，使系统按指令运行。协调，指消除管理过程中各环节、各要素之间的不和谐现象。因此，指挥与协调是从不同的侧面对管理过程的干预和控制，两者之间相互补充、相互完善。

指挥功能是指通过下达命令、指标等形式，使系统内部每个人的意志服从于一个权威的统一意志，将计划和领导者的决心变成全体成员的统一行动，使全体成员履行自己的职责，全力以赴地完成所负担的任务。教学管理的指挥功能有：①实行专家治校，保证领导权威，保证领导的督促、率领和引导作用有效发挥。②运用各级教学管理组织权责和规章制度，规范全体人员的行动。③严格按计划、大纲组织教学，统一标准，统一要求。④建立教学指挥机构，一般由领导、职能部门工作人员，借助于先进的设备手段，建立教学指挥中心等形式的教学指挥系统。

协调功能是指对系统运行过程中各环节、各要素之间的不和谐现象进行处理和调整以消除和减少各种矛盾，保证目标的实现协调功能带有综合性、整体性特征，它是管理本质的体现。从某种意义上说，管理就是协调。教学管理协调的主要内容是，通过计划、沟通、调整等方法，协调教学管理系统与外部环境，如学校教育与社会系统的关系；协调教学管理系统内部各类成员之间，各组织、各部门之间，管理过程各环节、各项工作之间等关系；协调教学系统内部课内与课外之间，教、学、管诸要素之间，教学内容、方法、手段之间，各章节教学内容之间的关系等。

（四）监督与检查的职能

监督与检查是实施教学管理过程的重要职能。监督就是察看并督促。检查是对预测的科学性、决策的正确性、目标的完整性、计划方案的可行性以及实施计划的有效性的全面考评。从本质上讲，检查就是一种监督和控制，是一种信息反馈活动。通过检查既可以发现管理过程中的缺点和问题，又可以发现优点和经验，进而克服缺点，推广经验，把工作推向前进。

检查职能的类型可以分为：按检查时间来划分有平时检查和阶段检查。平时检查及时不使问题成堆，阶段检查则是比较集中、全面的检查。两种检查互为补充，不可缺少。按范围来划分有全面检查和专题检查。全面检查是德、智、体、行政、总务诸方面，目的在于了解和掌握工作的全面情况。专题检查是有针对性地发现问题和解决问题，专题检查的内容取决于检查的目的，教学管理要专题检查和全面检查交替进行。按检查方式来分有自上而下的检查、互相检查和个人检查。自上而下的检查是学校领导者对下属的检查，这种检查有监督、考核的作用；互相检查是学校成员之间互相进行的一种方式，如教师之间的互相听课、互相检查教案和学生作业；个人检查是学校成员的自我检查。这种检查有两种，一是按学校布置的提纲进行，二是自觉的自我回顾。个人自查是具有强烈责任感的表现。

监督与检查具有双重功能：一是监督与考核下属人员的工作，能及时对成绩突出者给予肯定，对工作平平甚至失职行为者给予纠正；二是检查和考核领导人员本身的管理水平，计划、措施、执行是否符合规范和要求，明确管理者的责任。

（五）评价与控制的职能

评价与控制是教学管理，特别是现代教学管理的重要职能。评价包括科学分析和价值判断，指通过教学评价和系统分析方法，判断教学效果与教学目标的差距，为决策和控制提供有用信息，控制即根据评价分析的结果，纠正计划执行中的偏差，保证教学目标的实现。评价与控制是教学管理系统最重要的功能之一。

教学评价和分析的具体功能是根据教学目标和计划，运用各种科学手段，对教学过程和效果进行价值判断和系统分析，为教育教学决策和控制提供信息。教学评价和分析的主要内容包括，课程教学评价分析、课堂教学质量评价分析、教师评价分析、学生评价分析、课外活动评价分析等。

教学管理的控制功能包括教学前馈控制、教学过程控制和教学事后控制三种类型。教学前馈控制是预防偏差的一种控制，即预先采取有效措施，使偏差得到预先控制，防患于未然。前馈控制对于教学管理是十分重要的，教学系统是以育人为目的的，教学过程的任何偏差所造成的后果都是十分严重的、不能允许的，前馈控制可以防止这种情况的发生。教学过程控制也称教学现场控制，是在教学计划执行过程中的控制行为，通过对教学计划执行过程的现场观察、监督和指导，即对教学过程的形成性评价、分析和建议，及时纠正任何不符合教学计划要求的偏差，保证教学计划的实施。教学事后控制，又称教学成果控制，是建立在终结性评价分析的基础上的控制行为，即在计划基本完成之后，把实际取得的工作成果与计划目标相比较，发现仍然存在的差距，作为将来工作的借鉴。

（六）总结的职能

总结是教学管理活动一个周期的终止，预示着下一个周期的开始，起着承前启后的作用。总结是教育管理活动不可忽视的一环，它要求用科学的方法，对所做的工作进行全面系统的总结，肯定成绩，找出缺点，总结经验教训，探索管理规律，并指出未来的努力方向。总结对于积累管理经验，提高学校管理人员的管理水平，促使教学管理科学化，提高学校的工作效率和管理效能具有十分积极的意义。教学管理过程中的总结通常在一个学期或一个学年结束时进行，一般可分为全面总结和专题总结两类。做好总结工作必须遵循以下基本要求：

（1）应以计划目标作为评估绩效的标准

总结是对计划执行情况进行的综合分析和评估。原定的计划目标不仅是执行和检查计划的依据和中心，还是评估工作绩效的重要标准。

（2）要以检查为基础

总结是检查的后续阶段，是在检查的基础上进行的。没有有效的检查，就不可能有真正符合客观实际的总结。检查可为总结提供各种可靠的信息，诸如典型的事例、人员的言行表现、科学的数据材料等，但检查并不等于总结，也不能代替总结。检查多是感性的，而总结更多的是理性的，是发现原则和规律的过程。

（3）要有激励作用

回顾过去是为了推动未来，总结应使组织成员进一步增强前进的信心和决心，成为前进过程中的“加油站”。一份优秀的检查报告应具有强大的激励作用，所肯定的成绩能增强人们的信心，指出的不足能增强人们的责任感，从而振奋人们的组织精神，提高教学管理水平。特别是在行使教学管理的总结职能过程中，通常要建立奖优罚懒、赏罚分明的奖罚机制，以促进教学工作朝着积极、健康的方向发展。

二、高校教学管理制度的内涵与结构分析

（一）高校教学管理制度的内涵

关于制度，不同的人从不同的角度有不同的规定。社会学家凡勃伦认为，制度就是个人或社会对某些关系或某些作用的一般思想习惯，他认为人们是生活在思想习惯的指导下的，这样的制度是早期遗留下来的，而今天的制度是当前公认的生活方式。根据《现代汉语词典》的解释，制度一词有这样两层意思：一是要求大家共同遵守的办事规程或行动准则；二是在一定历史条件下形成的政治、经济、文化等方面的体系。

高校教学管理制度是一个多层次、多序列、多职能的完整体系，从不同的角度有不同的划分和理解。从广义上讲，高校的教学管理制度就是在一定教育发展条件下形成的教学管理体系，是由诸多元素或部件构成的完整的具有特定目的和功能的整体，各个元素或部件在构成上的变化直接影响到高等教育功能的发挥和高等教育目的的实现。这个整体或者说系统总是随着时代和社会的变化而变化，变化可以是

主动的也可以是被动的，可以是宏观方面的也可以是微观方面的。每当高等教育教学不适应时代和社会的变化所提出的新要求时，高等教育就要通过制度上的改革与发展来适应这种要求。高校教学管理制度本身就是在不断适应社会的需要的过程中形成和发展起来的。但从狭义上讲，笔者认为高校教学管理制度就是特指在高等学校的教学过程中，为了规范教学活动和实现学校的教学目标，而制订的系统的教学管理方法。

为提高高等教育的教学质量，各国的实践探索无不加强教学管理，从制度上提供保障。从世界范围来看，学分制和学年制是高校教学管理中采用最为广泛的两种制度。选择学分制还是学年制与国家的社会制度无关，而更多地与一个国家的社会文化和传统相联系。虽然美国、法国、英国、意大利、日本等国同属资本主义国家，实行市场经济，但它们所采取的教学管理并不一样，有的实行学年制，有的实行学分制。而且就是在同一个国家里，不仅在不同时期、不同大学采用不同方式，甚至在同一时期、不同大学也采用不同方式。由此可见，学分制与学年制只是两种不同的教学管理制度而已。它们的共性是学生必须修习一定数量的科目才能毕业；它们的差异则是学年制注重统一性，有显著的强制特点，学分制的自由度和选择范围则比较大，有显著的弹性特点。所以，两者并无绝对的优劣之分，大学的成功与高质量和采用哪种教学管理制度也不是绝对的相关，关键是大学所采用的制度是否适应学校教学管理的需要。“制度”是一把“双刃剑”，只有通过不断地完善教学管理制度，才能促进学校的发展进步。

（二）高校教学管理系统的结构分析

结构是系统中要素相互联系、相互作用的方式，是要素在系统内的秩序。由于教学管理其内部复杂的联系，根据不同的需要，从不同的角度研究就有不同的层次和形式的系统结构。

从组织结构来分析，目前高校的教学管理可分为教与学两个系列，各为六个层次。其中在教的方面，由主管校长—教务处—学院—系（部）—教研室—教师，形成一个完整的教学工作系列；在学的方面，由主管校长—教务处—学院—系（部）—年级—每个学生组成学习系列。这两个系列既相互交融、相互影响，又有其自身的独立性。教学管理系统六个结构层次的具体构成是：

第一层是由学校主管教学工作的校长主持召开行政会议。这是学校教学管理的决策层。决策层的职责是通过调查研究，进行科学决策，实现宏观调控，校长要对整个学校的教学质量全面负责，从学校的定位、总任务、总目标出发，把提高教育教学质量、培养高级人才作为教学管理的中心任务。

第二层是教学管理的职能部门一教务处。它是在校长的领导下，对全校的教学

T作进行具体计划、组织和调度的职能机构。教务处的工作主要是确定具体的学科、制订教学目标、编制教学计划、安排教学任务，对学校的教学工作进行检查和评估，对各专业的教学实行管理并对质量负责，负责全校的教务行政工作，是高等教育中十分重要的组织机构。

第三层是学院。学院是近年来高等教育改革过程中应运而生的结构层。由相关学科、系、部组成的学院，更有利于学科交融、资源共享，同时也便于学校教学工作的管理和开展。学院主要是根据教务处制订的宏观计划，结合本院的学科特点，组织教学工作的开展。对系、部的工作进行安排部署，对本学院的教学做具体、细致和全面的管理。

第四层是系（部）。这一层次的主要任务是组织各专业教师进行教学工作的实施，经常性地组织教师进行教学研究工作，总结交流教学经验，提高教师的思想水平、业务水平和教学能力，对教师进行师德、教风和学风的建设，建立良好的教师集体，改进教学工作，提高教学质量。

第五层是教研室和年级组。教研室是根据学科和专业特性组织起来的教学科研组织，它是教师的直接管理部门，对教师的教学、科研工作进行最为直接的安排和管理。在高校，年级的主要工作是由辅导员进行管理的，年级不同，教学安排、学生的思想状况以及课程的设置就不同，因此在教学中，要根据年级的特点和大学生的心理、思想来组织管理，实施阶段性的教学检测、年级学科竞赛、教师教学状况调查等。

第六层是教师和学生个体。任课教师是教学工作的具体实施者，对本专业课程的教学质量负责，同时还肩负着对本专业知识进行拓展和深入研究的责任，教师也要不断地研究和学习，努力提高自身素质和教学能力。学生是接受教学的被实主体，每个学生要对自己的学习实行自我管理，对自己的学习进行自觉、合理地安排，选择适合自己的学习方法，对教师的教学给予支持，向教师提出合理化的建议，并与其他同学进行学业上的交流和探讨。

在以上两个系列的六个层次中，还存在着一个反馈系统。反馈系统是教学管理中的必要元素，为保证教学工作在各个阶段的顺利实施，学校必须建立起顺畅贯通的教学信息反馈系统，以便及时了解教学过程中的实际情况，并将反馈的意见进行总结归纳，决策层和实施层根据反馈的信息对教学工作进行调整，保证教学工作正常运转，形成反馈机制，提高教学质量。

三、高校教学管理制度与教育质量的关系研究

作为继承、传播和创造知识的高等教育，在知识经济时代从社会的边缘走向了

社会的中心。提高国民素质、储备科技人才，已经成为世界各国关注的焦点，不约而同地把发展高等教育作为提高综合国力、增强国际竞争力的重要措施。高校教学管理制度的优劣也是教育质量高低的关键所在，一个好的管理制度对学校的发展、人才的培养具有十分重要的作用。

目前，摆在教育界面前的最为突出的问题就是，高等教育进入大众化阶段的战略决策，以迎接知识经济的挑战，实现“科教兴国”战略，增强国家的综合国力和国际竞争力，满足人民群众日益增长的接受高等教育的需要，并采取行政措施连续几年扩大招生规模。在今后若干年中，高等教育还要保持一个比较高的发展速度，才能实现大众化的发展目标。这样虽然缓解了高等教育供求的矛盾，但同时也给人们带来忧虑，担心因人学“门槛”降低和规模扩大过快而导致教育质量下降。这就涉及用什么样的教学管理制度，去解决通向大众化教育阶段过程中或进入大众化教育阶段后的教育质量问题。

（一）完善制度建设、提高高等教育质量

高等教育大众化的重要标志是高等教育规模逐年扩大、适龄青年的入学率逐年上升。在其整个发展进程中，进入高等学校的“门槛”必然逐年降低，这是否意味着高等教育的质量下降了？答案是否定的。首先，“门槛”高低受招生规模制约，是人为设置的，不是评价高等教育质量的决定因素；其次，人是发展变化的，一次入学考试分数的高低，只能反映一次竞争的结果，不能代表人的素质优劣，更不能以此来推论或决定人的终身；第三，大众化阶段的高等教育，其教育目标定位是提高整个中华民族的科学文化水平，而不是少数精英。从这个意义上讲，进入大学的“门槛”虽然在逐年降低，但高等教育规模在逐年扩大，给更多的人提供了接受高等教育的机会，国民的综合素质提升了，整个中华民族的科学文化水平提高了，为社会主义现代化建设和发展知识经济培养了不同层次、不同类型、不同规格的各类人才。因此，“门槛”虽然降低了，但并不能说明质量下降。至于大众化过程中出现的某些质量问题，并非这一阶段所独有，而且也是可以解决的。

（二）精英教育赋予高校教学管理制度新的内涵

我国的高等教育虽然尚处在精英教育阶段，但严格讲，它主要体现在数量上即适龄青年人学率上，而在质量上未能反映面向“精英”的精英教育。高考虽然是全国统考，但由于地区差别和其他一些原因，“精英”未必能接受精英教育。进入大众化教育阶段后，精英教育不仅不会消失，还必须加强，但高校教学管理制度需进一步完善。通过高等教育的结构调整和强化竞争与激励机制，使真正的精英流向这类高等教育机构接受精英教育

（三）高校教育质量标准从单一走向多元

长期以来，受计划经济体制的影响，我们是用一个尺度来衡量高等教育质量。这反映在教育目的和人才培养目标的统一规定上，也反映在统一的教育质量评价体系及其课程体系、教学内容等方面。如果说这种现象同当时的计划经济体制相适应，那么现在显然已经不合时宜。

新世纪，中国将更加开放，多元经济和多样化社会必然对高等教育提出多样化的需求，高等教育多样化是适应社会经济多元化、高等教育大众化、科技发展高速化、社会需求多样化、人的素质差异化的必然要求。高等教育只有为社会提供多层次、多类型、多形式的教育，才能满足社会对各类人才的需求和个性发展多样选择的要求。面对多样化需求的社会，高等教育必须走多样化之路，科学定位，主动寻找有利于生存和发展的空间，才能发展个性，办出特色，提高质量，经受住激烈竞争的人才市场的检验。

当前，高校的教学管理制度应引导高等教育怎样去适应社会，引导其追求理想学术型的办学模式和人才培养模式。多元教育质量观是一种有别于传统教育质量观的理念，它突破了计划经济的思维定式，有利于增强高校自主办学和自我调节的能力。它不仅对不同层次、不同类型的高等教育采用不同的质量评价标准，而且允许同一层次、同一类型甚至同一专业的人才培养目标也可以不同。多元教育质量观更能突出办学个性和特色，其运作更加客观，贴近市场，因而有利于引导大众化阶段的各级各类高等教育在各自的层面上办出特色，提高质量和水平。

（四）多样化的高等教育对素质教育有新的解释

中国是一个具有几千年封建历史的文明古国，传统教育的价值过分倾斜于政治功能，衡量教育质量的重要标准是能否为统治阶级培养所谓的“济世之才”，主张循规蹈矩，反对离经叛道。近代工业文明传入中国后，科学教育受到重视，以占有知识的多少和深浅为标准的知识质量观一度占据支配地位，强调培养学术型或学科型高级人才。到了20世纪80年代中期，针对大学生动手能力不强的现象，强调加强能力培养，出现了知识质量观转变为能力质量观的趋势。到了20世纪90年代中期，素质教育在全国兴起，教育质量观得到广泛认同。从教育的知识质量观到能力质量观再到包含知识、能力在内的全面素质质量观，反映了社会变革、转型时期人们对教育本质认识的深化，丰富了教育理论与教育实践知识，促进了教育质量和办学水平的提高。但是，受传统思维定式的影响，其价值取向仍然偏向社会功能而忽视教育的个体功能，人才观仍然偏向理想模式下的“全才”“完人”，而无视多元经济和多样化社会对人才尤其对专门人才的多样化需求。

素质教育是针对中小学“应试教育”提出来的，高等教育中讲的素质教育，从发表的文章看，主要是针对人文与思想政治教育环节薄弱提出来的。大体有两种倾向：要么把素质与知识、能力等并列或对立起来；要么在“全面”上做文章，对素质进行分解，试图把学生培养成“全人”或“完人”。两种倾向都有失偏颇，根源就出在对素质教育内涵的理解上。素质教育是基于受教育者的基本素质，通过最佳途径，促进其主动地在各自层面上全面发展的教育模式。这个概念的基本内涵是：①素质教育的基础是受教育者的基本素质；②人的素质存在差异，素质教育只能因材施教，分类进行；③它是一个过程，其效果取决于实施途径；④是主动学习而不是相反；⑤目标是适应社会，全面发展；⑥具有理论与实践意义和可操作性。

大众化教育阶段的高等教育资源通过优化与重组，不同层次类型的学校将进一步分化。多样化的高等教育实际要求我们必须走出传统的培养模式，进行制度创新，根据受教育者自身的实际情况与现实可能，选择有利于社会价值与个体价值统一的成才模式。即使对所谓“片面”发展的“怪才”“偏科生”，也不能用现在的质量标准将其拒之门外，而应采取特殊的培养模式，促进其在“片面”方向“全面发展”。这类人成才在“片面”，决不能用理想模子迫使其舍长就短成为平庸之才，更不能将其扼杀。因此，传统意义上的因材施教将在分类培养的基础上，在更高层次上回归。教与学的角色将实现历史性的转变，教育不再是单向传授，而是导致学习的、有组织的和持续的交流。受教育者将能动地根据专长、志向和兴趣，按能级归位，选择有利于自身发展的教育形式。可见，新世纪的素质教育必须克服上述两种倾向，不再追求标准化的单一理想模式及其质量标准，而应着力建立有利于不同层次、类型的人才发展的多样化的因材施教、分类培养、教学互动的弹性模式及其教育质量标准。

教育质量观属于教育哲学范畴，它是一个发展的概念，准确把握其内涵和外延，需要在教育实践中不断进行理论探索和实践总结。如前所说，高等教育大众化必须是数量与质量的统一，关键是要建立正确的教育质量观。在社会转型和高等教育向大众化跨越的历史时期，教育质量观起重要导向作用。怎样发挥其正面导向作用，克服其负面导向作用，促进高等教育的规模、结构、质量、效益的协调发展，是新世纪必须解决的重大课题。

第二节　我国现行教学管理体制与学分制的矛盾分析

教学管理体制是指高校的教学管理制度、机构设置、管理权限及其相互关系的根本性组织制度，其中，教学管理过程中的权利关系是核心，组织机构是载体，运行机制是体制的具体表征，是它的动态反映。就学分制而言，在不同时期、不同的学校有不同的具体形态，但学分制作为一种教学管理制度，其制度理念、制度运行机制和制度功能等，则是基本稳定和十分明确的。因此，本节分别从学分制的理念、本质特征以及运行机制与当前高校教学管理的组织体系和运行机制之间的冲突和矛盾的分析中，了解学分制对当前教学管理体制改革的具体要求。

一、我国高校现行教学管理组织体系与学分制的矛盾

（一）现行教学管理组织体系概述

组织体系是组织结构与职责权能的结合，其合理性和适用性如何，对组织管理体制工作效率的高低具有决定性的作用。

我国高校教学管理的组织体系大多由校、院或系两个层次构成，少数高校由校、院、系三个层次构成。学校层次对教学工作实行集权管理，有关教学工作的主要决策都由学校层次制定。学校的主要教学管理职能部门—教务处，在校长和主管副校长领导下，具体管理全校教学工作。下面我们将主要以校、院系两级管理模式为例，对当前高等学校校内教学管理体制的组织结构与职责权能的分配状况略做分析。

1．描述性说明

总的来说，我国高校教学管理由校长全面负责，分管教学的副校长主持日常工作，通过校教务处等职能部门的作用，统一调配学校教学资源，统一管理教学进程及信息反馈,从而实现教学管理工作的目标。有关教学及管理的指导思想、政策、规划、重大改革举措等，则在校党委的统一领导下，由校党委常委会、校务会议等领导机构讨论决定。

学校层次教学管理的职责：分管教学的副校长实际上是全校教学管理的首脑人物，其工作职责全面而广泛。主要包括：建立教学质量管理体系，加强教学管理基本建设，组建和管理教学管理队伍，主持全校本科教学改革，建立教学研究与信息系统，发挥职能部门和院系在教学管理中的应有作用等。

教务处是校长和主管副校长领导下的主要教学管理职能部门，具体管理全校本科生教学各方面工作。大多数高校的教务处在全校本科教学管理中发挥着主要作用，它的职能定位具体体现在各高校教务处下设机构上。由于各高校的具体情况不同，高校教务处实际履行的职责也有所不同，存在所谓的“大教务”和“小教务”之分。前者指本科教学管理职能比较完备的情况；后者则指本科教学管理职能分离的情形。但无论是“大教务”还是“小教务”，高校教务处的职责一般包括拟定学校教学工作计划、制定教学管理规章制度以及负责教学计划、专业建设、课程建设、教材建设与管理、学籍管理、教学评价、教学信息处理等事务。

院（系）教学管理的组织结构与职责：院（系）教学管理一般由院系行政负责人负责教学与管理T作，而由院（系）分党委或总党支负责人负责本科生思想教育与日常管理工作。院（系）一般由一名副院长（副系主任）分管本科教学与管理工作。有的院（系）既配有教学秘书，同时配有专职教务员；有的则只配备了教学秘书，规模较大的院（系）设有教学管理科（室），配备若干专职教务员。教学管理科或教学秘书一般负责：在分管教学院长领导下，组织教学计划的制订、修改与执行，教学任务的落实；具体操作教学编制工作则的核算和教学课时津贴的核发；负责教学质量的检查与评估，参与各门课程教学情况的调查统计；等等；参与专业和教材建设工作，负责新专业的申报和教材出版计划的申报；负责教学改革科研项目的申报及管理，参与人才培养基地的建设与管理；参与学生各类考试的组织及实施管理；组织各系学生的教学实习、毕业论文、毕业实践环节实施工作；督促各系教务员做好学生成绩管理、学籍管理和毕业生资格初审工作;负责各种教学档案的整理和管理。

2. 基本特点分析

从以上对当前我国高校教学管理体制组织体系的说明中，我国高校现行的教学管理组织体系呈现如下特征：

一就机构设置而言，教学管理咨询和信息反馈机构缺失或有待完善。我国高校一般都建立了校级教学工作委员会（有的称教学指导委员会，或者称教学督导委员会）。校教学工作委员会由有丰富教学工作经验的教师和教学管理人员组成。校教学工作委员会的主要职能是研究全校教学管理的一些重大问题，理论上指导全校教务处及院系教学管理工作，但是，由于各种各样的原因，相当一部分高校教学工作委员会并未正常地充分发挥其应有的职能，许多仅停留在形式上。

二就权力分配而言，从纵向看，教学管理决策权力主要集中于校级。学校党政领导班子处于教学管理组织体系的核心地位，掌握教学、人事、财务、物资等全面的资源配置权力，行使学术和其他事务的决策职能；教务处对学校教学及其他事务拥有组织、指挥、协调、考核权力，对属于自己分管范围内的资源也有较大的调配权力，直接或间接管理各基层单位；而各院系作为学校教学体系中的中枢组织，只是在学校核心机构的领导和教务处的指导下，具体组织实施教学活动。从横向看，教学管理决策权力主要集中体现于行政权力。教学管理是行政管理与学术管理的结合部，但实际上高校教学政策、计划制定、专业设置、课程结构调整与改革、教学活动的组织与协调、教学质量的控制与评价、教学基本建设等诸多方面，从政策制定到课程改革，都是有关行政人员的工作领域。

（二）现行教学管理组织体系与学分制的三对矛盾

我国高校当前这种科层制的教学管理组织体系能在相当程度上保证资源自上而

下配置的稳定有序，能高效率地承担自上而下交付的重大任务，也能按照统一的模式解决院系的利益分配问题。但显然，这种校级集权的教学管理组织体系与学分制要求之间的矛盾显而易见，集中体现在科层制的校级集权模式强调共性与学分制追求个性发展的特点相矛盾，现行教学

管理组织体系决策的专断性与学分制学术自由的理念相矛盾，具体说来，它们之间的矛盾主要表现在如下三个方面。

1. 现行的教学管理组织体系不利于学分制的核心要素—选课制的实施

从学分制的起源和发展中，可以清楚地认识到选课制是学分制的基础和核心，因此完善的选课制是成功实施学分制的基本保障条件。选课制的完善应该从两方面着手，首先必须开设足量的课程可供学生选择，其次应该赋予学生选择课程的权利和自由。就我国高校目前普遍的选修课数量开设不足的现状而言，固然硬件方面，教学资金缺乏，这不仅是我国高校（尽管我国高等教育已有挤占基础教育教学资源的嫌疑）不能解决的问题，也是世界上绝大多数高校所面临的问题，因此从软件——体制改革方面着手，如何充分利用现有的资源开设出尽可能多的、高质量的选修课程就显得尤为重要。这要求高校赋予院系和一线教师更多的权利自主开设课程，充分调动教师结合社会需要、学生发展的需要和知识结构的需要开发跨学科的课程的积极性。而当前，我国高校教学管理校级集权的现状与之相矛盾。

一方面，当前的教学管理组织体系没有赋予教师和学生相应的开设和选择课程的自由与权利。教务处作为学校教学管理的职能部门，代表学校掌握了几乎所有的决策责任，还行使全校本科教学规划、教学组织与指挥、教学控制和评价等多项职能。而院系的主要职责是将学校制定的教学政策与计划以及有关要求付诸实施，具体负责贯彻执行学校层次的决策，缺少决策自主权，主要体现在招生、课程管理以及教学基本建设上。在这种集权管理的组织体系下，学校掌控了包括专业、课程设置和教材建设等教学基本建设在内的所有决策权，教师的职责是根据学校给定的教学资料讲授课程，自由选择讲授内容的权利相当有限。对学生而言，在这种组织体系下，基本没有自主制订教学计划、自主选择学习的权利与自由，学生被动接受教育的情况根本上没有改变。

另一方面，当前的教学管理组织结构不利于教师开设跨专业、跨学科的课程。为了适应知识门类的高速分化，现代大学往往采用以分科、分专业为基本特征的系科制作为学科制度与组织形式。我国高校当然毫无例外地采用了这一制度形式。这种制度将大学分解为不同的学科与专业，如法学、医学、建筑学、工学、农学、商学和教育学等，其最大的局限在于，它只重视适应知识的高度分化的要求，而忽视了对知识的高度综合的适应，

它在本专业内产生凝聚力的同时，也使本部类或专业与其他专业相脱离这种现状显然不利于教师开设高质量的跨学科、跨专业的课程，从某种意义上来说，制约了学生对课程选择的自由与权利，不利于选课制的实施。

2. 现行的强调共性的教学管理模式与学分制追求个性发展的特点相矛盾

现行的相对集权的教学组织体系强调共性，适应于上下之间从方法到目标完全一致的管理体制，便于完成统一的任务。而高校各个院系有着不同的学科环境和系统目标，考核标准也迥然有异，学分制的实施，更是要求学生有自主选择课程、制订学习计划等选择学习的权利，学生的课程表由学年制条件下的“统一配餐”改为“自助餐”。学分制为学生提供了一个凸现个性的平台，而学生追求个性发展的过程中，管理过程的“突发事件”“个案”必然会增多，必然会增加教学管理的复杂度。学分制的实施要求高校教学管理具备快速反应、快速解决的能力，要求高校教学管理能高效率地处理各种事件。而现行的教学管理组织体系是“尖塔型”组织结构（即在校级、院系、教师、学生组成的教学管理系统中，学校处于整个教学管理系统的最顶端，集中了几乎所有的决策权力），在实施学分制的前提下，教学管理中需直接面对各个学生，发生的个性事件增多，如果所有事件仍然按照反馈给上一级最后到达学校层次，经研究后做出决定的传统路径，显然不能满足管理的现实需要。

3. 当前我国高校教学行政管理占主导的局面与学分制相矛盾

在我国高校，当前教学管理主要是各级行政人员的责任。代表学术力量的教师参与教学管理的组织机制不健全，已经建立起来的少量的教学民主管理机构的运转未走上正常轨道，因而教师在教学管理中所发挥的作用十分有限。而学生参与教学管理基本停留在理论界的讨论里，尚未进入实际改革的视野。当前，高校教学管理组织体系的权力结构上体现出行政权力主导的局面。高校教学的直接目的便是培养合乎社会要求、满足个人发展需要的各种人才，教师的“教”与学生的“学”都是一种学术活动，与学年制条件下的教学活动相比，学分制条件下的教学活动更强调学生自主选择学习的自由与权利。学分制学术自由的理念要求高校能切实给予学生以选择学习、构建自身知识结构的自由。而我国当前刻板规范、等级森严的科层制教学管理组织体系与之存在着严重的不适应。行政管理强调下级服从上级、少数服从多数，按照级别大小决定资源分配权，这与学分制学术自由的理念相矛盾。学分制条件下的教学活动固然也需要有行政管理，但如果行政管理占主导、行政化倾向太强，之间冲突就会凸现，并制约教学活动的高效开展和高质量教学成果的取得。因此，我国当前教学管理体系中行政文化占主导，学术自由精神得不到发扬，学生学习选择的自由得不到保证的状况与学分制的理念相矛盾。

二、我国高校现行教学管理机制与学分制的矛盾

人们通常把组织结构称之为“体制”，相应地把组织的运行规则称之为“机制”。机制是体制的内在属性，是体制的基础。因此，为了更加具体地了解当前教学管理体制与学分制之间的矛盾与冲突，本节将讨论现行主要的教学管理机制与学分制的矛盾。

（一）高校教学管理机制的现状

以下将主要从专业选择制度、选课制、课堂管理制度以及考试和学籍管理制度等具体了解我国高校当前教学管理机制的现状。

（1）专业选择制度

高等教育的基本形式是专业教育。我国当前确定学生专业的方式主要有两种，一是通过填报高考志愿来确定，选择某一高校就意味着选择了这所高校的某一专业或被调剂到另一专业。这种方式是至今为止确定专业的主要形式，即所谓的“一考定终身”；二是进入某一高校后选择或调整专业，但这种比例相对来说很小。在进校后通过考试转换高考志愿填报的专业，这种形式在越来越多的高校实行，但比例非常小，部分高校由于资源不足等原因，对转换专业的学生收取数额不等的费用。因此，学生进入高校后调换专业，必须具备两个条件：一是申请者的学习成绩必须拔尖，二是必须另外缴纳一笔不菲的转专业的费用。

（2）选课制

20 世纪 80 年代以来，我国高校逐步恢复了选课制。目前，我国高校的课程设置一般分为必修、限选、任选三类。必修课包括专业必修课和公共必修课，约占总学分的 70%，其中如外语、政治教学计划等，是由政府统一规定的。限选课又叫指定性选修课，一般按学科和专业发展方向分若干组开设，限选课的学分约占总学分的 20%。任选课分为专业任选课和公共任选课两部分，这部分课程主要是为扩大学生知识面，或对某些领域进行深入研究而开设的，任选课的学分约占总学分的 10%。

有的高校对学生每学期应修课程的学分做了严格的上限和下限的要求。这样，在原本高校所开课程有限的条件下，面对高比例的必修课程表，还有学校相关规章制度附加的选课条件，学生自由选课的空间一减再减，选课制名不副实。

（3）课堂管理制度

我国高校都实行严格的课堂出勤管理制度，要求学生在规定的时间到规定的地点上课，加强对学生出勤的监管和处罚。例如，教师上课点名，教务处组织抽查，出勤率与平时成绩挂钩，出勤率与奖学金挂钩等。对于缺课、逃课的现象，各大学几乎采取了比较一致的惩罚措施：某门课程缺课达到一定的限度，不得参加该课程

的期末考试，不能取得该课程的学分。至于这种严格的课堂管理制度的管理效能情况，我们从一份调查统计资料找到了答案：学生在上基础课的逃课率在25%以上，专业课逃课率在20%左右，至于哲学、政治经济学、中国革命史等公共课，其逃课率在50%以上。当然，影响学生逃课的因素有许多，如课程设置以及教学方法等，但教学管理者也应该反思一下现行的课堂管理制度刚性过强的问题。

（4）考试和学籍管理制度

学籍管理的一个主要功能是对高校教学质量的管理。多数大学的考试和学籍管理制度规定十分严格而具体，充分显示出了其刚性的特点。在考试制度上，学校一般强调“统考”，强调必考，强调闭卷，强调集中考。现行考试制度的突出问题之一便是考试方式单一，主要还是闭卷考试大行其道。即使某些应用性、操作性很强的课程，也往往通过闭卷考试来“考”学生。口试和开卷考试没有受到应有的重视。

在学籍管理制度上，更是充分体现了刚性过强的特点。在有些高校，学生必须按照规定的统一进程学习并获得相应课程的学分，否则，就要受到各种各样的处罚。

（5）弹性学制

随着大学本科教学和管理改革的深化，弹性学制成为大学本科教育的一个热点话题。一些大学纷纷提出“弹性学制”教学计划或管理制度，试图打破先前固定的学制（四年或五年），使学生可以在6年或7年内完成本科学业。但是，弹性学制的实施情况却不能真正地“弹”起来。因为，教学管理制度对可以提前修课和毕业的学生，除了有学习成绩要求（提前修满规定学分）外，还有其他一些“硬指标”规定。例如，凡是有免修课程的学生，或者外语、计算机达不到国家标准的学生，或者在校期间收到各类处分的学生，均不能提前毕业。

总体来看，以上所列的几种主要教学管理机制所体现出的共同特点是：过于强调统一管理、刚性过强、弹性不足。从本质上讲，我国高校现行的教学管理机制是一套刚性的制度体系，它对高校教与学的自由保障不力，对学生的兴趣和爱好尊重不够，对高校师生的个性化发展关照不多。

（二）现行教学管理机制与学分制的两对矛盾

当前我国高校教学管理机制与学分制间的矛盾集中体现为刚性与弹性、僵化与灵活的矛盾。

1. 刚性的教学管理机制与学分制弹性的基本特点相矛盾

学分制作为一项教学管理制度，其基本特点是弹性，这种弹性的基础是由选课制决定的。所谓弹性，是“刚”和“柔”的统一体，即“刚柔相济”。这种弹性表现在如下几个方面：

教学计划是弹性的。这是由选课制决定的，由于课程选择的不同，教学计划事实上是学生在导师指导下，在维护社会基本共同价值的课程得到基本保证的前提下，通过学生自主选择课程而构成的适合自身特点和需要的学习计划。从总体上看，学分制教学计划是因人而异的学习计划，而不是统一制订的。

课程体系的构成是弹性的。在学分制条件下，维护社会共同价值和要求学生必须具备的基本知识、技能和素养，是对学生的统一要求，有相对统一的课程安排，除此之外的课程都应该由学生自由选择，构成自身独具特色的课程体系。

专业选择是弹性的。学生可以通过一般性的选课达到选择专业的目的，即为专业选择的弹性。由于课程体系的不同，即使取得的专业是相同的，但专业口径的宽窄并不一样，即专业口径基本上是宽窄并行的，不存在某种刚性的规定。

学习时限的弹性。由于课程体系不同，学生学习量和学习进度各不相同，在某一时段内，学生可以依据自己的喜好、经济条件或生理条件的实际选择较多或较少的课程。这样，学生实际学习的时限有较大的弹性。

为了保证弹性教学计划的实行，要求相应的支撑条件也必须具有弹性。当然这种弹性不是无限度的，它必须受到合理的制约。而我国当前教学管理机制的特点，总体而言，仍然以统一的刚性管理为主导，从招生制度以统一的入学文化考试一高考为主要依据，根据考生的志愿择优录取，考生几乎没有选择考试的自由与权利，到学籍管理的集中统一管理，学生被高校招生进校一几年的在校管理一毕业离校，整个过程体现了我国教学管理机制的高度统一的特点，太过强调制约，弹性不够。虽然当前的教学管理机制已有了一定的弹性特点，如前文所提到，许多高校开始实行选课制、弹性学制等有一定柔性的教学管理机制，但仍然明显不够，有的制度甚至只是表面形式上的弹性。如选课制，因受到当前我国教学管理的观念、教学资源等掣肘，学生选课的自由度相当有限，无法真正满足学生的所有选课要求。又比如，弹性学制，弹性学制的基础是“选课制”，如果选课制不能让学生真正自由地选课，弹性学制就无法真正“弹”起来。由此看出，我国当前的教学管理刚性过强的运行机制和学分制的弹性要求之间仍有很大的差距，学分制的弹性特征要求当前教学管理机制必须改革。

（三）以计划为主导的教学管理运行机制与学分制以选择为核心的运行机制之间的矛盾

当前，我国高校以计划为主导的教学管理机制与学分制之间的矛盾明显而尖锐。教学计划是教育教学活动的总体规划，是教育教学开展的依据，它包含了教学计划制订主体的教育观念、教育教学计划所要达到的目标以及达到目标的活动形式。教学计划管理是高校教学管理的核心内容。因此，我们将考察教学计划的制订及执行的全过程，以便比较清楚地了解我国高校当前教学管理运行机制与学分制之间的矛盾。

在我国，政府对高校教学工作实行全面具体的统一控制，教学计划当然也由全国大学执行大学管理部门颁发或审定。在当前，政府对教学计划的行政控制逐渐减弱，更加注重政策法规对高校的教学计划的宏观指导，但总的来说，政府集权控制的主导作用依然十分明显。

学校内部，在校长和主管副校长的领导下，学校的主要教学管理职能部门——教务处组织制订教学计划。院系则负责教学计划的执行与实施，从本院系的角度提出咨询性建议或反馈意见。因此，教学计划就由改革前的全国统一制订改为学校全校统一制订，各院系则完成行政任务的职责执行教学计划。

对各院系来说，其义务只管执行校级制定的教学计划，不问培养的人才符不符合社会和市场的需要，各院系也没有自主权来调节。对学生而言，教学计划便是学习的课程计划，当前许多高校在教学文件中颁布实施选课制，这意味着学生有选择自己课程的自由，可实际上，由于受到教学观念、教学资源等各方面的掣肘，学生选择适合自身特点课程的权利在我国当前的高校是相当有限的。也就是学生面对自己的课程计划制定的参与权相当有限，换言之，教学计划基本上仍然是学校按照事先的“计划”制定而成的，学生只是被动执行而已。因此，学生间课程计划的差异性很小，比较统一。学校对教学计划执行过程的管理以及教学计划的考核则按统一标准统一进行。

从以上对当前教学计划的制定、执行和考核评估可以看出，我国当前的教学管理体制基本上仍然以计划机制为主导，按照统一整齐的节奏运行。当前，学生按招生计划被录人学校，按专业计划进入到各个院系，按照基本统一的教学计划接受课程教育，因此从入校到毕业，每一个学生都是“计划人”。

而学分制以选择为核心机制运行。在学分制条件下，教学计划事实上是学生在导师指导下，在维护社会共同价值的课程得到基本保证的前提下，根据自身的兴趣、爱好等特点自主制定，此时的教学计划实际上就是一份学生自主选择课程构成，适合自身特点和需要的学习计划。由于教学计划基本组成部分的课程体系不同，引起专业、学习进度、授课教师、学习时限以及教学空间的不同（如学生选择的院系和学校不同）。为了贯彻执行因人而异的教学计划，对教学过程统一的管理已明显不可能。学分制教学管理主要侧重教学计划完成情况的审查和评估，学籍管理变得相对灵活，教学管理过程的统一性事实上没有太大的价值，管理形式更注重目标管理而不是过程管理，当然并不意味着完全否认过程管理。这样，学习进度、学习量、学习地点以及学习的时限等很少有统一的规定。学生在选择课程的基础上，选择教师、选择学习时间与学习内容等，以构建自己的知识结构。这样便打破了学年制条件下教学管理运行的“计划性”，使学分所依附的课程成为教学管理体系各构成要素之间权利划分与教学资源分配的基础与依据，使选择机制、竞争机制发挥主导作用。而我国当前仍以统一计划为核心机制运行的教学管理体制与之相矛盾。因此，我国当前的教学管理运行机制与学分制的矛盾，最终体现在“计划机制”与“选择机制”间的矛盾。

第三节　当前我国高校教学管理体制的问题所在

我国的高等教育作为世界高等教育系统中的重要组成部分，既有许多与国外高等教育相似的特点，又有自身的特殊矛盾。单就学校管理而言，就存在着一系列的矛盾。例如，高校经费严重不足与经费浪费的矛盾；学术管理的主体性与高校内部行政管理规范性的矛盾；传统的教育教学管理模式与知识经济社会要求培养创新人才的矛盾；等等。在教学管理中，也存在着一些急需解决的问题，对于这些问题，尚有深入研究和探讨的必要。

一、教学管理组织的权利性倾向严重

教学管理组织本身是为实现学校的教育、教学目标而形成的结构优化、精干高效的管理系统，这个系统将学校中众多的教学要素进行有机地组合和动态的管理。但是，在我国的高校教学管理中，常常表现出教学管理组织的权利性倾向严重的问题。“权利—强制”策略虽然是教学管理中的一种手段，但不是唯一的手段。在教学管理中，如果过分地强调组织的权利，使用强制的手段进行管理，往往容易触及学校的敏感神经，教师会有消极的情绪，学生会产生逆反心理，教学的质量不但不会提高，在管理中还会出现被动的局面。

其实，高校进行教学管理的目的是为了提高教学水平，培养优秀人才，要达到这个目的，拥有合格的、积极主动工作的教员和自觉学习的学生才是关键。教学管理组织应合理地运用手中的权力，充分发扬民主，采用合作化的管理手段，充分调动行政人员、专业人员、教师、学生以及校外人士的积极性和参与性，才能有利于教学工作的开展。

二、教学管理组织的运作模式相对单一

模式是再现现实的一种理论性的简化形式。目前，我国在高校教学管理中，一

般都采用等级制的管理模式，即从校长到学生，一级抓一级的方式。至于学生的表现如何，校长的管理能力怎样，就受到太多因素的干扰。教学管理中，应该以一种适合本校发展的模式为主、其他管理模式为辅的共同管理模式。

1. 问题解决模式

该模式是由第一线的教师为解决教育实际问题而创设和实施的。其理论基础是实用主义哲学和自由市场理论。这种模式的主要特征就是根据教学管理过程中出现的实际问题，进行诊断和鉴别，认真剖析内、外因素，自觉、自主地解决新问题，遵循问题—解决—新问题—再解决的程式向前发展。

2. 研究—发展—推广模式

该模式的理论基础是理性主义和权威主义。它的主张是任何管理都是一个研究、发展、推广的过程。教学管理者要根据实际进行研究，将成果以适当的形式、在适当的阶段推行，即便某些管理上的变革会遭到排斥，但是最终会得到推广，并在推广中受益。

3. 管理互动模式

该模式的理论基础是社会合作主义和人际关系理论，其精神实质是合作与沟通。在教学管理中，人与人之间相互影响，个人的行为受到制约，但通过宣传、交流和互换角色的方式，可以解决一些难以解决的问题。例如，学生代表与校长面对面交流，行政人员与教师进行交流，教师与学生进行合作管理等。

教学管理的模式多种多样，各校应在多年的管理实践中选择适合本校校情的模式，更应该不断地研究探讨新的模式以适应高校的发展。

三、教学管理的方法陈旧

高校教学管理的方法是实现教学目标、完成教学任务的基本手段。掌握并运用有效的基本方法，对于提高管理绩效具有十分重要的意义。教育要创新、科技要创新、人才培养要创新，教学管理的方法也同样要创新，不能总是采用一种陈年旧法。学校的教学管理本身就具有权威性、强制性和垂直性等特点，如果在管理方法上不注意，难免会造成主观主义和命令主义的错误倾向，就会伤害教师和学生的感情。在科学教育飞速发展的今天，要想在管理上出成绩、出效益，就得选择适当的方法，有效地组合方法，从而达到事半功倍的效果。

要在适当的范围选择适当的方法。任何方法都不是万能的，都有一定的适用范围。教学管理的方法也同其他方法一样，如果运用不当，就会产生明显的局限性。比如，在对教师的管理中，如果过于强调上级的权威和集中统一，容易导致长官意识和官僚主义，不利于下级和群众主观能动性和创造性的发挥，管理的适应性和灵活性受到限制，横向联系容易被忽视，影响各部门间的沟通与协调等。可见，教学管理的方法不能单一，要在适当的范围选择适当的方法。

要在正确态度的指导下运用方法。作为高校的教学管理者，首先，要正确认识和对待管理权力，注意提高自身的素质水平，保证管理要求的合理性和正确性。其次，要分析管理方法的可行性，保证实施的效果节制有度，既能令行禁止，又能调动下属的工作积极性。第三，教学管理者要根据不同时期、不同条件、不同环境和教学工作的特点，把行政方法界定在必要和可行之内，使其更加符合教学管理工作的需要。

教学管理方法在学校的管理工作中发挥着十分重要的作用，正确的方法可以解决教学中产生的问题，提高学校的教学质量和办学效益，错误的方法则会导致问题的产生，给学校的工作造成负面影响。在教学管理工作中，管理者一方面应不断提高自身的科学化程度，根据具体情况有针对性地灵活选择各种管理方法，另一方面，要注意与其他管理方法的配合，使教学管理方法发挥出更大的实际效果。

四、教学管理的目标具有局限性

教学管理的目标是由教育的功能决定的。我国目前高校教学管理的目标常偏重于层次的划分与外部显示的局限。这样的目标往往会低估教学过程中出现的各种复杂现象，单凭外显的行为特征而掩盖教学管理的深刻性。具体表现在三个方面：

第一，教学管理的对象是发展中的人，学生在获取知识、技能与能力的程度不是统一确定的，他们在生理、心理以及社会化等诸多方面的成长速度也不尽相同，因此如果将教学管理的目标整齐划一，就容易忽视学生个性特长的发展。

第二，外显的行为目标一般不能准确揭示出全部活动的内隐因素，制定教学目标如果仅从知识内容出发，离开了教与学的具体行为，离开了教师和学生的基础水平，必将产生各种各样的问题。因此，教学管理目标应全面、合理并且具有个性化的导向功能。

第三，目前，我国的高等教育正面临着前所未有的巨大变革，影响学校教学管理的因素呈现出越来越大的随机性。这就要求学校能随时根据实际形势的变化，迅速调整相关的管理对策，如果教学管理的目标局限于某一方面，在适应环境变化方面就表现为僵化有余、弹性不足，不能很好地适应形势的发展。

鉴于上述分析，不难看出在制订教学管理目标时，应强化其正面效益，减少负面影响，发挥出目标管理的效应，促进教学管理工作的开展，应从以下几个方面人手：

（1）科学分析，准确定位

教学管理要做到激励性与可行性的统一，这就要求管理者在科学分析校情的基础上，抓住学校急需解决的问题，形成既体现本校教学工作自身特点，又符合实际的管理目标。

（2）近期需要与长远利益相结合

针对教学管理目标中容易出现“短期化”的倾向，在制定目标时，必须将学校教学发展的蓝图与中、短期目标统一协调起来。要确定哪些是近期努力就可以达到的目标，哪些是经过不间断的努力可以实现的目标。当近期发展目标与长期发展目标相冲突时，一定要协调好两者的关系，不能因一时得失而毁掉长远发展前程。

（3）畅通信息渠道，加强监督反馈

教学管理目标是学校教学工作的行为导向，管理者必须建立立体、交叉、多维的信息网络，密切关注学校教学活动的运行状态是否与确立的目标体系相符合。一旦出现问题，管理者应迅速了解情况，并组织相关部门“会诊”，找对问题症结，形成有效对策，并通过信息反馈渠道对不恰当的管理行为做出修正，确保教学管理工作与目标不出现偏差。

五、教学管理的评估体系不健全

教学质量评估是教学管理中的一项重要改革，它不仅起到了教学管理部门对课堂教学的监控作用，而且能够最大限度地调动教师的教学积极性，从而达到提高教学质量的目的。随着高校管理体制改革的不断深化，教学质量评估体系还有待进一步健全和完善。在当前教学质量评估中主要存在以下问题。

（一）评估的认识存在偏差

当前，教育评估主要是由上级教育行政部门组织，采取他人评估、行政评估等方式进行，评估的目的表现为分等评优，从而起到选拔、鉴定、评比的作用，所体现的是教育评估的总结性功能，而为改进工作和决策服务的形成性功能发挥得不好。这种评估在一些地方所起的作用与过去没开展督导评估前上级对下级的工作检查并无本质的区别。被评估者对评估活动没有积极的参与意识，甚至对评估有抵制和厌倦情绪。有的人认为，评估只是摆形式，走过场，对学校的具体工作开展并无实质性的促进作用。还有的人认为，评估是一种“扰民”行为，干扰了学校正常的工作秩序，不仅无益，反而有害。有些地方大谈“评估”色变之感。这些原因固然有偏颇之处，但究其原因与我们所开展的评估方式、方法不当有关。评估的目的不只在于分出等级，更在于改进工作，如果评估者对此没有深刻的认识，简单地以评估作为分出优劣高下的工具，必然会造成误导和误解。

（二）评估功能和模式单一

评估具有导向、改进、鉴定、激励、管理、研究等多种功能，但目前的评估尚不能充分发挥这些功能，只有鉴定功能、管理功能在评估中表现得较为明显，而改进、激励和研究的功能却很不够，有些功能的发挥甚至出现扭曲和变形。评估模式基本上都是采用泰勒的“目标行为模式”，或者说“目标到达度”模式，这种模式在我国是伴随着加强教育行政管理和督导工作发展起来的，是一种由领导部门组织的行政评估和他人评估。而专家评估、社会评估、自我评估的成分很少，势必影响教育评估的全面性和被评对象的积极性。

（三）评估的技术水平不高

评估的可信度和效率在很高程度上依赖于对评估手段技术的准确把握和恰当运用。教育评估涉及多种评估技术和评估工具的运用，不同的技术和工具有不同的作用。目前，在高校教学评估中使用最为广泛的是量化的技术，但一部分评估人员对如何编制量化表、如何保证可信度和效率等缺乏应有的知识和能力，致使量化方法这一重要的教育评估技术出现偏差，导致“盲目量化”的现象，似乎教育的一切方面都可量化，而一切量化又都是有价值的。

（四）对教育评估缺乏再评估

评估标准是否合理，评估方案是否科学，信息搜集是否全面，信息处理是否得当，评估结果是否客观，评估结论是否公正，这些问题都有待于对教学评估进行再评估以后来回答。没有再评估，对教育评估就失去了检查和监督，就很难保证各个环节的合理无误，很难使教学评估活动具有自我认识、自我批评、自我提高的能力。当前，教学评估中出现的许多问题都与缺乏再评估紧密相关。

第四节　高校教学管理体制创新的基本构想

面对创新人才培养对教学管理体制的要求，本节将对高校教学管理体制创新的研究展开论述。依笔者之见，针对高校的具体情况，教学管理体制创新可采取的对策是：更新教学管理观念，突出“以人为本，以生为先”的管理思想；建立以学院制为主体的教学管理体制；健全学分制管理制度；构建高校教师培训体系；协调教学与科研的关系。通过总结高校建立的教学改革实验班教学管理体制的创新之处，并鉴于其具有实验性而不具备普遍性的特殊情况，笔者认为，在教学改革实验班成功的基础上，高校教学管理体制将继续从学分制教学管理制度和“以学生为中心”的教学管理模式两方面进行改革。

一、高校教学管理体制创新的对策探讨

（一）突出“以人为本以生为先”的教学管理思想

人类社会的每一次重大变革，总是以思想的进步和观念的更新为先导。观念是外部世界的主观反映，外部世界是不断变化的，观念也随之不断地发生变革。教学改革的进程同样也离不开思想的不断解放和观念的不断更新。在高校培养专门人才、发展科学、直接为社会服务的三项基本职能中，人才培养始终是最基本、最重要的职能。教学管理的主体应是学生，教学管理工作应本着“一切为了学生，为了一切学生，为了学生的一切”的原则进行，突出“以人为本，以生为先”的教学管理思想。

1. 确立尊重学生自主权的教学管理思想

尊重学生知情权、选择权、参与权等自主权的目的是为学生自主学习、自我管理、自由发展提供必备条件，从而培养学生具备自我构建智能结构的能力，使其成为具有创新精神和创新能力的人才。

首先，赋予学生知情权。学生有权了解学校的教学计划、培养方案、各项规章制度、开设课程、课程安排、教师资历、教育培养经费的使用情况及其他与学习、生活有关的情况。学校赋予学生知情权，可从学校、院（系）和学生三方面进行。第一，借助网络公开校务。学校将与学生利益相关的内容挂在校园网上，使每个学生都能了解学校的政策与具体规章制度。第二，教学秘书、班主任或学生干部及时、准确地通知院（系）事务。院（系）通知的事情一般与学生的利益有着较直接的关系，如申请奖学金、评选优秀学生、参与学术活动等。第三，学生主动向老师了解自己关心的事情。学生对于自己想了解的事情应积极主动地询问教师或院（系）教学秘书，自己采取主动。其次，交还学生选择权。学生自主选择的权限包括选择专业、选修深沉、选择授课教师、学习模式以及学习年限等权力。为保证学生选择权顺利实施，可以从学校、教师、学生三个角度进行。第一，从学校角度，要进一步完善选课制和导师制，从制度上保障学生在选择专业、课程、教师及学习年限上的自主性。第二，从教师角度，要不断提高教师的业务水平，开出数量多、质量高的选修课，以供学生有选择的余地。第三，从学生角度，选择课程要根据自己的特长、兴趣做出合理的选择，不要盲目地选择容易获取学分的课程。另外，课程选择权还应赋予学生在规定时间内改选课程的自由。最后，给予学生参与权。学生参与学校的教育教学活动使他们有机会学习民主和运用民主，对培养他们形成主人意识、自主自立能力有很大益处。参与权可以分为教学管理参与和教学过程参与。教学管理参与可派学生代表参与校级或院（系）级的教学事务管理，参与教学计划的制定，参与教师的教学评价，参与信息收集与反馈等。学生参与管理，增强了学习知识和运用知识的主动性和自觉性，培养了学生的实践能力和动手能力。教学过程参与，一方面指学生

应在课堂上主动参与教师教学，与教师进行互动，而不是把自己作为装盛知识的“容器”。另一方面指学生有权参与教师的选择，参与自己的专业课程设置，实行个性化培养。教学过程参与将以往在教学过程中对学生进行的统一管理转变为个体参与，以培养学生的主体意识和激发其主观能动性。

“以人为本，以生为先”的教学管理思想要求充分调动学生的主动性与积极性，但并不意味着毫无规范与限制。因此，学校在建立完善的制度体系以保障学生知情权、选择权、参与权的同时，还应考虑给予这些权力一定的权限，确保学生正确使用知情权、选择权和参与权。

2．树立个性教育的观念

据一项有关大学生创造性人才观的调查结果表明，影响创新人才的10项因素中，“独立性”被大学生认为是最重要的。其中，独立性又由“有个性、有创新意识、敢于怀疑权威、有主见不盲从、有预见性和超前意识”几项因素构成。可见，一个创造者的成功与否，往往与他的个性有内在联系。终身教育理论的创始人，法国著名教育家保尔·朗格朗指出：“教育工作者再也不应该是多少有些天才的知识传授者，而是培养个性的专家。”为了充分发展学生的个性，挖掘其创造潜力，高校应转变教育思想，树立个性教育的观念。个性教育就是在教育教学过程中，教育者尊重受教育者的个体差异、突出其主体地位，促进个性自主和谐发展。实施个性教育可通过尊重学生个体差异、突出学生主体地位以及建立新型师生关系三条途径实施。

首先，尊重学生个体差异。尊重学生的个体差异，一方面要承认人无全才，但人人有才。教师和教学管理人员在教育教学过程中要充分考虑学生的生活、经济、文化等背景的差异，按照马克思主义具体问题具体分析的方法做到因材施教，使学生人人成才；另一方面要理解学生的奇思怪想和标新立异。学校应有一种宽松的环境让学生能自由发表言论、阐述思想、探索新知。学校对个别学生的特立独行、标新立异等行为应给予理解、尊重和保护。正如苏霍姆林斯基所说：“只有承认这种个性差异，才有利于对每一个学生进行教育，才有利于发展学生的自尊心。”学生的个性在教育中能否得到发展，将影响到学生今后是否具有自觉思考、独立判断、敢于质疑、主动探究、勇于探新、善于探索、积极参与、勤于实践的创新精神与创新能力。其次，突出学生主体地位。凸显学生的主体地位，发展学生的个性与主动性，可以克服学生思维中存在的从众定式。凸显学生的主体地位可通过增强其主体意识和发展其自我意识两方面进行。一方面，在教育过程中，教师通过增强学生的主体意识，培养和提高学生在教育中的能动性、创造性、自主性，使他们成为具有自我教育、自我管理和自我发展的主体。另一方面，发展学生的自我意识。教师在教学中，引导学生正确地认识自己、评价自己，鼓励学生大胆地提出自己的看法，而不受教师所谓的标准答案的制约。最后，建立新型师生关系。新型师生关系指以学生为主体，教师为主导的师生关系，即学生在教学活动中将有更大的主动性和自主性。建立这种师生关系，一要树立新的学生观，就是要承认学生是一个不断自我发展、自我完善的独立的人。教师要改变因学生的所思所想或所作所为与自己的想法或要求不一致，而对该生给予否定评价的做法，正确看待学生各自不同的思维方式和行为特点，正确对待他们在成长中存在的问题和错误。二要加快教师自身角色的转换。教师要以人格魅力吸引学生、渊博知识感召学生，通过不断完善自己得到学生的爱戴，而不再以神圣不可侵犯的“权威”形象出现。杨福家教授曾说过：“教师要做学生头脑里火种的点火者，而不是灭火者。”因而，教师应努力改变师生之间原有的“权威一服从”式关系，克服学生思维中“唯师”“唯上”的权威定式，将学生视为独立的个体，尊重其独特个性，最终形成相互激励、教学相长的师生关系。

高校只有按照“以人为本，以生为先”的教学管理思想，尊重学生的自主权和树立个性教育观念，才能为学生创造个性的发展提供足够的空间，才能充分挖掘学生的潜力，才能培养出具有创新精神和创新能力的人才。

（二）建立以学院制为主体的教学管理体制

建立以学院制为主体的教学管理体制，首先要根据学校学科专业发展的实际及其要求设置学院。设置学院后要注意校、院（系）两级管理体制在职责权的划分、院（系）管理自主权的扩大以及学校对院（系）教学管理的重视三个方面的问题。

1. 明晰校、院（系）两级职责权的划分

我国高校的学院要建设成为大学的人才培养、学科建设、科学研究和管理指挥中心，校、院（系）两级必须遵循职、责、权相统一的原则。职、权、责三者应结合成一体，克服那种“有职无权”“有责无权”，或“有权无责”“有职无责”等不利于提高工作效率的状态。

大学的校级领导和各职能部门必须从以往那种包揽各种日常管理事务的状态中解放出来，改变原先的过程管理为目标管理，减少对教学、科研等具体工作的干预。校级决策部门实行目标管理的基本方法是：根据一定时期内教育事业的发展方向，确定学校的办学方向和发展总目标，然后将总目标向院（系）执行机构层层分解，逐级展开，通过上下协调制定各层次的具体分目标，以学校的总目标指导分目标，用分目标检查各部门和所有个人的工作。作为决策层，校级管理部门的主要职责是掌握党的方针、政策，把握学校的办学方向，明确未来发展的目标和重点；规划与设计人才培养方案、制定教学管理与学籍管理制度、评估专业和课程建设、建立教学质量保障及监控体系；保障重点实验室、图书馆和网络中心等共享资源的建设与管理；超越学院层次组建跨学科的科研中心与重大科研项目组，加强更大范围学科间的横向交叉综合；等等。需要注意的是，校级管理部门在对一些重大问题做出决策之前，应充分发扬民主，广泛征求学者、教授的意见，充分发挥学术委员会、教学委员会等各个委员会在决策中的作用。

院（系）根据学校的总体发展方向和各项工作部署，制定该院（系）的中长期发展方向和目标，规划、协调各学科的建设，统筹调配院（系）的人、财、物，各种资源得以综合利用。同时，学院不能仅局限于校内，要走出校门，走向市场。根据社会的发展需要，妥善处理好学院与社会、学院与企业的关系，动员和利用院（系）的资源与相关产业进行广泛的联系。院（系）级的职责权包括：兼有承担基层行政管理和从事教学科研活动的两重职责；拥有教学、研发、机构设置、人事调配、奖金分配等方面的责权；负责管理、监督下属系部的各项教学、科研工作。

2. 扩大院（系）管理自主权

责任到人，就要权力到人。只交责任，不交权力，责任制非落空不可。校、院（系）两级教学管理体制要做到职责权一致，院（系）所拥有的职责和权力必须相称。鉴于我国高校决策权集中在校级，院（系）级有责无权的现实情况，学校应将教学管理的权力适当下移，如培养方案的制订与实施、专业的设置与调整、教学经费的管理与使用、组织人事管理、自主配置资源、内部机构设置、实践实验基地管理、对外合作交流等，以便扩大院（系）管理自主权，提高管理效率和办学效益，更好地履行大学为社会培养人才的职责。

由于我国在建立学院制之前，实行的是校、系、室三级管理体制，而管理权主要集中在校级部门，系和室只有较少的权力，因此扩大院（系）管理自主权的主要途径是校级部门授权，其次是系、科级交权。从行政管理学角度来看，授权通常在两种层次上进行，一是决策层次的授权，即把一部分决策权授予下级行政机关或职能机构；一部分是执行层次的授权，即允许下级行政机关或职能机构在一定范围内自主完成工作。如果学校从执行层次上授权，学院则是虚体学院；如果从决策层次上授权，学院则是实体性的。随着教学改革的逐步深入，虚体学院向实体学院呈演变的趋势。虚体学院要向实体学院转变，校级部门对其授予决策层次的权力是使之转变的有效途径。

校级职能部门在下放权力时，应做到学术权力下移为主，行政权力下移为辅，以突出学院的学术功能。学校将属于学术范围的权力下移到院（系）层次，如设置专业与课程、申报科研项目、管理学生、聘任教师的权力等；将一定的资源分配权、机构设置权以及人事权等属于行政范围的权力下移到院（系）一级。与此同时，校级职能部门以实施计划、监督、调控服务为主，领导和监控学院的工作。

扩大学院的管理自主权在一定程度上改变了决策权集中在校级部门的现象，为分层决策的实现提供了条件。实行学院制，关键就是管理权力必须真正下放到学院，否则学院制起不到应有的作用。

3．落实教学管理在院（系）中的核心地位

学校重视院（系）的教学管理工作，可从保障教学经费有效投入、开展教学管理的研究以及提高教学管理人员素质三方面着手。

首先，保证教学经费的投入。对于院（系）对外科技服务和短训班的收入，学校按总收入的一定比例上缴，剩余的留给院（系）做教学经费。对于急需项目的教学经费，学校每年给予专项保证。其次，开展教学管理的研究。对教育教学管理知识贫乏的教学管理干部，学校应对其进行相关培训，增加相关专业知识。这便于教学管理干部将日常工作中积累的经验与实践相结合，使其经验得到升华，为其他教学管理人员的工作提供理论基础和实践经验。最后，提高管理人员的素质。为了提高教学管理人员的素质，学校和院（系.）领导要支持他们积极参加各种业务培训，学习教育科学理论，掌握管理专业知识，掌握现代技术手段。在条件允许的情况下，在招聘教学管理人员时就将是否具有教育科学理论、掌握管理知识和现代技术手段作为考核条件，把好入门关。

从全面直接管理到两级教学管理，是教学管理模式的重大转变。在这个改革的过程中，校、院（系）两级应理顺关系、明晰职责权的划分，校级职能部门应下放适当的权力给学院，确保教学管理在院（系）诸多管理中的核心地位。只有这样，院（系）才可能在学校的大政方针指导下，被建设成为培养创新人才的中心，从而为创新人才的培养提供良好的环境。

（三）健全学分制教学管理制度

高校可以从选课制、导师制、弹性学制和三学期制四个方面健全学分制教学管理制度，并由此发挥学生的自主性、尊重学生的差异性、调动学生的积极性以及培养学生的全面性，最终帮助学生养成良好的思维习惯、构建合理的知识结构。

1．完善选课制，发挥学生的自主性

选课制是学分制的基础，选课制允许学生在学校规定的范围内自由选择专业方向，选择课程，选择教师，选择上课时间和自主安排学习进程。如何设置选修课程，如何安排选修课的比例，学生能有多大的选课自主权等，已成为研讨学分制问题的焦点。为此，选课制应主要从增加选修课数量、提高选修课质量、加强选课的管理和指导三个方面进行完善，不仅为学生提供大量高质量的选修课程，而且为培养具有创造性才能的学生奠定坚实的知识基础。

2．完善导师制，尊重学生的差异性

导师制是成功实施学分制的关键。实行导师制的目的就是发展学生个性，通过为学生制定个性发展策略，跟踪学术需求，从而提高学生学习的积极性和持久性，达到提高教学质量的目的。根据师资力量制约学分制顺利实施的原因分析，不难看出目前我国高校在推广导师制方面还有待加强，可从组织、思想以及数量三方面进行。

首先，建立指导教师委员会。为了方便导师工作的组织和管理，学校应建立指导教师委员会，各院（系）则建立指导教师工作组。委员会由各工作组负责人和学校相关职能部门负责人组成，主要负责召开会议，听取汇报，解决问题，布置工作。工作组的主要任务是选聘导师，明确职责，制订工作计划，定期反馈信息，交流工作经验以及期末评估。导师授聘期间指导学生的工作要计算工作量，并与其年度考核及酬金分配挂钩；工作业绩要记人教学档案，作为提职晋级的依据。其次，扭转部分教师认为本科教学管理并非自身责任的观念。一要加强认识实施学分制的重要性，了解实行导师制的必要性，从思想上重视、行为上配合导师制的顺利推行。二要认识到教学和科研之间是相辅相成的关系。教学、培养人才是高校的基本任务；科研是提高教师水平、教学质量以及办学水平的关键。教学与科研的结合是培养创新型人才的需要。导师除了担负一定量的教学和科研任务外，还要负责了解学生的学习情况、选课情况、成绩情况，解决学生在学习方法、专业知识等方面的问题。同时，导师要通过言传身教和人格魅力的感染，对学生进行潜移默化的思想教育。最后，实行班级导师制。与导师一对一的交流纵然能促进学生的有效学习，但鉴于我国高校教师的数量有限，且学生数量众多，难以实行真正意义上的导师制。针对这种现象，高校可实行班主任与导师相结合的班级导师制。因所指的导师制是指为本科生配备导师，所以师生比例可稍微高一点。班级导师制是指一位导师带三位年轻教师（助教）或三位高年级的研究生（硕士或博士），由这三位教师或研究生分别带六位本科生。本科生平时的学习状况由这三位教师或研究生定期向导师汇报，并把反馈信息传达给本科生。当然，这种方法很难达到导师直接指导学生的效果，但在学生数远远高于教师数的今天，它不失为一种好的解决办法。

通过实行导师制，可以培养学生的独立思考能力，不仅有助于学生的学业，而且还有助于培养学生的其他能力。

3. 实行弹性学制，调动学生的积极性

弹性学制是以学分制为基础的教学管理制度，只要修满了学校规定的学分，允许学生提前毕业，也允许家庭经济困难或有志创业的学生中途停学工作或创业，而延长学习年限。鉴于此，高校应建立灵活的弹性学制，以改变现行学籍管理制度对学分制的影响，从而调动学生的学习积极性。弹性学制的建立，给学生自主确定学习进程以极大的自由度，具体可从三个方面进行。

首先，打破专业壁垒。这里所要打破的壁垒，一是转专业难，二是不同专业互认学分难。对于转专业难的现象，高校的各院系可以建立转专业指导小组和评估小组，分别负责为学生提供咨询服务、接受转专业申请并对其考核、评估以决定该生是否适合转专业。当然，转专业只能在学校教学资源允许的情况下进行，不可能完全开放。对于不同专业学分互认的情况，高校可以打通主、辅修界限。对于学有余力，在规定学制范围内选择辅修专业的学生，如果未能达到该专业的全部要求，但已修合格的课程应可作为其主修专业的选修课学分。打破专业壁垒不仅能弥补专业设置过窄、专业选择过死的弊端，而且能满足学生的学习兴趣，激发其学习积极性。其次，模糊学习年限。学年制下的学制假设所有的学生都处于同一起跑线、都具有同样的学习能力，在同样的时间内完成同样的学业。这种做法违背了因材施教的原则，高校应使学习年限具有灵活性，任学生自己自由选择。第一，允许学生延长学习年限。学生可在规定的学习年限内完成学业，也可延长学习年限，通常在 1.5 倍或 2 倍于学制的时间内完成。第二，允许学生分阶段完成学习，可以边工作边读书，也可以先工作后读书。例如，河北经贸大学在教学过程中就推出了“让路”原则和“三明治”模式。前者指如遇有意义的社会实践活动与教学相冲突，可适当地暂缓教学，实践活动先行；后者指两个学期或学年之间夹一个学期或学年的社会实践，真正为加强学生实践能力提供了平台和保障。第三，允许学生申请休学或停学，并对此不做过多限制。最后，改革学位制度。一要改变提前毕业不能提前授予学位的现象。学生修满学分，获准毕业的同时，就可以获得毕业证书与学位证书，否则提前毕业就无任何实质意义。二要取消离校后不授予学位的限制。对于在校学习期间未修满学分持毕业证或结业证的学生，允许其回学校继续重修不及格课程的学分，修满学分立即颁发学历证书，符合学位条件的可同时颁发学位证书。这样，学习的弹性可以从在校期间扩展到离校以后。

虽说这种创新加大了管理人员的工作量，但为学生带来了方便，使其在校期间能充分发挥主动性、积极性和创造性，体现了教学管理以生为本的原则。

4. 实行三学期制，培养学生的全面性

高等教育的改革和发展随着社会的进步逐渐推进。新中国成立以来，我国高校一直采用的两学期制教学管理制度渐渐跟不上时代的步伐，不能适应正在全面推行的学分制改革。为增强学期制对学分制的适应性，高校可将原来的两学期制变为三学期制，以解决选修课与必修课、理论课与实践课之间的矛盾。高校实行三学期制需要解决三学期的学期划分和夏季学期的课程设置、夏季学期的师资安排以及学校教学与后勤管理等方面的问题。

三学期制的学期划分。三学期制指一学年包括春、夏、秋三个学期，其中夏季学期是在原来的春、秋两学期各缩短两周的基础上增加的。秋季学期一般 9 月中旬开学，春节前半个月结束：春季学期通常在春节后10天左右开学，6月中下旬结束；经过一周的休息后进入为时8至9周的夏季学期。在推行三学期制的过程中，要突出夏季学期的特色，而不能将其作为长学期的续延。

夏季学期的课程设置。夏季学期的课程分为四个部分，学生可以根据各自的需要选择不同内容。第一部分，开设选修课。夏季学期开设的选修课应遵循课时短、内容新、难度适宜的原则，学生则应遵守选课要求。在夏季学期内，学生可以自由选择修读的课程。开课三天内为学生的试听阶段，试听后要确定选课方向。所选课程一旦确定，就必须修满该类课程所规定的学分。夏季学期的成绩纳入学籍管理，达不到规定学分者，不能如期毕业。第二部分，设置实践性强的课程。利用夏季学期相对集中的学习时间，安排不易分散教学的实验课程与实习、组织学生进行社会实践，培养学生的实践能力。第三部分，安排学术专题与讲座。充分利用夏季学期聘请国内外专家、学者进行学术报告或专题讲座。第四部分，开展外语活动。加强外语的应用能力，为适应双语教学和日后就业的需要。除了以上课程外，对于具有科研能力的学生，还可利用夏季学期集中参与教师的科学研究，以培养科研能力和创新能力。

夏季学期的师资安排。一方面，合理安排校内资源。实行三学期制后，随着春、秋两学期的学时缩短，教师讲授课程的内容相应地也要有所精简，当然也就减少了原有的课时。教师为保证完成规定的教学工作量，必将主动开设适应社会需要、学科发展需要和学生需要的新课程。另一方面，充分利用校外资源。聘请国内外知名学者来校讲座或开设短期课程，丰富课程内容，拓宽学生视野，同时增加本校教师进行高层次学术交流的机会、

（四）构建高校教师培训体系

高校教师培训指我国各类高校中进行的师资教育。通过培训教育提高师资水平，不仅能切实保证教师的教学质量，更能保证所培养学生的质量。随着教育改革的不断深化，虽然我国高校教师培训工作取得了重大进展，但在培训过程中仍然存在一些问题，阻碍了创新人才的培养。

教师培训过程中出现的问题表现在三个方面。第一，注重业务培训，忽视师德培养。无论学校组织培训，或教师参加培训，其功利性均较强，培训内容多倾向于为提升学历、评审职称、出国进修做准备，不够重视师德培养。即使高校进行师德培训，也只不过是短短几天的《教师职业道德修养》课堂讲授，不足以全面提高教师的职业道德修养和思想政治素质。第二，注重学历培训，忽视非学历培训。教师培训过于关注教师更高学历的获取，而忽略教师综合素质的培养。第三，注重培训过程，缺乏培训考核。高校教师培训工作较注重过程，对教师培训的整体绩效缺乏相应的检查、监督、评估机制，难以达到教师培训的预期效果，影响教师教学水平和教学

能力的提高。这些问题使教师培训失去了原本要提高教师思想素质、教学水平以及综合能力的意义，使创新人才的培养受到阻碍。

高等学校师资培训工作要坚持立足国内、在职为主、加强实践、形式多样、以中青年教师为主、以高层次培训为重点的原则，加强师德教育，提高教学和科研能力，推动学校发展。构建教师培训体系包括培训对象、培训形式、培训内容、培训考核与评估以及培训经费等内容。

（五）协调教学与科研的关系

协调处于失衡状态的教学与科研之间的关系，就要明确学校的定位，调节教师的心态，建立公平而有效的评价机制以及促进教学与科研的相互转化。

1．明确学校的定位

如果将大学分为研究型大学、教学研究型大学以及教学型大学三类，各类学校的侧重点肯定有所区别。研究型大学虽然较其他大学更多地从事与国家长远利益相关的基础科学研究以及国家重大科研项目的研究，但同样要重视教学，给教学效果良好的教师以应有的学术尊重。

2．调节教师的心态

部分教师感到只专心教学既没有前途，又没有“钱”途，得不偿失，而专心科研则能名利双收。对此，学校应调节教师的不良心态，改变其急功近利的思想。一要从外部进行调节。学校要提高对教学的认可程度，与科研型教师相比，教学型教师也应获得相同的尊重和享有同等的地位：树立教学水平也是学术水平的观念；建立公平有效的评价标准等。二要从内部进行调节。高校教师应加强自身的道德修养，以正确的道德规范看待现实中的利益关系，处理好教学和科研之间的利益矛盾，在工作中协调教学与科研的关系，使之平衡发展。

3．建立公平而有效的评价机制

如果将教学水平视为学术水平中的一种，就必须有衡量教学水平和教学效果的科学方法。依据学校的办学特点，权衡教学与科研在教师评价中的比例，同时参考教师的教学工作量、教学水平与效果、创造性思维、和谐发展的人格，从教育价值、学术价值、社会价值各方面综合考虑，建立科学的评价指标体系。评价指标体系包括评价主体、评价方式、评价内容以及评价标准四个方面。

4．促进教学与科研的相互转化

由于学校既不是企业也不是科研院所，因此在大学里从事科研工作应该与培养学生联系起来，不能脱离了教育学生这个“本”来从事科研活动。联系科研与学生的纽带就是科研与教学的相互转化。

科研成果对教学的转化可以通过以下方式体现：教授和学科带头人为本科生上

课、举办讲座：教师上课不仅应传授已有的学科知识，还应把最前沿的学科动态介绍给学生；教师将科研成果编进教材、带入课堂、带进本科教学实验室；教师采取研究型教学，加强师生互动，让学生主动参与获取知识的过程；吸收高年级本科生参与科研，培养其科学精神和创新能力；积极开展大学生课外科技活动，加强对学生的创造性实践与训练。教学向科研的转化则通过科研项目来源于教学的方式表现，即教师在教学和教学实验的过程中发现新的科研方向；在指导学生毕业设计、毕业论文或实践科目的过程中得到攻克难题的启示；研究新的教学方法以满足教学改革的需求。诚如雅斯贝尔斯所说："只有自己从事研究的人才有东西教别人，而一般教书匠只能传授僵硬的东西。"大学教师，特别是高水平教师，要尽量多传授自己的"原创作品"，即科研成果，教师的科研成果越多，教学内容就越丰富。协调好教学与科研之间的关系，不仅利于教师教学与科研水平的提高，而且利于创新人才思维能力、科研能力以及创造能力的培养。

二、高校教学管理体制创新的实验研究

面对急剧变革的社会对人才不断提出的高要求，高等教育面临着前所未有的挑战。高等院校都从各个方面进行着日益广泛和深刻的变革，建立教学改革实验班（以下简称教改实验班）就是其中之一。

（一）教改实验班教学管理体制的创新

尽管各高校教改实验班在办班形式、培养模式、管理方式上有所不同，但其培养目标却是惊人的相似。各实验班的培养目标可综述为：培养拥有坚实基础、富有创新精神和实践能力、具有国际竞争力的高素质复合型人才。为了完成这一目标，各教改实验班在教学管理体制上进行了如下创新：

1. 教学管理思想创新——"十年制高等教育"理念

"十年制高等教育"是指将本科教育和研究生教育融为一体，在本科教育阶段仍然以基础教育为主，至研究生教育阶段再进行专业教育。诚然，"十年制高等教育"理念是一种新思想，但由于各高校的实际情况存在差异，该思想并不适用于所有教改实验班，具有一定的特殊性。

2. 教学管理方式创新——分段式教学管理

在教学管理上，教改实验班有别于其他普通班级，它采取了分段式教学管理。这种方式将整个教学计划分成基础教育和专业教育两个阶段。在基础教育阶段，即入学后的第一、二年，学生不再像以往那样先分专业，而是按大类学习规定的课程，共同接受基础教育。在第三、四年进行的专业教育阶段，实验班学生按所在专业的培养计划接受专业知识的教育，并可在学有余力的情况下，提前参与科学研究。

3．教学管理制度创新——小范围内完全实施学分制

设有教改实验班的高校在这块“试验田”里完全实施学分制。以元培计划实验班为例，该班实行的是在教学计划和导师指导下以自由选课为基础的学分制。实验班学生在进校后第二年配备导师，导师根据学生的特点、特长和志向指导学生选专业、选课、制订个人学习计划，对学生从人学到毕业进行全程指导。学生可在导师指导下根据自己的情况安排 3 ～ 6 年的学习计划，少则 3 年即可毕业。若在 4 年内仍未完成本科阶段的学习任务，则 4 年后仍可继续修读，直至修满学分毕业。第二学年末或第三学年初，学习成绩合格者可以在学校教学资源允许的情况下自主选择专业。

4．教学管理过程创新

教学管理过程创新包括加强基础淡化专业、聘用最优秀的教师以及培养科技创新能力三个方面。

首先，加强基础淡化专业。教改实验班按大类招生，不分专业，采用“加强基础、淡化专业、因材施教、分流培养”的办学方针，充分利用综合性大学学科齐全的优势和良好的教育资源，实践本科阶段低年级基础教育和高年级宽口径专业教育相结合的教育理念，突出基础、能力、素质三要素的全面培养。其次，聘用最优秀的教师。各高校的教改实验班为学生配备了全校最好的师资。最后，培养科技创新能力。建立教改实验班的高校为该班学生创造了参与学术活动和国际交流的机会，以培养他们的科技创新能力。

（二）教改实验班教学管理体制创新的启示

由于教改实验班在各高校是教学改革的“试验田”，承担着先行者的任务，学校对此又给予了各项优惠政策，所以尽管它在教学管理体制上多有创新，并显现出其优势，但限于学校的条件，短期内并不适宜在全校范围内推广。暂时不能推广并不等于否定了教改实验班的管理创新，恰恰相反，实验班的成功表明了我国高校教学管理体制今后需要努力的方向。

1．改革教学管理制度

对于学生而言，教学管理制度需要进一步改革的内容是在现行的学分制和学年学分制的基础上，实行更为自由的选课制、更利于学生学习的导师制以及按学分注册、缴费、毕业的学籍管理制度。对于教师而言，教学管理制度应在培养教师的创造性，营造利于教师创造性发挥的宽松环境两方面继续努力。

更为自由的选课制是学分制的核心。学生在导师的指导下，对于选择专业、课程、授课教师和学习进程有较大的自主选择权。导师制要求在全校范围内选聘导师，副教授、教授均可为本科生担任学业导师。每学年对导师进行一次年度业绩考核，考核结果作为职称晋升、岗位聘任的基本条件。按学分收费将是全面实施学分制后的

一个必然趋势。例如，新生第一学年不参加选课，就按照国家规定的标准收取培养费。第二年按所选学分注册，收费金额按目前学年制的收费标准折算的单位学分收费标准计算，依此类推。

在培养教师创造性方面，学校主要采取对教师进行职后继续教育的方式。随着科学发展的日益变化，教师的知识将不可避免地要不断更新，否则就不能适应教学的需求。教学管理部门应根据学校发展的总目标，针对学科设置的要求，制订教师培训的具体规划。规划的内容包括选拔培训人员的条件和方式，规定培训内容、培训方式，培训时间、培训经费及培训期间待遇等。

在营造创新环境方面，学校可以从物质环境和精神环境入手。创造物质环境就是加强硬件设施，为教师创造良好的工作环境，如建立设备先进齐全的科研实验室、教学研究室；加强多媒体教室的建设；加强校内信息网络、图书馆、科技资料室的建设；美化校园环境；等等。精神环境就是营造一种民主、公平、自由的氛围，如尊重教师的人格和生命价值，客观评价教师的教学科研工作业绩，重视教师的科研成果和劳动价值，容纳教师的不同学术观点等。

2．改变教学管理模式

随着“以人为本，以生为先”教学管理思想的逐渐渗透，高校将加大改革步伐，使“以教师为中心”的教学管理模式向“以学生为中心”的管理模式转变。具体表现为两段式教学管理、参与学术研究以及加强对外交流。

第一，两段式教学管理。为了达成高校培养具有厚基础、强能力、高素质人才的培养目标，高校教学管理部门将按照“强化基础、淡化专业”的观念，实行以通识教育与专业教育有机结合为核心的两段式教学管理。对于两段式教学管理，不同学校采取的方式各有差异，一般分为2+2模式或1+3模式。

第二，参与学术研究。吸引学生参与学术研究的出发点在于充分利用本校的教学资源、高水平的师资队伍和雄厚的科研实力，为学生提供科研训练平台，以培养学生的创新思维、创新精神和创新能力。学生参与学术研究可以通过三种形式进行。一是参与导师的课题研究，以获得导师的言传身教；二是参与学校的科研训练项目，以培养团队合作精神和实践能力；三是参与各种学术沙龙、学术报告会以及学术交流活动，以增进对该学科前沿的了解。

第三，加强对外交流。高校应努力扩大对外交流，使学生获得一种全新的体验，拓宽视野、增长知识、提升看问题的高度，为提高国际竞争力打下良好的基础。学校应积极拓展各种渠道，为本科生在校期间出国交流提供更多的机会，如校际、校企以及国际之间的交流。交流形式包括短期课程学习、短期培训、技术实践以及文化交流。

第八章　我国高校课程管理体制改革

第一节　高校课程管理体制改革的目标与价值取向

课程是人才培养目标实现的具体化，课程管理的最终目标能否实现要最终落实到人才培养质量上。因此，我国课程管理制度改革应坚持人才培养质量为中心、学生为本以及实现多元主体利益诉求的价值取向，进而实现课程设置目标明晰、管理过程规范以及多元协同管理的目标。

一、高校课程管理制度改革的目标选择

要实现人才培养目标的使命，课程管理制度改革是关键。而课程管理制度改革的目标选择，则是保证制度改革成效的具体目标定位。科学合理地选择目标定位，既是实现最终价值的重要中间过程，也是课程管理制度改革顺利开展、人才培养目标实现的关键因素。

（一）课程设置与人才培养目标相适应

高校课程管理制度改革最终服务于人才培养目标的实现。通过高校课程管理制度改革，明确课程设置，实现人才培养目标。创新人才培养前提条件是不同学科之间的融合与交叉。学科的融合与交叉，不但是创新人才培养的重要途径，而且是新知识发展的有效方式。高校应依据自身办学特色及学生兴趣进行课程设置，以此与人才培养目标相适应，满足人才培养需求。课程设置需打破原有的“条块分割”模式，以学科群定专业代替以专业定学科群，使课程知识结构更具结构化和创新化，更容易与学生认知结构体系相关联，促使学生创新思维与价值理念的形成。

随着社会经济发展，凸显出高校课程设置与人才培养目标不相匹配的特征，影响人才培养目标的实现。为此，高校应以通识教育为基础，使专业与通识相结合、理论与应用相结合、科学与人文相结合、基础与前沿相结合，突破学科之间、专业之间的界限，拓宽专业设置口径，形成综合化的课程结构体系，进一步加强专业调整，完善专业调整机制。这样不仅深化专业知识，而且丰富课程内容，为实现人才培养

目标打下坚实的基础。在世界不同国家的课程改革实践中，表明追求人文教育与科学教育的整合，有利于促进不同知识结构体系的融合与发展，而综合性和基础性的强化始终是设计课程的基本选择。

（二）完善课程实施过程的支持体系

创新人才的培养应渗透于课程实施的全过程，而不应游离于课程实施之外。以学生为本的课程管理制度改革应遵循现有的教学规律和学生的发展规律。在课程实施过程中，构建以学生为本的课程教学创新体系，把以教师为中心、以灌输式教学为主的课程教学模式转变为以学生为本、以参与互动式教学为主的课程教学模式，给予学生一定的参与权，激发学生学习的积极性，让学生能够畅所欲言，积极思考，促进学生发展。

同时，课程实施的顺利开展，离不开完善的教学资源支持体系。在以学生为本的理念指引下，通过高校课程管理制度改革，整合教学资源，使教学融入科研，形成教学与科研资源的共享平台，促进人才培养。例如，清华大学提出了综合型、研究型的课程教学模式，将实践教学和科学研究引入到课程实施过程中，鼓励学生参与实践活动和科研活动。通过实践教学和创新实践，使第一课堂贯通第二课堂，校内结合校外，实现教学与科研的资源互补与共享，促进学生的思维能力、实践能力以及创新能力等方面的全面发展，从而为创新人才培养注入新血液。当然，要实现创新人才培养目标，课程实施效果是基础，因此需建立课程评价制度体系，对教师教学效果与学生学习成果进行评价，并给予学生应有的课程权力，让学生也参与到课程评价中，以此提升课程教学水平，实现人才培养目标。

（三）实现多元主体的管理目标协同

第一，随着社会市场经济的发展，政府的作用与职能日益显著。政府出资办学是高校发展的主要动力，对高校的课程质量具有间接影响，因此政府的利益诉求需要通过自身参与高校课程管理制度改革来实现。通过参与高校课程管理制度改革，转变自身的角色定位和职能，成为课程管理的“掌舵者”，制定课程管理的宏观政策，促进课程管理制度改革，实现人才培养目标，以此获得政府宏观效益。

第二，伴随着市场经济的转型，高校逐渐拥有了办学自主权，可以自主进行课程管理。实际上，高校发展离不开教育资源的支撑。因此，高校通过课程管理制度改革，对课程资源加以整合和优化，充分利用和调动一切教学资源，制定科学的教学计划，并推行完全学分制，制定弹性选课制，确保课程的多样化和丰富化，满足不同层次人才培养的需求，实现人才培养目标，促进高校自身发展。

第三，学生是学校培养的对象，是学校的最终“产品”，而这种“产品”是学生生产自己。因此学生的特殊身份使其成为高校课程教学中重要的利益主体。高校应给予学生充分的重视，并为学生提供利益表达渠道，如让学生参与高校人才培养方案制定、教学内容选择、课程教学过程，使学生充分表达自己的想法和见解，以此发挥他们的主体作用。同时，高校教师是课程教学主体，对高校课程和学生的需求最为了解，是人才培养模式设计不可或缺的利益主体，高校也应给予教师充足的课程权力，让他们参与课程方案制定、课程教学实施以及课程评价等，发挥教师的作用，提升课程教学水平，促进学生和教师的共同发展。

最后，随着高校逐渐拥有办学自主权，开始面向社会开放办学，这将要求高校课程管理制度改革应顺应社会发展，满足社会发展的需求。社会力量也成了课程管理的利益主体之一。通过课程管理制度改革，让社会力量切实参与到课程编制和课程评价及监督等过程中，为制度改革及时提供反馈意见，促进课程发展，实现人才培养目标，满足社会的利益所需。

二、高校课程管理制度改革的价值取向

高校课程管理是高校教学运行的核心，而高校课程管理制度改革的价值取向则是高校教学运行机制的方向和灵魂。不同历史阶段，高校课程管理制度改革的价值取向有所不同。在计划经济时期，高校课程管理制度改革秉持以社会本位为中心、人才本位为辅助的价值取向。随着计划经济向市场经济转型，传统的价值取向已不再适应社会经济发展，也与课程改革目标不相符合。社会市场经济发展对高校课程管理制度改革的价值取向提出了新的要求。即要求高校课程管理制度改革应倡导“以学生为中心”的管理理念，提升人才培养质量，并实现多元利益主体参与的利益所需。

（一）提高人才培养质量

人才培养既是高等教育职能之一，也是高等教育的主要任务。从本质上来看，人才培养质量能具体体现高等教育质量的优劣程度。提高人才培养质量，不但需要改观人才培养理念，培养学生的创新精神，而且需要改革课程教学方式，提高学生的实践能力，促进创新人才培养。然而，无论是人才培养理念的改观，还是课程教学方式的改革，都需通过高校课程管理制度改革得以实现。一般而言，高校课程管理制度改革是提高人才培养质量的重要途径，是教育理念转化为教学实践的运作范式。

一方面，需从理念人手。高校应树立先进的理念，引领高校人才培养，把提高人才培养质量放到首位，坚持质量至上、内涵发展的质量观，围绕“培养具有实践能力、创新能力和动手能力的高素质应用型人才”的培养目标，以提升课程教学质量为基准，建立课程教学质量监控体系，健全课程教学评价机制，使人才培养过程更加规范化和科学化，以此保障人才培养质量。

另一方面，需从实践着手。一是学校应以“培养具有较强的创新意识、良好的人文、科学素质以及较强的独立学习能力的人才”作为培养目标，转变传统的课程教学方式，探索新的课程教学方式。在课程教学过程中，打破机械式、被动式的“传授—接受”教学传统方式，采取课程研讨式、案例分析式的“问题—发现”创新型教学方式，激发学生学习的创造力，培养学生的思维能力。二是学校应以强化学生的实践能力和创新能力作为培养目标，进行课程实践教学。例如，通过创建实践教学的良好环境，完善实践环节的教学体系，鼓励学生参加各种实践活动，提高学生的实际操作能力。另外，通过构建专业课程与通识课程相结合、课内与课外相结合、人文素质与科学素质相互渗透的教学体系，使课程体系趋于综合化和多元化，从而为学生提供多样化选择，促进学生个性化发展及创新能力的提升，保证创新人才培养目标的达成。

（二）以学生发展为本

从理论而言，高校课程管理是“以学生发展为本”的实践活动，其中学生既是课程作用的客体，也是课程建设的主体，理应在课程管理过程中扮演重要角色。而课程教学实践活动需要制度加以规范，以此实现学生发展。因此，以学生发展为本既是课程管理制度的出发点，也是课程管理制度的归宿点。

1. 尊重学生的个性化需求，创建以学生发展为本的课程教学体制

一方面，改革课程教学模式。以学生发展为本，把学生看作教学活动的主体，通过开展启发互动式课程教学模式，让每一个学生都参与到课程教学活动中，充分调动学生学习的主动性。启发互动式课程教学模式实质上是在教师的正确引导和启发下，学生自主创设学习情境，自己提出问题、探索问题、研究问题，最终寻求结论。教师在进行课程教学时，应以学生为本，充分考虑学生的感受，并为学生提供自由发表见解的机会，给予学生充足的学习空间，促进学生自由发展。通过开展启发互动式课程教学模式，打破“一言堂”的传统课程教学，鼓励学生参与其中，提高学生主体地位，促进学生自主学习、自主思考能力的提升。另一方面，创新课程教学内容。课程内容创新是培养创新人才的基本要素。通过课程内容创新，使课程以标新立异的姿态展现给学生，促进学生创造力的发展。教师自身应具备较高的审美观和创新思维，能站在学生的角度与立场实施教学，满足学生不同的个性需求，促进学生个性化发展。

2. 把以学生发展为本的理念融入课程管理全过程，创建为学生服务的有效机制

一方面，把以学生发展为本的管理理念贯穿于课程管理整个过程中。一是课程决策方面。一般而言，高校课程决策是一个民主开放、自下而上的决策过程，其不仅包括高校行政管理人员和教师，还涉及学生的参与和互动。如果课程决策缺乏民

主性，导致学生无法参与，那么校本课程开发工作就会难以开展，进一步阻碍学生发展因此，应创造机会让学生参与到课程决策中，使其体会到自身在其中的主体地位，激发学生学习的热情，促进学生发展。二是课程实施方面。课程实施的前提是课程实施方案的制定。而制定课程实施方案除了需遵照课程文件有关规定外，还必须依据学生的身心发展特点。同时，在教学实施过程中，教师的教学着眼点要放在促进学生发展上，并把教学主动权分给学生，促使学生主观能动性的发挥。三是课程评价方面，学生是课程的实践者与体验者，对高校课程有不同的感受，能对课程做出客观的评价。因此，在课程评价方面应把学生视为评价主体，引导学生对课程进行自主评价，形成以学生为本的评价机制。这样既调动了学生学习的积极性，促进学生发展，也使课程评价功能得以实现。

另一方面，人才培养是高校有关人员参与课程管理运行的系统工程。在高校课程管理过程中，每个成员都应秉持以学生发展为本的理念，为学生服务。一是高校行政管理人员在课程管理制度制定上，应祛除“自上而下”的管理理念弊病，保障学生课程权力，满足学生发展的需求。二是高校教师在课程教学设计上，应根据学生多元化和个性化需求，设计不同的模块化课程教学方案，为学生实现个性化发展服务。此外，其他人员在提供课程教学资源上，也应以为学生服务为前提，从实践出发有效引导和整合教学资源，把有助于学生发展的教学成果引入课程管理中，建立课程教学资源多元化。例如，某高校通过校企合作，将前沿项目引入到大学生毕业设计和工程实践中，促使前沿行业知识与学生所学课程相融合，为学生掌握前沿知识服务，并在专业人士和教师的指导下，利用此平台开展各式各样的教学实践活动，促进学生实践能力和创造力的提高。

（三）实现多元主体的利益诉求

就实践方面而言，课程不仅是高等教育活动的核心，也是高校课程教学的基本单元，直接影响人才培养质量。随着高等教育大众化发展，人才培养质量问题引起了教育界及社会人士的广泛关注，并期望通过课程管理制度改革提升人才培养质量。课程管理制度改革是否有效将会决定人才培养目标的实现程度，进一步影响多元主体的利益诉求。

1. 实现政府政治与经济价值的利益诉求

我国高校主要由政府出资办学，政府不仅作为主要出资人，而且是高校办学的监督者和管理者，他们希望高校能履行其职责，以获取自己的利益诉求。一方面政治利益诉求，即通过高校培养高层次人才，促进政治社会化的实现，进一步推动国家民主政治的发展；另一方面经济利益诉求，即通过与高校、社会的互动与合作，促进区域经济的发展，提升劳动者的综合素质，提高工作效率，进一步开发服务技术，培养所需的高端技能型人才。

2. 实现高校教职员工自身价值的利益诉求

就管理者而言，不仅包括校长，还包括院长、系主任以及其他教学管理人员。他们是课程教学管理的组织者和服务者，在课程管理过程中起到组织、领导和协调作用，他们希望用较少的课程资源和较低的教学成本，实现高水准的教学质量和课程质量，实现人才培养质量提升。对教师而言，教师是教育产品的生产者和创造者，会直接影响人才培养质量，因此教师是最核心的利益诉求者。他们希望有权力参与课程管理，给予其应有的社会地位和人格的尊重，并以身作则完成教书育人使命，得到组织对其课程教学能力和成果的认可，实现个人自身价值。

3. 实现学生人力资本增值的利益诉求

高校之所以存在，学生是主要原因，无论是课程教学质量提升，还是人才培养目标实现，毫无疑问学生具有实质上的合法性。他们希望有权力参与课程管理，获得所需的知识和技能，提高综合素质和就业能力，以此满足自身发展需求，从而使个人资本增值的利益诉求得以实现。

4. 企业等社会力量投资回报的利益诉求

他们是课程教学和科学研究的主要合作者和支持者，企业期望高校能为其提供高素质人才，正如知识生产的溢出效应一样，对企业发展起到带动作用。同时，企业也是高校进行课程实践的投资者和提供者，通过为高校提供科研场所和实践基地，让高校能更高效地利用资源，提高办学效益，提升人才培养质量，为企业提供所需的技术和人才，以此实现投资回报的利益最大化。

第二节　我国高校课程管理体制的实践困境

高校课程管理制度是课程管理的主要依据和行为准则，也是人才培养目标得以实现的前提条件。本章节基于利益相关者理论视角，围绕政府、高校以及社会力量三个主体维度，对目前课程管理制度加以现实审视与探析，揭示其中存在的现实困境与问题，为高校课程管理制度改革顺利开展奠定坚实的基础。

一、政府对高校课程管理的体制困境

近几年来，高校课程管理制度改革获得了一些成效，但由于课程管理制度自产生之日起就受到中央集权制的影响，导致政府对高校课程管理的体制不完善以及政

府对高校课程管理范围过于宽泛，严重影响高校办学的积极性，进一步阻碍高校课程的发展。

（一）政府对高校课程管理的体制不完善

1．政府对高校课程管理的执行体制不健全

随着高等教育体制改革的不断深入，政府加大对高校课程的宏观管理力度，高校课程管理也趋于民主化，但政府对高校课程管理的执行体制仍不健全，民主化程度也不高。主要体现在：高校课程管理政策主要由教育部门制定并实施，除了制定宏观课程管理政策之外，还制定一些思想政治、体育以及外语等公共类课程管理政策。尽管近些年来呼吁扩大高校和地方的办学自主权，高校办学自主权逐渐回归，高校在课程设置方面拥有一定的权力，但实际上政府仍对高校课程管理干预较多。教师对于自己应该教什么以及学生对于自己应该学什么等方面的课程管理决策权力被忽视，只有在课程如何实施上才能凸显学生和教师两者的本来面目。也就是说，课程管理体制的不健全导致高校以及高校教师的课程管理权力不足，学生的课程权力更是无从谈起。

2．政府缺乏对高校课程管理的保障机制

一方面，相应的硬件支撑的缺乏。只有强大的硬件资源作为支撑，课程管理政策的制定才会更加科学化、合理化。从目前来看，政府对高校财政经费投入十分有限，尤其是地方院校经费不足现象较为明显。在课程管理政策制定上有关经费支持方面的内容也涉及甚少，导致支撑制定政策的硬件资源相对匮乏，降低高校课程管理政策实施的效率。

另一方面，政策制定稳定性有所缺乏。目前，政府颁布的高校课程管理政策频率高、数目大，基本上是一个政策刚颁布没多久，新的政策就会接踵而来，并且所颁布的课程管理政策影响总是雷声大雨点小，致使政策实施成效并不显著。例如，教育部实施了“高等教育面向 21 世纪课程体系与教学内容改革计划”后，又在此基础上实施了“高校教学质量与教改工程”“质量工程”等。这些课程政策顺应了时代的发展潮流，也推动了高校教学改革与发展，在一定程度上有其合理性。但是，政策制定本身具有不稳定因素，使高校课程管理制度改革容易迷失方向。据了解，高校在课程政策修订、执行和实施方面所需周期较长，而政府下达的课程管理政策文件又很繁多，导致高校实施时总会措手不及。往往一个课程管理政策没有彻底落实或完全实施，就不得不转移改革重心到新颁布的政策上，这样不仅造成人力和物力的耗费，而且也成为高校课程管理制度改革的累赘，导致政府对高校课程管理政策执行效果不佳。

（二）政府对高校课程管理范围过于宽泛

随着政府权力下放，高校拥有一定自主办学权，可以根据自身的特点和条件，自主进行课程管理。表面上，高校拥有了一定的课程管理权力，但实质上，政府对高校课程管理内容干预仍然繁多，对高校课程管理的层面涉及也依旧广泛，本应赋予高校的课程权力没有得到充分落实。

（1）政府对高校课程管理的内容面面俱到

政府不仅涉及对课程实施与课程评价的管理，而且还涉及对一些具体的公共课程，如思想政治、外语以及体育等课程设置的细微干预。教育部颁布了《〈关于进一步加强和改进高等学校思想政治理论课的意见〉实施方案》，实施方案中对高校思想政治理论的内容、学分以及课程设置等做了具体规定。针对进一步改进与加强高校思想政治理论课程，教育部与中宣部还联合印发了改进意见的实施方案，其中明确要求高校要严格按照国家开设思想政治理论课的相关规定执行。另外，教育部还颁布思想政治、外语、军事教育以及体育等公共课程管理政策，如连续颁布了《大学英语课程教学要求》《全国普通高校体育课程教学指导纲要》以及《普通高校军事教学大纲》等政策，都足以凸显出政府对高校课程管理内容面面俱到。虽然颁布的《高等教育法》中指出，高校可以依法自主对专业进行调整和设置；可以根据课程教学所需，对教学活动进行组织实施。但实际情况并非如此，如本科专业规范与专业目录制定都由国家进行控制，并通过规范化程序来实现对专业设置的管理，而高校必须按照国家颁布的专业目录进行专业设置。

在专业设置与课程建设方面，政府仍保留课程设置等相关工作的审批权，无形中束缚了高校办学的自由，导致高校在引人目录以外专业以及调整专业方向等方面权力的局限，这样不但违背了教育自身发展的规律，而且也不利于高校发展的需求。

（2）政府对课程管理的层面涉及广泛

一方面，从教学管理方面来看，随着高等教育管理体制的改革，政府开始逐步调整高校课程管理方式，即逐渐从微观管理向宏观管理转变。然而，在实践中高校教学工作仍一直由中央教育部门严格控制，高校内部组织实施教学需遵照国家统一颁布的教学大纲和教学计划进行，各专业的教学学时、学分比例也都必须在教育部制定的总学时和总学分范围内设定。例如，近年来教育部实施的“质量工程”，针对精品课程建设，政府对其课程设置比例、教学方法选用、教学内容选择以及教材编制等方面进行了全方位管理。

另一方面，从课程管理机构来看，管理机构并没有减少，反而增设了新机构。教育部新设立高校学科教学指导委员会，其中包括 40 个学科，如文、法、理、工等学科都包括在内。同时，这些委员会按照专业或者课程下设多个课程建设组。从形式上看，这些机构的建立是政府的简政放权，但实质上政府加大了对高校课程管理的干预力度。显然，政府对高校课程管理范围过于宽泛，导致高校自主办学权受到束缚，赋予高校的课程管理权力也难以彻底落实。

二、高校内部课程管理权力失衡

目前，高校内部课程管理体制普遍存在“头重脚轻”的现象，即权力过多地集中于学校行政职能部门手中，而院系课程管理自主权则相对不足，学生和教师参与课程管理的权力更加匮乏，导致院系在课程管理工作上缺乏活力，学生和教师参与课程管理的主动性和积极性也很低。

（一）行政权力泛化限制了院系课程管理权限

相比校级所设的机构，学院机构设置较精简，一般仅设有教学工作委员会，主要由教师和教学管理人员组成，具体负责本学院的教学管理工作。有些高校的学院下设系、教研室或学科组，教学管理工作主要是在系主任领导下，由专职教学人员负责实施。作为高校最基层组织——教研室或学科组，主要负责完成教学计划规定内的课程教学工作，并适时开展课程改革与教学改革的相关活动。就当前高校内部管理状况而言，学院教学管理工作长期由校长领导下的教学行政管理部门领导和管理，而教学管理工作委员会却有名无实，在教学管理中发挥的作用并不大。

1．院系课程管理观念比较陈旧

一方面，未确立“课程管理即管理创新”的观念。由于受到高校行政权力泛化现象的影响，院系课程管理观念没有发生实质性的改变。在传统观念的束缚下，教学管理人员习惯于墨守成规，乐于长期从事一成不变的工作模式。例如，在人才培养方案的修订上，仅是对原有教学计划包括指导思想、培养目标、基本要求与原则等内容做简单修改，而没有突出创新和改革的理念。另一方面，未确立“课程管理即服务”的观念。高等教育的目标是促进学生发展，理应把为学生服务放到课程管理的首位。但实际上高校课程管理重心仍停留在行政部门的监督和控制上，忽视了课程管理的服务功能，从而无法满足学生发展的需求。

教育部在《关于进一步深化本科教学改革全面提高教学质量的若干意见》中具体指出，“通过采用学分制等措施，加大选修课比例的同时将必修课比例降低，扩大学生自由学习的空间，增加学生自主学习的时间，使学生的知识面拓宽的同时，学生的学习兴趣也随之不断增强，从而促进学生自主性的发展。鉴于此，各大高校普遍开始实施学分选课制，并增加选修课比重”。学生逐渐拥有了选课权，可以根据自己的特点和兴趣选择课程。然而，受到传统管理观念的影响，高校行政管理人员仍十分注重对人才培养采取整齐划一的僵化式管理，而对学生个性化和自主化发展的需求没有给予足够的重视：如某高校颁布的有关本科人才培养方案制定的相关原则意见中，在课程体系的学分与学时分配中，体现出选修课设置不足的现象。可见，为学生服务的观念仍没有得到有效落实，致使服务功能不能充分发挥。

2．院系课程管理自主权受到了限制

随着政府权力下放，高校逐渐拥有了办学自主权，然而新的管理势力却又在高校内部组织中骤然形成，学校行政管理部门掌握着课程管理权，院系课程管理权力则相对不足，在很高程度上其地位和作用受到了影响。

尽管学校下达的任务比较明确，但在实际操作中，往往手忙脚乱。一是必须在规定时间内完成学校下达的任务，并准时向上级汇报工作。例如，组织精品课程、优质课程及特色课程等建设项目的立项申报与推荐上报等方面的工作等。二是还需进行本学院自身的课程管理事务，如制定适合本学院的课程建设规划和课程管理办法等，导致工作毫无头绪、无从下手。在高校课程决策上，决策程序也十分复杂。本应学院有权管理的课程事务，如学科建设、课程建设等都得经过学校上级的层层审批和备案：因此，完成一项工作的时间周期会延续很长，时常顾此失彼，降低了工作效率。

由此可见，高校课程规划、决策、组织等方面的工作仍由高校行政机构一教务处进行管理，而院系课程管理权力受到一定的限制，造成了课程管理相关部门之间出现职责分配不明确、管理权限重叠和交叉等现象。其一，院系在课程建设方面缺少自主权。作为办学实体的院系，本应在课程、专业、教材建设等方面最具发言权，但在实际中院系并不能感受到主体地位，在课程管理中发挥的作用也十分有限。其二，院系在课程管理方面缺乏主动权。学院在课程选修管理、教材编写、课程管理工作的检查和评估等方面都缺少主动权，严重影响院系管理工作的积极性。

（二）教师权力在课程管理中的作用得不到发挥

高校教师是课程的实施者，在课程管理中具有诸多优势，是其他利益相关者无法比拟的，因此教师理应成为课程管理主体。但在传统管理体制影响下，教师在课程管理中的作用和主体地位难以得到彰显。

1．高校内部课程管理制度不规范

一般而言，其他利益相关者在课程管理中同样拥有课程管理权力，但是教师的权力突显出其独特性，因为课程能否从制度向实践成功转化取决于教师的决策。可见，教师是课程的实践者与创生者，在课程管理中应最具发言权，他们有权力决定“如何教”以及“怎么教”。但由于传统管理体制的“惯性”，高校课程编制管理、课程实施管理和课程评价管理等工作仅被视为行政管理人员的事务，与教师无关，致使从一开始有关课程管理的活动就缺少教师参与和互动。在课程教学过程中，教师基本也没有教学自由,对于教什么以及如何教几乎没有权力过问。在课程评价过程中,教师就什么样的课程适合学生，什么样的教学方式有利于学生学习等问题也很少有发言权，他们仅以服从“教学信条”的方式去执行。久而久之，教师成了课程实施过程中忠实的执行者，在课程规划上也无私体现其应有的主体地位，导致教师的作用无法发挥。

2. 高校内部缺乏良好的民主氛围

目前，高校课程管理体制体现为典型的“内控式管理”，对于行政管理人员而言，管理是“控制”；对于教师而言，服从是“宗旨”。恰恰就是“控制”—“服从”的管理方式，使教师与行政管理人员之间形成了服从者与命令者的关系，严重妨碍了两者之间的沟通与合作，导致高校内部缺乏良好的民主氛围。一方面，在课程管理过程中一旦出现问题，高校行政管理人员只会按照自己的意愿进行商讨，或者独断咨询课程专家，以此寻找解决课程问题的策略，却把教师置于局外。另一方面，教师在课程实施过程中遇到疑难问题，也很难得到行政管理者的关注与反馈。这样的情况加剧了教师与管理者之间的矛盾，也影响了教师参与课程管理的主动性。

（三）大学生参与课程管理权力十分微弱

目前来看，我国高校无论是在运行机制上还是在组织结构上都带有浓烈的行政化色彩,凸显出自上而下“金字塔”式的行政控制模式。高校行政管理人员处于最顶层,学生处于最底层，学生学习的自由受到极大限制，在课程管理上体现出学生参与课程管理主体地位和权力的缺失。

1. 学生参与课程管理主体地位的缺失

当前，高校在课程管理体制上没有凸显出“以学生为本”的理念，不能让学生从中体会自身应有的主体地位。调查结果显示，大学生在高校课程管理中认为自己几乎没有地位的比例占大多数，有 53.06%，认为自己地位一般的占 38.78%，认为自己地位非常高的仅占 8.16%；而针对大学生是否有权力参与高校课程管理，其中表示自己有权力参与课程管理的仅占 5.1%，表示自己几乎没有权力参与课程管理的占 19.39%，而表明自己没有权力参与课程管理的则占到了 75.51%。

同时，就大学生在高校课程管理中是否发挥主体作用而言，学生认为自身主体作用很大的仅占 26.53%，认为自身主体作用不大的占到了一半，而认为不起作用也占有 23.47% 的比例。由此可见，在课程管理过程中，大学生是被严重忽略的主体，无论是权力、地位还是作用，无不凸显出权力的薄弱和地位的低下。

2. 学生参与课程编制权力的缺失

课程可谓人才培养的一个美好蓝图，它可以将课程教学内容以及课程实施过程转变为便于学生学习的完整的教学体系框架。因此，高校课程管理制度改革必须以学生的发展和需求作为基础，学生的课程管理权一旦受到忽视，极易导致课程设置不合理，影响人才培养质量。实质上，在“专制化”的体制下课程编制仅被视为高校、教师及课程专家关心的事，学生无权参与和过问。

3．学生参与课程实施权力的缺失

从理论上讲，学生参与课程实施，不仅有助于课程教学有效开展，而且有利于学生学习能力的提升。如果学生参与课程实施并做出反应，会对课程实施能否顺利开展起到十分重要的作用。而事实上，并非如此。

据调查，在课程实施过程中，大学生认为自己是课程实施的主要参与者仅占28.57%，而认为自己在课程实施过程中是单纯的知识接受者则占到了71.43%。显然，大学生在课程实施中并不是主动发展者和主要行动者，而仅是课程实施的被动接受者。同时，就课程实施过程是否会根据学生自身兴趣和发展所反映的情况，对课程实施做出调整，调查结果显示：有过半的大学生不清楚学校会不会依据自己反映的情况对课程实施过程加以调整，其中认为学校不会依据自己所做出的反应进行课程实施调整的占33.67%，而大学生认为学校会依据自己反映对课程实施做调整的仅有16.33%。

显然，学生参与声音十分微弱，参与的地位也极其低下。娄波利用“核心一边缘结构”关系模型进行研究，发现高校仅把学生置于“被管理”的地位，而没有把学生放在应有的“校园民主”的位置上，凸显出课程实施过程与学生自身学习进度和兴趣不一致，降低了课程教学效果。

4．学生参与课程评价权力的缺失

一般而言，学生参与课程评价主要涉及对教师评价、对课程评价以及对自身评价。根据调查显示，有30.61%的大学生参与过对自身评价，有55.1%的大学生参与对课程评价，而参与对教师评价的大学生占到85.71%。可见，学生评价主要集中于对教师的评价，而对自身的评价以及对课程的评价所占比例甚少，体现出学生在课程评价参与维度上的局限性，并凸显出参与课程评价的一种失衡状态。这样势必会影响学生发展，阻碍课程管理民主化的发展进程。与此同时，作为学生，就目前自身是否有机会参与课程评价，认为根本没有机会参与课程评价的学生占大多数，有43.88%，而认为有机会和不清楚自己是否有机会参与的学生所占比例基本相同，分别占27.55%和28.57%。此外，就课程评价中学生自己是否有话语权，同样显示大多数学生在课程评价中几乎没有话语权。有63.27%的大学生认为没有话语权，有17.35%的大学生不确定是否有话语权，而认为自己在课程评价中有话语权的仅占19.39%。

显而易见，学生的课程评价权力十分缺乏，其中也主要体现的是学生对教师的评价，而忽略了学生对课程评价以及学生自评与互评，这样既不利于促进学生的自我评估与改进，而且也会进一步阻碍课程教学水平的整体提升。

三、社会力量参与高校课程管理的制度不健全

社会力量作为个人、社会、国家“黄金三角”结构中重要的组成部分，对课程管理制度改革具有重要的影响作用，它会以监督课程质量和影响课程实施的双重身份参与课程管理，在课程管理领域中的角色不容忽视。随着社会更加趋于民主化，社会力量参与课程管理逐渐受到关注。但由于受到制度缺失与行政化倾向的影响，社会力量的作用无法得到有效发挥。

（一）传统课程管理体制的制约

随着市场经济发展，政府对社会开始从“集权”向“分权”转变。但受到传统管理体制影响，政府仍是课程管理的主要掌舵者，高校则是课程管理主要的执行者，而居于高校与政府之间的“第三方”一社会力量的权力被忽视，导致社会力量参与不足以及参与意识低下。

1. 社会力量参与不足

我国一直沿袭集权式管理体制，在高校课程管理上或多或少保留着以政府为主导的行政管理特征。政府拥有课程管理权，而没有把权力分割给社会人士，这是导致社会力量参与不足的主要原因。就社会学角度而言，目前体现出国家权力的极度扩张、社会权力远远小于国家权力的显著特征，主要源于国家“社会化”不足，使本该属于社会的权力未归还社会。其结果是社会没有获得国家赋予的充足课程管理权，导致社会力量无权参与课程变革。

2. 社会力量参与意识不强

目前，“人治”仍是管理的主要动力，致使社会所属范围和领域都被置于政府掌控之下。政府的强制化和控制力直接导致社会力量的萎缩，而教育的各个领域基本也是这种状况。在很高程度上，高校习惯于依赖政府的指令，为了满足政府对课程的需求，无论是课程设计，还是课程实施与课程评价都会遵照国家的意志执行，而不会考虑行业企业或用人单位对课程的要求和人才需求，从而影响其参与的积极性，导致社会力量参与课程管理的自觉意识缺失。此外，社会力量对自身参与课程管理的主体意识缺乏一种理性认识，加之缺乏政策保障与引导，导致行业企业或用人单位普遍缺乏参与课程管理的动机，其认为高校课程管理是由高校和政府部门负责，与自身利益无关，久而久之逐渐失去了参与课程管理的兴趣与欲望，导致参与意识淡薄，压抑自身参与课程管理的主动性。

（二）参与课程管理制度环境的缺失

从理论上来看，社会力量参与课程管理需要合适的表达机制与参与方式，保障社会力量参与的合理性。目前，有关社会力量对人才培养质量的影响以及对课程管理水平的制约，引起政府及高校对社会力量作用的重视，尤其针对行业企业或用人单位做了一些积极的探索与尝试。例如，通过校企合作，为社会力量提供参与渠道，鼓励行业企业或用人单位参与高校课程管理。然而制度环境的缺失，使其参与受到了局限。

1．保障机制的缺失

国家文件明确提出了要建立行业企业或用人单位与高校合作机制，积极制定鼓励措施的总要求以及创建高技能人才培养制度。而当前这项制度在多个地方仍未建立起来，也没有将相关鼓励措施落实，推行校企合作机制需要政策的支持与制度的保障。高校向社会开放办学已是事实，行业企业或用人单位有权参与高校课程管理，但实际运行中，由于缺乏具体可操作性的法规和政策约束，致使行业企业或用人单位参与课程管理仅以非制度化形式出现，形成了“国家主导、高校参与”的课程管理制度环境。此外，政府引导力度也不太够，还未形成完善的激励机制和管理机制作为保障，导致产学研合作缺乏动力，行业企业或用人单位参与高校课程管理活动也无法持续发展。

2．公平竞争的制度环境缺乏

社会力量参与课程管理应建立在民主、公平参与的基础之上。由于缺乏公平竞争的制度环境作为支撑，导致社会力量参与积极性和热情并不高。尽管政府为社会力量提供了一些平台，如出资帮助社会人士创办学校，但此类学校仅被视为高等教育的投资“企业”，在教育资源获得等方面无法与公办高校相提并论，在高校课程决策方面也基本没有话语权。加之政府仍未设立真正意义的专门机构，不能为行业企业或用人单位提供参与高校课程管理的有利渠道，因此无法引领高校与行业企业或用人单位进行深入合作。高校活动不能有效融入行业企业或用人单位，行业企业或用人单位的文化与资源也不能引进高校，阻碍行业企业或用人单位参与高校课程管理活动。这样的制度缺乏直接映射出我国课程管理制度的弊端。如果仍不加以完善，那么社会力量就会游离于高校课程管理活动之外，完善课程管理制度的目标也就很难实现。

第三节　我国高校课程管理体制的改革路径

一、健全政府对高校课程的宏观管理机制

随着市场经济发展，我国高等教育体制改革随之不断深入，在这样的背景下，政府开始着手调整课程管理方式：从强调对高校课程的微观控制到加强对高校课程的宏观规制。通过完善政府课程管理与评估机制以及转变政府课程管理行为与方式，实现政府的宏观规制功能。

（一）完善政府课程管理与评估机制

1．转变高校课程评估管理体制

课程评估是高校课程管理系统中最基本的内容，它是提高课程教学水平与课程建设的重要手段。当前，十分强调课程评估的客观性、真实性、全面性以及准确性，因此需多元主体共同参与课程评估，转变高校课程评估管理体制，即转变以政府为主体的单一课程评估管理体制，实现多元主体的共同参与。

在计划经济时期，我国高等教育评估一直沿袭中央集权管理模式，政府独揽高等教育管理、评估、举办于一身，缺乏外部利益相关者的参与。随着市场经济体制的建立，这种“集权式”的课程管理体制已不再适应社会经济发展，课程管理主体也开始从一元主体的单向控制转向多元主体共同参与。就利益相关者理论而言，政府在评估中将不会一直占据“一家独大”的统领地位，而是让其他利益相关主体也能积极参与其中，保持彼此地位的平等性和权力的协调性，实现政府与民间之间的有效互动，即除了政府以外，学生、教师、社会人士、专家等也应是评估主体。伴随着经济的飞速发展，高校之间的竞争越演越烈，以学生为中心、为学生服务的观念逐渐确立，学生参与课程评估受到重视，并且其评估的权重也随之加大。教师是课程的主要实施者，对课程问题最为了解，通过对课程进行评估，能及时发现并解决课程问题，推动课程改革与发展。再者，高校开始面向社会自主办学，高校课程质量与人才培养质量直接关乎社会发展，因此衡量高校人才培养质量是否满足社会需求，社会力量起着关键性的作用。政府应给予社会力量一定的权力，鼓励其参与课程评估与监督工作，这样不但增加了社会力量对高校办学的认可度，而且也激发了社会力量参与的积极性，促进课程管理整体水平的提升。

2．创建课程分类评估的管理机制

目前，由于评估标准的不定性以及指标体系的单一化，导致评估结果没有说服

力。因此，应创建课程与专业分类评估管理机制。为了使评估标准更加清晰化，可以依据各类高校学科性质的特点，对评估单位加以进一步划分，并根据不同的课程分类标准实行分类评估。从评估性质来看，教育部将高校划分为两大类：一类是已受过院校评估的高校，另一类是未受过院校评估的高校未受过评估的院校多数是地方院校和新建院校，基本都面临如何提高课程质量和教学质量以及怎样成为合格本科院校等问题，所以将其分为一类；已受过评估院校一般是211或985国家重点高校，基本都具有较高的科研与教学水平，面临的是如何进一步提高人才培养质量与课程质量问题，所以将其分为一类。

针对这两类高校，实行不同的课程评估标准和课程评估方案。对于受过院校评估的高校，应对课程进行审核评估；对于未受过院校评估的高校，则对课程进行合格评估，以此达到评估结果的有效化和科学化，促进高校课程质量提高。当前已受过评估的院校有上百所，导致院校之间存在条件不同、水平不等以及参差不齐等现象，就此学者们提出是否将这类院校再进行分类。有些学者认为对这类院校应进一步分类，并详细设计课程评估标准和指标体系；另一些学者则认为不应再分类，当然不再分类的前提是在学校自身对课程的评估效果，即学校在课程评估方面是否获得成效。但无论采取何种类型，分类评估机制的建立有利于高校课程发展已成为不争的事实。

3. 建立官办评分离的课程评估管理体制

高校不仅是办学主体，也是课程评估主体，落实高校自我评估是高校拥有办学自主权的根本体现。评估者面临教育环境的多变性、复杂性，高校课程评估除了包括学生评估、专家评估以及校内评估外，还包括社会人士评估。通过建立中介评估机构，使企业等社会力量成为高校与政府之间的“缓冲器”，协调两者之间的关系，同时参与高校课程评价。实际上，世界绝大多数高校评估都不是由政府直接实施，而是通过建立具有法律授权地位的中介机构来承担。例如，英国的高等教育质量保障机构、美国的六大区域认证机构等便是如此。我国应在借鉴和学习国外经验的基础上，构建适合我国高校课程发展的“官办评分离”体制。

一方面，政府向高校放权。在高校课程评估过程中，政府应作为宏观“指导者”和“规划者”，从整体上统一课程评估的指导原则与指导思想，负责课程评估政策制定、颁布课程评估指标等，如政府每年都会根据高等教育发展状况，定期进行国家精品课程评选与考核，加大对课程评估的宏观管理，而具体的课程评估则由高校实施。

另一方面，政府向社会力量分权。政府应分割权力给社会。通过建立课程评估中介机构，鼓励社会力量参与到课程监督与评估中。社会参与高校课程监督的主要依据，是以高校课程培养的人才质量与人才规格加以判断，并由社会中介机构通过开展课程评估活动得以实现。可见，通过建立官办评分离的评估体制既有助于政府管理职能转变的实现，也能鼓励社会力量参与课程管理，满足社会对人才培养的需求。

（二）转变政府课程管理行为与方式

1．转变政府的行为，促进高校课程管理民主化

随着高等教育民主化进程的加速，课程利益主体趋于多元化已成为不争事实。以政府为一元主体的管理体制受到挑战。鉴于此，政府应加大放权力度，赋予高校足够的课程管理权力，并为其他利益相关者提供参与课程管理的多样化渠道，使不同利益主体表达自己的课程意志，实现高校课程管理制度的公平化和民主化。

《高等教育法》颁布后，高校获得了法人资格，拥有了民主管理权。这也标志着高校办学自主权的确立，高校课程管理权也随之得到落实。高校拥有课程管理权也意味着高校教师和学生的地位和作用应有所改变。高校课程的具体实施者是教师，教师不仅对课程问题最了解，而且对学生也最熟悉，最清楚学生的需求，理应给予其充分的课程管理权，使教师自身的主体作用得以发挥，促进高校课程教学水平提升。

对学生而言，高校的最终目标是促进学生发展，要求高校和政府部门的管理者把学生的需求放到首位，认可学生参与课程改革以及相关高等教育问题的讨论，并把他们视为高等教育改革的主要参与者，在现行规定的体制内，参与高校的管理以及政策的制定工作。因此，赋予学生一定的课程管理权是高校课程管理民主化必不可少的一部分。此外，高校课程管理也需要社会的广泛参与和监督。政府应适当地分权给社会，为社会力量创建参与课程管理的民主环境，提高其参与课程管理的积极性。

2．调整政府管理的内容和手段

第一，调整管理的内容。目前，政府对高校课程管理的内容十分细致，具体体现为对本科“专业规范”和“专业目录”修订等做的规定上。例如，政府要求高校按照统一制定的教学方案实施教学；按照统一规定的专业目录设置课程，在很高程度上限制了高校办学的自由度，导致高校课程改革落后于社会发展的需求。为此，在课程内容管理权限上，政府应减少对高校课程内容的微观干预，适当加大对课程的宏观调控，让高校可以依据自身的条件和发展需求自主调整专业设置，进行课程建设。与此同时，政府应加强课程质量调查和教学质量评估，不定时地发布一些相关的课程评估报告，不断规范课程管理建设，使其走向优质化；同时建立教材选用机制，并落实学校在机制中的主体地位，进一步促进高校教材市场的成长与完善。

第二，改革管理手段。改革开放以来，随着高等教育各个阶段的形势变化，政府对高校课程管理手段也在不断变革。高等教育精英化阶段，高校课程管理方式主要以计划控制为主，到了高等教育大众化阶段，政府管理手段重心开始向宏观管理

转变。进入“质量工程”时期，政府主要通过项目管理模式，对高校课程事务加以宏观管理。尽管在课程管理过程中加强了评估、督导以及法规等手段，但事实上，行政管理特征仍很明显，高校课程管理自主权仍十分有限。因此，政府有关高校课程管理手段应从根本上进行改革，改变对高校课程单一控制的管理方式，综合利用政策规划与指导、信息服务、立法以及拨款等宏观的行政措施，以此减少政府的微观干预。

第三，增强财政支持。在“十一五”期间，政府启动了“质量工程”。中央财政下拨25亿元的专项基金支持“质量工程”项目建设，其中就涵盖了课程建设与资源共享、人才培养模式改革以及专业认证与结构调整等项目。此外，还资助大学生自主开展创新性试验、教师开展对口支援交流、建设人才培养创新实验区等。由此充分体现出政府希望通过财政投入，对高校教学改革起到辐射作用，激励高校在课程建设方面发挥其自身优势，保障高校课程管理制度改革。

二、完善高校内部课程管理权力制衡机制

高校的最终目标应是实现所有主体的利益整体最大化，而不仅是使少部分主体的利益得以最大化，否则将会顾此失彼。目前，高校课程管理制度改革的关键是要完善高校内部课程管理权力制衡机制，保障院系、教师及学生的课程管理权力的实现。

（一）保障院系课程管理权力的实现机制

院系是高校教学的实体组织，它对所属专业、学科的实际情况最熟悉，就课程设置、课程实施等微观管理也最具发言权。为了保证高校课程管理的有效性，高校应走出微观管理的误区，完善院系机构设置，赋予院系课程管理权，调动院系工作的主动性。

1. 完善院系机构设置，建立课程管理委员会

反观当前我国高校内部课程管理组织，集中凸显出院、校两级在课程管理中的职责错位、职权重叠等问题，导致在落实教学质量评估、课程建设和课程管理运行等方面的工作上，难以理清院校两级的职责分工，本应由教学工作人员负责制定人才培养方案，却由行政管理人员负责计划和实施，致使课程管理运行效率低下。

因此，完善学院机构设置是院、校两级课程管理机制有效运行的基本保障。院系可以单独设立课程管理委员会，明确自身的地位和职责教学管理人员遵照学院的课程规划和安排，负责本院系的专业课程、学科基础课程的建设和管理，并重视和协调教师和学生在课程管理中的地位和权力。此外，根据高校教务处的统一要求，各个院系可以按专业成立培养方案制定小组，由各个学院院长作为组长进行领导，并吸纳一些专业骨干教师参与方案制定，以此改变师生与院系行政之间的管理关系，

建立一种民主协商制度,提高院系参与课程管理的积极性,促进课程管理的有效开展。

2. 理顺院、校两者之间关系，赋予院系课程管理权

在高校中，院、校都是课程管理的主体，都具有课程管理权力，两者的关系与地位应是和谐平等的。但由于受到传统管理体制的制约和观念束缚，院、校两级在课程管理过程中凸显出两者之间关系的不协调、地位的不平等。具体体现为校级对课程事务管得过多、管得过死，并总在微观管理方面下功夫，促使校级行政管理人员走向一个严重的误区。而学院习惯听从于校级指令，促使学校与院系之间形成了一种“命令”和“服从”的关系，影响课程管理的正常开展。

可见，在实践过程中，学校应从传统管理模式中走出来，摆脱对课程细枝末节的管理，赋予院系课程管理权力。一方面，改变传统的行政管理体制。在课程管理过程中，高校行政管理部门在课程管理上应通过制度建设、政策指导以及协调服务对院系加以宏观指导，而具体的课程管理事务则应由院系负责管理，因此行政管理部门与院系之间应该是规划指导与操作执行的关系。另一方面，赋予院系课程管理权力。作为课程教学的实践部门，高校应赋予院系一定的课程管理权，让院系走向高校课程管理的“前线”，使其积极地参与课程管理活动，加快对学科、专业的了解，获取学生对课程需求的有效信息，促进高校课程管理制度改革。

（二）建立教师参与课程管理的激励机制

教师是课程的实施者，课程内容的选择与组织、课程实施与评价都离不开教师，教师与课程的关系十分密切。教师参与课程管理的积极程度会直接影响课程教学的效果，进一步会影响人才培养质量。因此，应建立教师参与课程管理的激励机制，提高教师参与课程管理的积极性。

1. 实行本科生课程教学质量酬金机制

教师的课程教学效果在课程督导专家、同行教师、学习同类课程的学生的综合测评排名位居前列，才有资格申请教学质量优秀评定。申请资格通过后，学院依据制定的考核细则和教学优秀量化考核表，由督导专家、同行教师以及学生对教师教学进行评定，最后按照课头为单位量化考核结果进行排序，以给予相应的酬金。

2. 实行研究生课程教学质量酬金机制

针对负责研究生公共课程教学工作的教师，申请教学质量优秀评定资格除了需满足课程教学效果在管理人员、督导专家、同行教师、学习同类课程的学生综合测评排名位居前列之外，还要求教师所进行的教学实践活动的成效性，将在教学过程中是否提高了研究生创新能力和实践能力作为考核内容。如果达到申请标准，即可以提交申请，学院根据条件遴选，并经过研究生院与领导审核和审定后，按照教学质量和效果在学院排名情况，给予教师相应的薪金。

（三）构建学生课程管理权力的类现机制

就当前的教育制度而言，高校学生仅被当作实现教育目的的“工具”，使学生在课程管理中处于被动的或不利的地位，无法让学生受益。因此，需构建学生课程管理权力的实现机制，赋予学生一定的课程管理权力，保障学生权力的实现。

1．构建“课程共有”模式

为了顺应高校课程管理实践的发展趋势与要求，就理论角度而言，有学者提出“课程共有”的主张，即政府与高校之间、教育行政管理部门与教育学者之间以及教师与学生和家长之间在课程权力分配上形成一种平等式的“朋友”关系，而不是单向控制式的“命令—服从”关系。高校“课程共有”模式的建立是基于高校内部管理地位平等化以及权力分配上的民主化，即高校教师、行政管理人员以及学生之间形成一种“参与—合作”关系，以“分权”代替“集权”，以“共有”代替“独占”，扩大学生权力，削弱行政权力。

实质上，无论课程内容的选择还是课程编制与实施，都需要学生的参与与互动，并需聆听学生的“声音”。在课程管理过程中，教师应合理引导学生的“声音”加入其中。这样的课程才能符合学生的兴趣，才会有利于学生的发展。著名课程专家戈兰•哈斯认为，可以把当前课程的不足以及课程的优点进行解释，最佳主体是学生，因为他们的反映与想法对课程起到十分重要的作用。有些研究也表明，只要学生有机会参与课程管理，其学习成绩必将有显著提高。因此，“课程共有”模式的构建，不仅有助于推动高校课程管理的民主化，同时也有利于学生课程权力的实现与共享。

2．构建师生沟通交往机制

构建师生沟通交往机制的前提是给予学生一定的权力，使学生能向教师清晰地表达自己对课程的期望与需求，同时教师也应向学生详细地阐明课程安排、高校课程管理的意义以及评教内容与目的等。在此基础上，教师与学生之间形成一种平等、和谐的关系，互相交流并共同商讨个性化的评教方案，决定具体的评教标准和指标，最终达成共识。从理论上讲，彰显学生权力的重要手段就是以生评教。但实际中，以生评教运行效果并不佳。高校评教工作主要由高校行政人员负责，而作为主要评价者和被评者——学生和教师则无权参与，导致教师不了解学生对课程和教学的需求和期待是什么，学生也不清楚评教的具体作用是什么，这样的信息不对称导致师生之间产生不必要的隔阂和误会，也使学生对评教机制产生一种抵触心理。因此，要解决这一实践矛盾，应赋予学生一定的权力，使其积极参与其中，并与教师形成有效的沟通和交流，促进课程质量和教学水平提升。

三、健全社会力量参与课程管理制度

就利益相关者理论而言，政府、高校、教师、学生、社会力量都是大学利益相关者，理应参与高校课程管理。从某种意义上说，任何一类利益主体缺失，都会对高校课程管理成效造成影响。目前，社会力量在高校课程管理中被视为边缘群体，无法实现其自身的利益。因此，需健全社会力量参与课程管理制度，实现社会力量参与的权力及其作用的发挥。

（一）增强社会力量参与高校课程管理意识

从利益相关者角度出发，社会力量也是高校课程管理主体。既然是课程管理主体，就应自觉地对自身在课程管理中拥有的权力和地位有清晰的理解和充分的认识。目前来看，社会力量参与课程管理意识并不强。因此，需通过激发权力意识及构建组织机构，增强社会力量参与意识。

1．激发并实现权力意识

随着高等教育体制改革，利益主体趋于多元化，社会力量的角色也从边缘群体向中心主体转移，逐渐拥有课程管理权力。在这样的背景下，社会力量应认识到自己具有课程管理权力，并相信自己能充分利用此权力推动课程管理制度改革，以此激发自身参与课程管理的内驱力。与此同时，社会力量应强化自身的课程管理权力，了解参与课程管理的途径和内外部环境，从而制定适当的参与策略，促使自己能积极参与其中，实现参与课程管理的权力意识与责任意识。

2．建构并整合组织机构

既然社会力量是课程管理主体，那必有表达课程的意愿和表达意愿的途径。但目前，与完善的组织机构相比，社会力量相对比较分散，参与课程管理能力十分有限，课程权力表达渠道也并不畅通，导致难以正确认识到自身所具有的课程管理权力。因此，社会力量应自觉进行组织建构和整合，保障权力表达渠道的畅通。例如，利用媒体、协会等媒介建立一个由个体或者社会人士组成的课程开发协会或服务机构，使社会力量通过所组建的机构表达课程意愿，并通过整合强、弱组织机构，实现社会力量的结构化和组织化。当然，为了保证管理制度的合理性与科学性，应对社会力量参与课程管理的权限和义务进行一定的规范与约束，促进社会力量参与课程管理的有效性，实现其参与意识的提升。

（二）创建社会力量参与课程管理的合作机制

随着社会市场经济的发展，高校开始面向社会开放办学，社会力量也可以自主参与高校教学活动。但是，当前社会力量参与高校课程管理的制度仍不完善，导致参与渠道匮乏，高校与社会之间的交流与合作少之又少。为此，需建立社会力量参与高校课程管理的合作机制，鼓励社会力量参与其中。

1．建立产学研结合机制

校企通过订单式培养的方式，使行业企业或用人单位参与到高校人才培养中，为高校提供教学实践场所和科研基地，并在行业企业或用人单位的专家帮助和指导下，鼓励学生积极参与教学实践与科研活动，提高人才培养的综合素质，以满足行业企业或用人单位对人才的需求。高校应作为主动方，加强与行业企业或用人单位之间的交流与合作，深入了解行业企业或用人单位的利益需求，为他们提供多种参与途径和多样化服务，使行业企业或用人单位在获得自身利益基础上，积极参与课程管理，以此将行业企业或用人单位的课程项目资源改造成为高校课程的有效资源，共同促进课程质量提高，实现人才培养目标。

2．建立“共同愿景”模式

“共同愿景”即以可持续发展为目标，以高校和社会力量的合作为基础，使双方就课程管理问题进行有效沟通和交流，使高校了解社会对高校课程的需求和渴望，以此引导高校对课程设置进行适当的调整，使课程内容更贴切于行业企业或用人单位的实际需求，最终在课程价值方面达成共识。例如，通过构建会议、讲座、网络、现场调研或咨询等多种沟通方式和渠道，营造良好的交流合作环境，使社会力量参与高校课程管理的作用得到充分发挥。同时，为了能保证高校和行业企业或用人单位可以长期稳定的合作，互惠互利，双方应秉持实现彼此利益原则，共同遵守合作的规章制度。

实践证明，在教育系统内部，仅靠高校单一的力量进行改革，是难以实现理想效果的，唯有打破高校与社会之间的“隔离墙”，加强两者之间的联系，赋予社会一定的权力，使社会力量也成为参与者，才能为高校的有效治理提供发展空间。

（三）建立社会力量参与课程管理的保障机制

一般而言，作为高校利益相关者，社会力量也有自己的利益诉求，特别是以营利为目的的企业，为了获得自身的利益，会试图通过多种途径和方式主动参与高校课程管理。但由于保障机制的缺失，难以实现社会参与，因此需加强政府支持力度，建立社会力量参与的保障机制。

1．创建专门的中介服务机构

为了能保证社会力量参与课程管理，满足社会力量参与的需求，政府应创建专门由研发机构、高校以及企业组成的中介机构，在职能上发挥协调和支撑的作用。一是设立评估机构和学术机构，其主要由社会精英、学者以及专家组成并参与，为政府与高校在课程管理方面提供更加合理化和科学化的建议，使高校和政府能更科学地对课程质量进行微观评价与宏观评估，促进课程质量的整体提升。二是提供实践活动场所，如校企参与课程项目设计、研发场所等，让学生能更贴近社会，融入实践工作中，为其就业做准备。同时，协助企业委托高校进行课程开发和人才培养，并协调解决校企合作中出现的问题和矛盾，以此发挥其优质的服务职能。为了使行业企业或用人单位参与高校课程管理趋于合理化，需加强其参与的程序化建设，让其依照既定程序进行合理操作，促进机构的专业性和权威性，使中介机构逐渐形成公共自觉的价值诉求，确保高校课程管理顺利进行。

2. 建立多元化的投资体系

一方面，应加大政府的投入。政府可以针对课程建设设立专项基金，为行业企业或用人单位和高校合作提供充足的资金支持，如设立产学研合作项目计划基金。政府也可以采取专项贷款和财政补贴等税收优惠措施，鼓励社会力量参与课程管理。例如，通过专项拨款，建立实践基地、大学城或者科技园，让高校与行业企业或用人单位进一步合作，提高课程实践教学和课程质量，促进当地经济与高校发展。

另一方面，加大行业企业或用人单位的投入。社会力量凭借自身拥有的文化资本参与课程管理，如一些课程研发机构会直接参与课程决策制定，或会利用机构的研究成果转化，对高校课程管理改革施加影响。此外，高校是依据社会对人才培养需求设置课程，如果要与社会发展接轨，高校课程开发项目需要行业企业或用人单位为其提供资源，如实践场所、课程项目、企业专家咨询、专题讲座等，因此应在满足行业企业或用人单位利益诉求的基础上，进一步鼓励行业企业或用人单位加大对课程管理资源的投入。

第九章　高等教育心理学

从最原始的教育到最现代的教育，人类走过了漫长的岁月。正是依靠教育的相依相伴，人类才在物种的进化中获得了得天独厚的优势，获得了不断超越自身的智慧和能力。教育为人类的生命增添了无数动人的诗篇，无限美妙的乐章。然而教育要获得属人的生命，就必须走进人类的精神世界，走进人类心灵的深处。教育的实效常常取决于人类对心灵探索的水平，取决于人类对心灵理解的程度，所以教育与心理的关系密不可分。有教育的地方就有教育心理问题存在，有教育心理问题存在的地方就应该有教育，因此探索教育心理的方方面面无疑是进行有效教育所必需的。

第一节　高等教育心理学研究的对象

一、高等教育心理学的界说

任何科学都有自己特定的研究对象科学研究的区分，就是根据科学对象所具有的特殊矛盾性而实现的。因此．对于某一领域的特殊矛盾的研究，就构成某一门科学的对象。那么教育心理学的特殊矛盾是什么呢？由于教育心理学家们所持哲学观点不同，以及他们实践的范围和认识水平的差异，他们所发现的“特殊矛盾”也不尽相同。

综合各种观点，我们将教育心理学解读为广义的教育心理学和狭义的教育心理学。广义的教育心理学是指研究教育实践中各种心理与行为规律的科学，它既包括学校教育心理学，也包括家庭和社会教育心理学。换句话说，教育领域一切心理与行为问题都是教育心理学研究的对象。狭义的教育心理学则专指研究学校情境中的各种心理与行为的科学。什么是高等教育心理学？顾名思义，就是研究在高等院校这个特定情境中的各种心理与行为问题的学科。具体地说，高等教育心理学要研究来自大学生方面的心理问题，包括在高等教育条件下大学生心理和行为的一般特点，教学的心理过程，大学生掌握知识、技能，发展智力、能力，形成品德、个性以及个别差异等问题；高等教育心理学也要研究来自大学教师方面的心理问题，包括大学教师本身的心理素质、教学过程、教学设计、教学模式以及因材施教等。此外还有来自高等学校师生交往系统和教育教学环境以及其他方面的心理学问题，所以高等教育心理学只能是狭义教育心理学当中的一个分支。

高等教育心理学是一门实践性很强的应用科学，它应该有自己特定的研究对象和独立的体系。这正如美国认知心理学大师奥苏伯尔所说，教育心理学必须成为一门独立的学科，拥有自己的理论和方法。它必须与母系学科不断地联系，不断受其影响。它应作为一个独立的成年的伙伴，而不是作为一个有依赖性的、完全派生的孩子。高等教育心理学作为教育心理学的分支也同样应具有自己独立的体系。

二、高等教育心理学的学科性质

（一）高等教育心理学是学校教育心理学的分支学科

高等教育心理学是研究在高等学校这一特定情境中的各种心理与行为的学科，其研究对象就决定了高等教育心理学必然是学校教育心理学的分支。因为高等教育心理问题只能存在于高等学校，而不是存在于家庭和社会，也就是说，不在高等学校这个特定的环境中接受专门的教育，仅依赖家庭或社会的那种自发的教育是无法进入“高等”这一层次的。所以这就决定了高等教育心理学不仅是学校教育心理学的分支，还是研究学校教育系统中居于最高层次、最高水平的那部分人的心理与行为的学科。这部分人是各级各类学校中年龄相对较大、身心发展成熟度较高的一群人。因此他们无论在学习方面、教学活动中，还是在品德与个性的形成中都有其不同于家庭和社会，也不同于中小学教育的特质，这些特质就构成了高等教育心理学独特的研究视角或研究领域。

（二）高等教育心理学的特色是“高”与“专”

“高”是指“高等”和“高级”，它规定了学校的层级和所培养人才的规格，意味着大学生人学要求高，大学生学习的知识高深，脑力劳动难度大、强度高，所要求掌握的技能，相对一般从业者和非大学生同龄人，也更复杂和高级。同时，大学生在精神情趣的追求、生活方式的选择和人格完善等方面的要求也相对较高。高等教育心理学就必须认真和深入地研究具有“高”的特点的心理学问题。

“专”是指大学教学的专业化和专门化。高等教育是专业化、专门化的教育，因此它不同于基础教育，它更多强调的是运用专业知识解决专门化的实际问题，特别重视在专业范围内发现问题、分析问题和解决问题的能力，因而以培养大学生的问题解决能力和创造能力为重点。因此高等院校学生的学习与中小学生有很大不同，这种不同表现在学习内容方面就是高等院校的学生学习是专业化、专门化的领域知识；表现在学习方式上是高等院校的学生不仅接受人类已有的知识，

还要尝试探索人类的未知领域。所以随着年级的不断升高，研究性、探索性学习的比例也不断增大。高等教育心理学理所当然要承担起在这种专业化、专门化的学习中的心理与行为研究。

（三）高等教育心理学研究的对象是处于青年中期的大学生

处于青年中期的大学生的生理、心理特点不同于普通中小学生，也不同于走人社会的成年人。大学生生理上已经成熟，可以从事复杂、抽象的高级思维活动，但是心理成熟度还很不够，在适应能力、挫折耐受力、心理的自我调控能力、人际关系适应能力等方面，常有欠缺，严重的甚至会引起心理障碍。特别在当代，大学生的学业竞争、择业竞争十分激烈，在他们的心理压力增大的情况下，如何使他们顺利完成大学学业，如何顺利走上社会劳动岗位，如何对待恋爱、婚姻，如何进行良好的行为塑造，如何发展自我意识，形成健康人格等等，都需要高等教育心理学提供帮助。

（四）高等教育心理学要为实现高校的三大社会职能提供心理学依据

高等学校具有教学、科研和服务社会的三大职能。教学是一切学校的基本职

能，当然也是高等学校的基本职能。高校的教学目的、教学过程、教学模式、教育策略与方法都需要高等教育心理学提供依据才可能更好地提高教学质量，使学生获得良好的发展。科研是高等学校的另一重要职能。高等学校“高”就高在科研方面。高等学校如何根据学生的心理特点培养学生的研究能力？如何运用心理学的规律开发学生的潜力？尤为重要的是如何为教学方法提供心理学依据。由于高等教育具有“高”“专”的特点，且其培养对象又是基本成熟的大学生，因此使得高等学校具有教学、科研和服务社会的三大职能，而普通教育主要涉及教学问题。高等教育心理学不仅要重点研究高等教育的教学问题，更应关注高校科研、服务社会这两大职能，例如提高大学生的科研能力和创新能力，对大学生社会心理和人际关系心理进行研究等，都将有助于高校社会职能的实现和发挥。

我国正处在高等教育改革的时期，高等教育心理学应为高等教育改革提供心理学依据。相对于普通教育而言，高等教育在教学方法上的特殊性具体表现在：（1）教学中教的比重逐渐降低，学的比重逐渐增加，教师应最大限度地发挥学生的主体作用，引导学生把强烈的自我发展意识转化为自身努力获取知识的实际行为。（2）教学上由传授法向指导法转化，学习法由再现式向探求式转化。教师应启发学生积极思维，充分发挥想象力和创造力，去主动探索未知世界，发展自己的能力与人格。（3）校内教学和社会实践相结合，教学与科学研究相互渗透，并在社会实践和科研

活动中，锻炼独立工作的能力。这些都要求大力发展学生的逻辑思维能力和创造能力，并在初步的科研实践中培养优秀的科研心理素质，促进学生道德品质与个性的发展。

以上所概括的高等教育心理学的四个学科特征，都是相对于普通教育心理学而言。二者的研究对象有相同点，也有不同点，它们之间是个性与共性、特殊与普遍的关系。我国的教育心理学正逐步由过去的单一学科发展成一个学科群，学科分化的根本原因是社会的需要，高等教育心理学作为教育心理学科群中的一个分支学科独立存在，相信它会在高等教育的改革与发展中发挥应有的作用。

三、高等教育心理学的主要内容

根据我们对高等教育心理学研究对象的界定及其学科特点的说明，并结合我国高等教育的实际情况与改革要求，我们可以把高等教育心理学的内容体系概括为五个方面。

（一）高等教育心理学的科学学问题

高等教育心理学的科学学问题其实质是解决高等教育心理学作为一门学科的基本性质和地位问题。包括高等教育心理学含义的界定，高等教育心理学的学科性质，高等教育心理学的内容体系的确定，高等教育心理学的研究原则与方法，高校学生身心发展的一般特征，高等教育与心理学及教育心理学的关系等。

（二）高等学校学习心理研究

高校学习心理主要阐述与高等教育教学有关的共同的学习心理规律。具体包括：（1）对高校学生学习的基本问题的探讨。包括对学习的含义、学习的类型、学习的过程与特点的探讨，对不同学派学习观点的理论阐释等。（2）对知识、技能学习的介绍阐述。包括对知识、技能学习的界定，知识、技能学习的类型、结构、过程及培养的阐述。（3）对学习迁移，对问题解决与创造力的阐述。具体包括学习迁移概念的界定、学习迁移的分类、学习迁移的理论、学习迁移的影响因素以及高校学生迁移能力的促进等；对问题的分类、问题解决的过程、问题解决的模式、问题解决的影响因素，促进问题解决的教学策略等；对创造力的界定、创造力的影响因素以及创造力的开发训练等。（4）对学习动机与学习风格的研究。包括对学习动机的结构、类型与作用，学习动机的主要理论观点，学习需要的培养途径，学习动机的激发措施等的探讨；还包括对学习风格的含义、学习风格的构成要素、学习风格的差异与教学等的探讨。

（三）高校德育、自我意识及群体心理等方面的研究

高校德育心理主要阐述狭义的高等教育过程（即德育过程）的基本心理规律。具体包括四个方面的内容：（1）对自我意识的基本结构，大学生自我意识发展的规

律，大学生自我意识培养的途径等的讨论；（2）对品德的基本结构，品德发展的基本理论，品德培养的主要途径等的讨论；（3）对群体及其相互作用的种类，大学生班集体心理的形成与发展，大学生人际关系的建立与调适等的讨论；（4）对大学生心理健康的标准，大学生常见的心理问题及其咨询原则与方法等的讨论。其目的在于使广大高校教师了解大学生自我意识、道德品质的形成发展规律，明确大学生群体对个体心理的影响及其健康心理的维护，从而提高德育工作的自觉性和有效性。

（四）高校教师心理与教学心理研究

本部分涉及高校教师心理与教学心理两部分内容，为了避免与教育学重复，本章只探讨教师心理。具体内容包括：教师的职业心理与角色，教师的职业认同、教师的期待效应、教师的胜任力、教师的教学效能以及教师的专业成长与职业倦怠等。

第二节 教育心理学发展历程追溯

一、教育心理思想学的思想追溯

（一）中国古代教育心理思想

中国古代的教育心理思想可以追溯到先秦时代的孔子、孟子、荀子等一大批教育家及其著作中。此后历代都有为数众多的思想家教育家为教育心理学思想的形成和发展做出了贡献。用今天的眼光来看，科学教育心理学体系所涉及的一些理论问题，中国古代思想家、教育家基本都有所论及并有身体力行的实践。

首先，科学教育心理学之父桑代克在其教育心理学体系创立之初所涉及的三方面的问题，即人的本性或本质问题以及构成人本性或本质的先天因素和后天因素的关系问题，学习心理问题，差异心理问题，我国古代思想家都进行过探讨。我国古代有十分丰富的人性论资源，思想家们以其自己特殊的人生阅历对人的本性问题从不同的视角进行解读与建构。从先秦时期的孔子、孟子、荀子、韩非子直到清代的王夫之、戴震等思想家，可以说已经建造了一座富丽堂皇的人性论大厦。我们的思想家们早已捷足先登地认识到，人性是教育心理的起点和归宿，一切教育问题归根结底都是人性问题。孔子最先提出“性相近也，习相远也”的命题，这一简洁的命题以其深刻的哲理性和丰富的内蕴，成为具有永恒生命力和具有无限开发价值的超时代课题。中国古代一切教育心理的基本理论问题，大都由此生发出来。该命题准确地表征了人的自然资质与社会习染，遗传、环境与教育的关系；正确解读了人的差异及其来源；孕育了中国古代的教育发展观，等等。嗣后，人性问题在教育中的作用，得到了历代思想家的高度重视。孟子的“性善论”预示着人与生俱来就有向善的先天图式，教育的作用就在将这种向善的图式（四端：恻隐、是非、辞让、羞恶之心）扩充起来，发扬光大。荀子的“性恶论”为教育提供了最广阔的空间。因为人与生俱来的自然资质是恶的，所以人类的一切善性都只能依赖于环境和教育了。清代王夫之“性日生而日成”的观点则更准确地表达了自然资质与环境、教育的辩证关系。学习心理问题也是我国古代思想家给予充分探索的一个领域。我国古代思想家，一方面在自己的学习实践中不断获得亲身体验，另一方面对自己教书育人的实践加以总结和提炼，从而获得丰富的学习心理思想。简要地说，就是初步地揭示了学习过程的实质和规律，把学习过程看作是积累与贯通相结合的过程，还将学习过程划分为：立志、博学、审问、慎思、明辨、时习、笃行七个阶段。初步总结了一套学习的原则与方法，主要有：自求自得、熟读精思、循序渐进、博约结合、知行统一；初步考察了非智力因素，即一志五心（一志：立志；五心：专心、好心、乐心、恒心、虚心）在学习中的作用。差异心理也是我国古代思想家十分关注的一个问题。孔子在自己的“诲人不倦”的教育实践中就发现自己的学生在志向、理想、兴趣、智力、能力、气质与性格等方面有很大不同，因此他主张因材施教。此后历代教育家都继承了孔子这一思想。

其次，我国古代思想家还探讨了桑代克教育心理体系中还没有涉及的教育心理问题。如教师心理问题、教学心理问题及品德心理问题等。在教师心理的探讨中，我国古代思想家非常重视教师的心理素质养成、师生良好关系的建立以及教师威信、榜样等问题。在品德心理方面，初步地探索了知、情、意、行、品德结构和品德形成过程，并总结了一套较为有效的德育的原则和方法，主要有因材施教、启发诱导、以身作则、表扬批评、主观努力等。

中国古代教育心理学思想虽然与现代科学教育心理学没有直接的渊源关系，但是它确实揭示了许多教育心理方面的规律，直到今天仍有其借鉴意义。

（二）西方教育心理学思想

教育心理学是一门现代科学，但作为教育心理学思想，在西方则可追溯到古希腊苏格拉底、柏拉图和亚里士多德。比如亚里士多德在《论灵魂》一书中将灵魂分为三种，人具备三种灵魂，因此必须实施三方面的教育。首先，人有植物的灵魂，对人体进行肉体营养和繁殖，它通过锻炼后，肉体不断完善起来；其次，人有动物的灵魂，人有感觉、愿望、知识，因智育而达到真理的大门；最后，人有理性的灵魂，它通过德育达到完善的境界。亚里士多德堪称把古代哲学心理学与教育结合的典范。他的《论灵魂》为德育、智育和体育的和谐发展提供了哲学和心理学的依据。

文艺复兴之后，许多教育理论家和实践家开始自觉将教育与心理学结合。夸美纽斯在代表其教育思想全貌的《大教学论》一书中，提出了许多教育与心理相结合的原理和原则。瑞士教育家裴斯泰洛齐在《论教学方法》一书中，首次提出了使“教育心理学化”的设想，后来又在《葛笃德怎样教育她的孩子》一书中提出了一整套心理学化的教学思想体系。这个体系可以概括为：（1）人性含有原始性（兽性）、社会性与道德性三个层面，教育的功能就是要克服原始性而发展道德性。（2）强调以爱为中心，视学校如家庭，视教师如父母，视学生如子女。（3）在教学上强调学生的心智、情意、行动三方面的均衡发展。（4）重视儿童个性发展，视教师如园丁，视学生如花木。既重视学生的个别差异与自然发展，也强调培养的道德品质。

哲学家赫尔巴特将裴斯泰洛齐的“教育心理学化”和主张付诸实施。他提出了“意识阈”和统觉团的概念。他认为，意识阈下的观念，只有那些与意识的统一相调和的观念才可能不遇阻力而升入阈限之上。

进入意识的观念，便可引起统觉。一个观念的统觉不仅使这个观念成为意识的，且使之被意识观念的整体所同化。该整体被称为统觉团。赫尔巴特的教育心理学思想可以概括为：（1）人类的心理具有知、情、意三种功能。（2）教育应以道德为先，而道德教育之实施则以自由、完美、善意、权利、正义为基础。（3）重视儿童的兴趣，并将儿童的兴趣划分为对事的兴趣与对人的兴趣。两种兴趣都是教育心理学研究的对象。（4）赫尔巴特影响最大的是他在统觉论指导下提出的教育过程四阶段论：明了（确切讲授新知识）、联想（新知识要与旧知识建立联系）、系统（作出概括和结论）、方法（把所学的知识应用于实际，如习题解答、书面作业）。同这四个阶段相应的心理状态是：注意、期待、探究和行动。以后他的门徒将之发展为五阶段教学法：预备（唤起学生的原在观念和吸引学生的注意）、呈现（教师清晰地讲授新教材）、联系（使新旧知识形成联系）、统合（帮助学生进行抽象和概括，形成新的统觉团）、应用（以适当方法应用新知识）。五阶段教学法在全世界都产生了重要影响。

正是在这些教育心理思想的肥田沃土上，科学的教育心理学才破土而出。

二、科学教育心理学的发展

（一）科学教育心理学的诞生

教育心理学作为一门独立的科学，诞生于19世纪末、20世纪初。促使教育心理学独立的除丰富的心理学思想等原因外的直接力量是实验心理学的兴起。19世纪末，实验心理学成为一门独立科学后，欧洲一些教育家开始利用实验、统计和比较的方法，研究儿童身心发展以及教育上的一些问题，出现了一个实验教育学派。这个实验教育学派其实不过是实验心理学与教育学结合的产物它是教育心理学的先驱。实验学派在德国的代表人物是莫依曼和拉伊，实验教育学的名称就是莫依曼提出的。

两人将实验心理学与教育相结合，研究了儿童身心发展的特征和过程，使教材、教法心理化和教学活动个性化。他们还研究了学习与疲劳，以及如何使学习费力少而收效多的条件，使学习经济化。实验教育派在法国的代表人物是大名鼎鼎的比纳和西蒙，他们编制了《比纳－西蒙智力测验量表》，用以测量儿童的智力年龄，以便对不同智力水平的儿童分别进行教育。

公认的科学教育心理学的创始人是美国的桑代克。桑代克对动物学习的实验研究，后来又研究了人类的学习及其测量。他在学习的实验与测量研究的资料基础上，出版了一本真正意义上的《教育心理学》。后扩充为三卷本《教育心理学》。这三卷分别是：《人的本性》《学习心理学》《工作疲劳与个别差异》。桑代克的《教育心理学》与从前的教育心理学的显著不同是：（1）桑代克《教育心理学》是在大量的学习实验与测验材料的基础上写成的。这与从前仅仅是普通心理学或发展心理学的移植，特别是缺乏实验支持的教育心理学根本不同。（2）桑代克的《教育心理学》建构出比较完整的教育心理学体系，即三大组成部分，这是从前的教育心理学难以比拟的。

（二）科学教育心理学的发展

科学教育心理学虽然只有百余年历史，但其发展速度却是惊人的，教育心理学现在已是心理学领域最发达的分支之一，研究成果丰硕，从事教育心理学研究的人数在各个心理学分支中也名列前茅。由于各个国家的历史条件、文化背景等不同其发展的状态也不同。

1．科学教育心理学在美国的发展

科学教育心理学在美国诞生后，其发展的速度和水平都处于世界领先地位。自桑代克后，在美国逐渐形成不同派别的教育心理学。概括地说，在美国主要有联结派教育心理学、认知派教育心理学和联结－认知派教育心理学。近年来又出现了所谓“第三思潮”的人本主义教育心理学以及信息加工心理学。

联结派认为，学习的实质是联结，所谓联结，桑代克认为同“结合”（bond）、“连锁”（link）、“关系”（relation）或“倾向”（tendency）是一个意思，指的都是某种情境（situation）仅能唤起某些反应（response），而不能唤起其他反应的倾向。联结派教育心理学主张：（1）把一切心理现象都归结为刺激（或“情境”）与反应的联结，把刺激－反应作为心理或行为的最高解释的原则或公式；（2）把所有的学习都归结为刺激（反应联结的形式）；（3）在学习问题的研究方向上，注重外部现象与外部条件的探索，忽视内在过程与内部条件的研究。

认知派是在反对联结派的过程中成长起来的。这个学派的发源地在德国，认知心理学的前身是德国的格式塔心理学。其主要观点是：学习不是由于试误及强化而形成的“联结”，而是通过有目的对情境的整体理解而产生的“顿悟”。认知派教育心理学认为：（1）学习或行为要以意识为中介，受意识支配，而非刺激与反应的直接的、机械的联系；（2）学习在于依靠主观的组织作用形成“完形”或“认知”，主体在学习中是主动的而不是被动的、盲目的；（3）注重研究学习的内部过程与内在条件。这都是与联结派背道而驰的。

联结－认知派教育心理学是产生在两派理论的对抗之中的介于两派之间的一个新派别，心理学界将其称为联结－认知派或认知－联结派。这派人物都是从联结派中分化出来的。他们在自己的研究中发现自己学派的种种弊端和困惑，同时看到了认知派的长处并自觉地吸收到自己的理论体系中来，如托尔曼等。联结－认知派认为：（1）刺激－反应间的联结仍是心理现象的发生机制与解释原则，但这种联系不是直接的、机械的，而是存在一个“有机体的内部状态”的中介环节；（2）学习是通过主体对情境的领悟而形成认知图式或认知结构而实现的；（3）强调注意学习的外部反应与外在条件，同时也强调注意内部过程与内在条件。

人本主义的教育心理学。早在20世纪初，以帕克与杜威为首所倡导的“进步教育运动”，就体现出入本主义思想，但当时对教育的影响不大。直到20世纪60年代，以罗杰斯、马斯洛为首的人本主义心理学思潮的兴起，人本主义才真正走人教育心理学的视界。其基本主张是：尊重人的价值、人的潜能与人的差异。强调教育的目标是促进学生的发展，使他们能够适应变化、成为知道如何学习的“自由”人。在学习观上，他们强调学习是获得自我经验，强调“学习者中心”，即注重学习者的需要、愿望、兴趣、情感，尤其是人格在学习中的作用，将自发性和主动性看成学习的动力。在教学方面提出了“非指导性”教学的理论与策略：

现代信息加工教育心理学。信息加工心理学是在认知心理学的基础上于20世纪60年代后形成和发展起来的，与计算机和人工智能的发展密切相关。其基本观点是将人的认知过程或学习过程看作信息加工的过程，即看成是信息的获得、传递、转换、储存和提取运用的过程。在他们看来，学生的学习要经过这样一系列的加工处理才能实现。教育教学的过程就是按步骤、按阶段的促进学生信息加工过程的完成。

2. 科学教育心理学在苏联的发展

苏联教育心理学可以分为几个阶段：

（1）十月革命前

“俄罗斯教育心理学的奠基人”乌申斯基在1867年发表的《教育人类学》将心理学作为教育学的三个基础之一（其余两个基础为生理学和逻辑学），他同时又认为“心理学就其对教育学的应用及对教育者的必要性方面来说，当然站在一切科学的首位”。卡普杰列夫于1877年撰写了世界上第一本《教育心理学》。但对教育心理学乃至整个心理科学影响最大、最负盛名的是拉祖尔斯基。拉祖尔斯基是一位实验心理学家，他有下列两个主张对俄罗斯教育心理学发生了巨大影响：一是主张心理学应当像自然科学一样进行客观研究，使它的结论建立在具体研究的事实上；另一是力主心理学应接近实际，成为对实践有益的科学，为此制定出能在自然状态下研究个体的“临床观察法”和“自然实验法”。他本人被誉为“俄罗斯心理学的伟大代表”。鲁宾斯坦在教育心理学的对象、任务与方法的争鸣中主张教育心理学应以校内、外的具体生动的条件下发生的心理为研究对象。这一时期教育心理学的明显特点就是比较重视教育心理学的特殊性以及在教育条件下的特殊研究。与西方教育心理学发展一样，他们也反对以普通心理学研究中获得的资料，用纯粹演绎的方法去解释学校生活实际。

（2）十月革命后至20世纪50年代末

基本特点就是尝试以马克思主义的基本观点来改造心理学及教育心理学。其代表人物是维果斯基、布隆斯基、鲁宾斯坦。维果斯基是苏联“文化历史学派”即维列鲁学派的开山祖。他出版的《教育心理学》一书中重申和提出了两个观点：一是坚决主张把教育心理学当作一门独立的科学分支研究，反对将普通心理学的篇章移植到教育心理学中来。

二是提出了用“文化历史发展论”去研究儿童的发展过程。布隆斯基强调儿童个性的统一性以及对儿童心理进行整体的综合研究的途径的探索。布隆斯基出版的《记忆和思维》被苏联心理学界认为是从心理的整体性出发，对记忆与思维进行综合研究的尝试。布隆斯基这个观点，实际上是后来苏联教育心理学趋向综合研究的先导。鲁宾斯坦在这一时期的特殊贡献在于他确立了心理与活动相统一的原理。出版的《心理学原理》中又重申，心理不仅在活动中表现出来，而且在活动中形成。这一观点后来为苏联教育心理学强调必须结合实际教育活动进行研究的方向确立了理论依据。

自20世纪40年代起到50年代末，苏联教育心理学的显著特点是重视结合教学与教育实际的研究，广泛采用自然实验法，综合性研究占主导地位。这些都是在20世纪30年代确立的理论观点的指导下进行的。在这个时期涌现出一大批教育心理学家和教育心理学的专著。但也存在两个方面的严重问题：一是忽视教育心理学的探索，对待巴甫洛夫的学说有严重的教条主义倾向，甚至导致联想主义重新抬头；二是对西方的教育心理学理论采取简单粗暴的全盘否定倾向，对马克思主义往往生搬硬套，缺乏创造性应用。

（3）20世纪50年代末至苏联解体

20世纪50年代末以后，苏联教育心理学有这样几个特点：第一，重视理论探索。

在学习理论方面，列昂节夫发表了《论学习作为心理学的一个问题》，对学习的实质，学习活动的结构、学习的类型、学习的动机与学习的迁移等理论问题发表了自己独特见解。此后不断有人探索，并形成了以列昂节夫为代表的活动派和以梅钦斯卡娅为代表的联想－反射理论派的争论。在智力活动与教学方面出现了一系列新学说、新理论。加里培林的“智力活动按阶段形成理论”便是其一。第二，进一步加强了同学校的实验教学直接相结合。最为突出的代表人物是赞科夫、达维多夫、厄里康宁、兰达与塔金雷金娜等人的教学改革实验。第三，把年龄与教育心理学融合为一体，出版了一些具有特色的年龄与教育心理学相融合的新书。其中富有代表性的有：A.B. 彼得罗夫斯基主编的《年龄与教育心理学》，M.B. 加梅佐等主编的《年龄和教育心理学》。第四，重视人际关系在儿童心理发展中的作用。用人际关系层次测定的观点，对个体获得系统的个性特征的规律性、人格化过程的规律性，从理论和实验两方面进行深入的综合研究。其中以在艾里康宁的“年龄－主导活动类型”理论和包若维奇的“活动－动机系统”理论指导下的研究最卓有成效。第五，重视教学心理中的方法论和具体研究方法的探讨。重视方法论研究，如阿尔洛夫就非常强调客观研究法和发生研究法；马尔科娃则强调，要在组织学习过程中进行研究，要进行长期跟踪研究而不只是对学生短期学习情况进行描述，要在现实社会关系中进行研究，要进行长期研究而不只是研究发展中的个别阶段。重视具体方法的探讨方面，比较突出的是应用教学心理诊断，即以心理测验为主，包括观察、谈话，作品分析、调查等综合研究方法，为教学提供依据。此外苏联教育心理学界还普遍运用动态的、发展的研究方法。第六，对待西方教育心理学的态度有根本性转变，由全盘否定到学习、借鉴。

3. 科学教育心理学在中国的发展

中国古代有着丰富的教育心理学思想，但是这些心理思想与现代意义上的教育心理学没有直接的渊源关系。中国的现代教育心理学是从西方“舶来”的。但中国学者最早接触科学教育心理学并不是直接从西方人手里，而是从日本人手里。留日运动为科学教育心理学进入我国提供了三条途径：一是去日本的留学生翻译或编译教育心理学教材；二是日籍教员来华讲授教育心理学课程，他们的教材被翻译或编译过来；三是日本人在我国直接出版教育心理学著作。如，上海广智书局出版日本久保田贞则编著的《心理教育学》；商务印书馆出版了日本高岛平三郎著、吴田照译的《教育心理学》，并出版了由湖北陈邦镇等合译的日本教习大久保介寿讲授的《教育心理学》；上海新学会社出版了尤惜阴著、庄景仲校阅的《实地教育心理学讲义》；文明书局出版了日本小原又一著、房宗岳译的《教育心理学》；清学部图书局印行了由美国禄尔原著、日本柿山蕃雄和松田茂合译、王国维重译的《教育心理学》等。

心理学家廖世承编著的《教育心理学》是我国最早且影响较大的一部教育心理学教科书。此后一些有影响的教育心理学著作陆续问世,其中有艾伟、郭一岑、吴绍熙、藩菽、沈有乾、陈选善、肖孝嵘等人的著作。

从 20 世纪初到 1949 年新中国成立之前的 40 余年里，教育心理学主要以传播西方教育心理为主，仅对学科心理、教育与心理测验等方面有少量研究，但其观点和方法大都模仿西方，很少有创见。

第三节　高等教育心理学研究的原则与方法

一、高等教育心理研究的原则

高等教育心理学研究的原则是教育心理学研究中应直接遵循的准则，必须坚持以辩证唯物主义和历史唯物主义的方法论作为指导。可以说辩证唯物主义和历史唯物主义是我们从事教育心理学研究的总原则。在此前提下，遵循下面几条具体原则。

（一）客观性原则

客观性原则的核心思想就是实事求是，一切从实际出发。具体地说，就是在高等教育心理学的研究中要遵循教育过程中的客观规律，即在研究中要按客观事物的本来面目反映事物。主要体现在两个方面：一是在对高校学生和教师心理的研究的过程中，要对影响学生与教师心理的外界环境、行为反应及其内心体验进行客观的分析。二是在对研究材料进行分析时，要将客观数据与主观分析相对照，通过客观事实来验证主观判断的正确性，不能掺杂研究者的主观臆测，应具体地、实事求是地研究高校学生与高校教师的心理现象。

（二）发展性原则

人类的心理是处于不断的发展变化之中的，大学生正处于从不成熟到成熟的过渡阶段，是人生变化最大的时期之一。高等教育心理学所研究的对象主要是青年大学生，他们在大学的几年中要实现从一个中学生向成年人的转变。所以无论是他们的生理还是心理都有相当大的发展变化，这就要求我们的研究者必须用发展的眼光去看待他们，必须坚持发展的原则，从发展的角度来分析影响大学生心理发展的诸要素，才能得出合乎实际的结论。

（三）系统性原则

系统性原则就是要求在研究心理现象时应把人作为一个开放的、动态的、整体的系统进行综合考察，以便把握心理现象各个要素之间的必然联系。具体地说，在高等教育心理学的研究中要坚持以下四个观点：（1）整体观。心理是以整体的形式存在，所以不能用孤立、片面、割裂式的观点看待问题，因为只有坚持整体观才能理解和把握心理现象的特性及其相互制约关系。（2）层次观。人的心理是一个有序的、自组织的、多层次的结构系统，因此要求我们在高等教育心理的研究中也应当从多角度、多层次、多侧面进行考察。（3）动态观。心理活动总是处在不断地变化之中，因此我们在高等教育心理的研究中要切忌用静止、孤立的观点看问题。（4）自组织适应观。人的心理还是一个开放的系统，它是在与内外界环境不断交换信息中生长和发展的。总之，系统性原则要求我们必须把大学生的心理事件、教学事件放在教育的系统中进行考察。有些局部成功的教育事件，很可能是对整个教育系统的破坏。如片面追求升学率，对某个具体的学生可能是成功的，但对整个教育系统来说却是以牺牲学生的身心健康、牺牲学生的整体素质为代价的。系统性原则所追求的是系统各个层次、各个侧面、各个要素的协调与和谐的发展。

（四）理论联系实际的原则

高等教育心理学是教育心理学的一个分支，教育心理学虽然也有自己的理论探索，但其学科性质属于应用心理学科。这种应用学科的性质就决定了高等教育心理学研究必须为高等教育实践服务。因此，它的研究课题必须来源于高等教育实践，它的研究成果也必须能够付诸高等教育实践，并且保证科研成果的实际应用效能。高等教育心理学的研究要从高等教育的实际出发，研究高等教育情境对学生心理活动的影响及学生心理活动对高等教育情境的依存性。高等教育心理学的研究只有面向高等教育实际，才能积累大量有价值的科学资料，才能提高高等教育的教学质量和管理水平。

（五）教育性原则

教育性原则是教育研究中的一个特有原则。上述几个原则都不能违背这一原则。因为违背这一原则，也就违背了教育或教育心理学研究的初衷。研究高等教育心理学的基本目的就是要更有效地提高教育教学质量，如果研究者违背教育性原则，这一目标非但不能很好地完成，还会适得其反，给学生的身心健康带来不良的影响。同时，研究成果应有助于加深对高等教育本质及其规律的认识，有助于高校教育教学改革的深化。一种研究在没有足够的把握有助于促进大学生身心发展时，绝不能贸然地大面积开展。

二、高等教育心理学的研究方法

由于研究者选择的课题不同，人们在研究中所采用的方式和方法也不尽相同。但不管研究什么课题，采用什么具体的方法，从思维的路线上说，不是归纳，便是演绎。所谓归纳，是指科学家或科学工作者观察许多具体事实或事件，在大量观察的基础上对某个问题得出结论。它是一个从特殊到一般的逻辑推理。所谓演绎，是指科学家或科学工作者从一个一般的原理出发，对某问题制定可能解答的方案，然后在一些典型的情境中检查这个方案。在实际研究中，科学家、教育心理学工作者往往是将二者结合在一起的。教育心理学与其他许多学科一样，无论是采用归纳的方式还是采用演绎的方式都可以从三个层面上进行：（1）基础研究层面。此种研究旨在探明其理论问题，可以增加人们的认识，但它不涉及特殊的实践问题。（2）外推研究层面。此种研究与纯基础研究不同，它选择应用领域中有意义的问题进行研究，而其实验设计则是建立在高度简化的基础科研水平上。这样的研究虽然满足了适合性的标准，但不一定能满足可应用性的标准。（3）应用研究层面。此种研究是完全针对实践问题，并考虑了复杂因素，因此，它的研究结果的适合性与可应用性的程度最高，但在设计、控制测量上最为困难。具体应从事哪一层面的研究，研究者要根据自己的情况而确定。

一般说来，普通心理学所采用的方法也都适用教育心理学的研究。

1．纵向研究与横向研究

纵向研究（longitudinal method），也称为追踪研究，它是在比较长的时间内，对人的心理发展进行系统、定性的与定量的研究。儿童心理学家普莱尔就是最早运用系统追踪研究观察法研究儿童智慧发展的心理学家。瑞士著名儿童心理学家皮亚杰也大量采用纵向研究的方法观察儿童智慧的发展进程。纵向研究要求在规定的时间内对同样对象的心理活动及其特点进行反复测查，因而能系统、详尽地了解心理发展的连续过程及量变和质变规律。其缺点是周期长、易受社会环境变动影响以及样本的自然减少等。

横向研究，也叫横断研究，它是在同一时间内对不同年龄组被试的心理发展进行测查并进行比较的研究。比如，要研究 10–16 岁儿童思维发展特点，可以同时对 10 岁、12 岁、14 岁、16 岁四个年龄组进行测试，比较研究。这种研究省时、高效，但缺乏系统连续性，难以确定因果关系，取样程序也较复杂。

为了克服纵向研究与横向研究的缺点，发挥各自的优点和长处，研究者常常将二者结合起来，成为“动态研究”，确保其科学性与实用性。

2．个案研究与成组研究

个案研究，是对一个或少数几个被试进行研究。这种研究一般采用纵向追踪研究方式，能对被试进行详尽、系统、深入的考察，但被试大少，影响研究的代表性和典型性。

成组研究，是对一批被试进行研究。从统计学上看，成组研究取样多，可以量化处理，科学性较强，代表性也较好，但是深入研究不够。

在实际研究中可以将二者结合起来，能够获得既全面又深入的效果。

3．相关研究和因果研究

相关研究，是教育心理学研究中一种重要类型，是探索两个事件、特质的或行为之间的关联程度。但是相关并不能代表因果关系，两个事件相关联并不能表明它们存在因果关系。

因果研究，也是教育心理学中常见的一种研究类型。它是揭示事件之间原因与结果关系的研究。因果研究对条件控制要求很高，在研究中应注意：一是要创设某种实验情境，使之能引起某些心理现象，同时要控制可能影响这种心理现象的其他因素；二是当一种情境引起了某种心理现象时，我们只能说是此种情境下的因果关系，脱离特定条件谈因果关系是没有意义的。

4．量的研究与质的研究

量的研究，又称“定量研究”“量化研究”，是一种对事物可以量化部分进行测量和分析、以检验研究者自己有关理论假设的研究方法。量的研究有一套完备的操作技术，包括抽样方法（如随机抽样、分层抽样、系统抽样、整群抽样）、资料收集方法（如问卷法、实验法、测验法）、数字统计方法（如描述性统计、推断性统计）等。其基本研究步骤是：研究者事先建立假设并确定具有因果关系的各种变量，通过概率抽样的方式选择样本，使用经过检验的标准化工具和程序采集数据，对数据进行分析，建立不同变量之间的相互关系，必要时使用实验干预手段对控制组和实验组进行对比，进而检验某种关于事物客观规律的理论假设。

质的研究又称质化研究，是以研究者本人作为研究工具、在自然情境下采用多种资料收集方法对社会现象进行整理性探究、使用归纳分析资料和形成理论、通过与研究对象互动对其行为和意义建构获得解释性理解的一种活动。

（一）观察法

观察法是在自然条件下，有目的、有计划地对被试的言语和行为进行观察、记录来判断其心理特点的心理学研究方法。在教学情境下观察学生的行为，可以获得多方面的资料。如通过观察，随时了解（或掌握）学生学习进步的情况或学习的困难所在，作为调整教学策略的参考。观察法是教育心理学研究中最基本、最普遍的方法。观察法的成功与否取决于观察的目的与任务是否明确，观察和记录手段是否适当，以及观察者的经验和态度。观察法的主要优点是：可以观察到

被试者在自然状态下的行为表现，所获结果比较真实；可以实地观察到行为的发生、发展，能够把握当时的全面情况、特殊的气氛和情境。观察法的主要缺点是：研究者处于被动地位，往往只能等待行为的发生，因而难以观察到所需要研究的行为，

同时收集资料颇费时间。再有对观察的结果难以进行精确的分析，观察可能受到主观因素影响，难以做到完全客观公正。因此，在教育研究中，观察法还要与其他方法进行配合方能取得较为理想的效果。

（二）实验法

实验法是指在控制条件下对某种心理现象进行观察的一种研究方法。实验法又可以分为实验室实验法和自然实验法。

实验室实验法是在实验室内借助专门的实验设备，在严格控制实验条件的情况下进行的方法。实验室实验法的优点是，能够严格控制实验条件，并对实验条件和被试活动作出精确的记录，便于分析和研究。其缺点是实验条件与实际生活差别较大，因而实验室所获结果往往难以在实际生活中推广。此外，实验室的特殊环境和情境也会影响被试的心理表现。

自然实验法是在日常生活情境中通过适当控制和改变某些条件来研究心理活动的方法。自然实验法兼具观察法和实验法的优点。具体地说：（1）自然、切合生活实际。自然实验法是将实验研究和日常活动紧密结合，既不改变被试正常的生活、学习、工作的环境，又能达到实验的目的，所得结果较符合实际。（2）具有主动性。能按照研究目的有意识控制或改变某些条件，以引起特定心理现象，便于进行观察和分析。

（1）单组实验形式

同一个组（或班级）先后分期接受两种不同实验因素的影响，在实验过程中，其他一切条件保持不变，仅对实验因素所产生结果进行观察和比较。其特点是：①学生（或被试者）心理是发展变化的，由于经验积累，后期实验效果可能偏高；②先前的实验可能对后继实验起正负迁移作用。

（2）等组实验形式

研究者采用两个或两个以上条件相同的组（或班级）作为实验对象进行对比研究的实验形式。此种形式在教育心理实验中被广泛采用。采用实验组和对照组，或者采用两个实验组，对不同组施加不同的实验因素，而其他条件保持相同，然后将各实验因素影响所产生的结果加以观测比较，并进行差异显著性考验，便可得出结论。

（3）循环实验形式

循环实验是单组和等组结合的一种形式，各实验因素可在各组获得阶段性成果后，再将实验因素对调，其他条件（如时间控制等）相同，最后再测验各实验因素所产生的结果，然后进行比较，得出结论。此种形式兼具单组形式和等组形式的优点，又可避免二者的缺点，但实施难度较大，也比较复杂，但所得结果比较精确和可靠。

（三）调查法

调查法是通过收集被试的各种有关资料进行分析、比较以了解学生心理活动的方法。调查法的形式是多种多样的，访谈、调查有关材料及问卷等都属于调查法、现仅就访谈和问卷法加以阐释。

访谈法是通过调查者与受访人面对面地交谈了解受访人的心理活动和行为的方法。使用访谈法时，调查者必须受过专门训练，除掌握教育心理学的基本理论知识外，还要掌握一些有关访谈的专业知识和技能。

问卷法是通过一系列问题构成的调查表来收集资料，以测量人的行为和态度的方法。问卷法广泛应用于青少年研究、教育心理学研究和社会调查等领域。其优点是能在短时间同时调查很多对象，获取大量资料，并能对资料进行量化处理，经济省时。其主要缺点是被试者由于种种原因可能对问题作出虚假或错误的回答。

（四）个案法

个案法是一种收集特定个人的各种有关资料并在此基础上得出结论的方法。如一个教师针对某个学习有困难或行为上有问题的学生进行研究，需要深入了解，就必须全面地收集该同学的资料。既包括收集档案材料，也包括与该生的家长、邻居、同学、朋友谈话所了解到的情况，以及教师与该学生的谈话所获信息。

（五）测量法

测量法是指用一套预先经过标准化的问题（量表）来测验某种心理品质的方法。心理测验按内容可分为智力测验、成就测验、态度测验和人格测验；按形式可分为文字测验和非文字测验；按测验规模可分为个别测验和团体测验等。通过测验，可以为进一步的诊断、评价、甄选和有效的教学与指导提供依据。有效使用测量法应注意的几个问题：（1）测量法的使用必须谨慎，防止测量的乱编乱用。使用测量法是必要的，但又必须加以适度的控制，必须保证测验编制、实施、解释等各个环节的科学性，避免因误用、滥用而导致的不良后果。（2）测验的编制要符合测量学的要求。尤其要注重信度、效度的考察。测验编制者不仅对心理与教育的有关问题要具有较深的造诣，而且要通晓测验的基本原理与编制技术。（3）保证测验的严格施测与客观评估。一般应由专业人员进行施测、评分、解释和作出诊断。

第十章　高校学生的自我意识和自我教育

第一节　自我意识的概述

一、自我意识的含义

为了了解自我意识的含义，需要先分析两个与自我意识密切联系而又有区别的概念。

（一）意识与自我意识

意识是人在社会实践活动中产生的，是借助语言对客观世界的高级的反映形式，是心理发展的最高级阶段。它的重要特点是反映的目的性、自觉性和能动性。它是人的心理区别于动物心理的重要标志。动物的反映是没有意识的。例如，有了神经系统的动物，就有了对客观事物的感觉与知觉等心理活动，但是它们的这些心理活动是不自觉的、是没有目的的、是意识不到的。只有发展到人类，才有对客观事物的自觉的、有计划的、有目的的反映形式，即意识。

自我意识是人的意识的一个方面，也是意识的一个重要特征。它是指主体对于自己以及自己与周围事物的关系，尤其是人我关系的认识，即一个人对自己本身的意识。但人的自我意识也不是生来就有的，而是在出生后与他人接触的社会化过程中逐渐形成的。婴儿出生后的第一年里还没有自我意识，他们还不能把自己作为主体从周围世界的客体中区分出来,甚至还不知道自己身体的各个部分是属于自己的。他们玩弄自己的手脚，就像玩弄一件客观的玩具一样。到了一岁末才开始能把自己的动作与动作的对象区分开来，把自己与周围客体区分开来，这才算有了自我意识的萌芽，但这也只是一种自我知觉。随后，在与周围人的不断交往中，他们的自我意识才逐渐发展起来。

（二）自我与自我意识

自我的概念可以从两方面来分析：

一是从自我的内容看，自我是指一个具体的人的存在。根据人的特性，自我应包含三个方面的内容。即①生理自我，指一个人的肉体的存在和身体特征，例如人的身材、容貌、性别等；②社会自我，指一个人的社会属性，如一个人在社会上、群体中的地位、价值，扮演的角色等；③精神自我（心理自我），指一个人的整个心理活动，包括人的思维、情感、兴趣、气质、性格、能力、理想、信念、世界观等。

二是从自我在自我意识中所发挥的机能看，可以把自我分解为主格我（I）和宾格我（Me）。主格我指的是自我意识的主体，即自我意识过程的承担者；宾格我指的是自我意识的客体，即自我意识所反映的对象。

综上所述，自我意识是一个人对自己本身的意识。也就是主格我对宾格我的存在、活动及活动过程的有意识的反映，是对于生理自我、心理自我和社会自我的反映。

二、自我意识的结构

自我意识是一个多层次、多维度的复杂的心理系统。不同的心理学家曾从不同的角度对自我意识的结构进行分析，但通常多是从自我意识的表现形式来分析，即自我意识的结构也像意识一样表现为知、情、意三个方面的统一的形式，那就是自我认识、自我体验和自我调控。

1．自我认识

自我认识是自我意识在认识方面的表现，指个体对生理自我、心理自我和社会自我的认识。它包括自我感觉、自我观察、自我观念、自我分析和自我评价等层次。其中，自我评价是自我认识中最重要的方面。

2．自我体验

自我体验是自我意识在情感方面的表现，是在自我认识的基础上产生的。它反映个体对自己所持的态度，包括自我感受、自爱、自尊、自信、自卑、责任感、义务感、自豪感、成就感、自我效能感等层次。其中，自尊感是自我体验中最主要的方面。

3．自我调控

自我调控是自我意识在意志方面的表现，指个体对自己的行为与心理活动的自我作用过程；或者说人对自己的行为和心理活动的主动的掌握。它包括自立、自主、自律、自我监督、自我控制和自我教育等层次。

其中，自我控制和自我教育是自我调控中最主要的方面。

以上三者是密切联系在一起的，自我认识是自我体验和自我调控的基础和前提；自我体验是自我认识和自我调控的动力或阻力；自我调控是自我认识得以进行的必要条件，并能控制和改造人的自我体验。三者有机地组合在一起，构成人的自我意识。

三、成熟的自我意识包含的内容

婴儿出生后，他的自我意识不断地复杂化与丰富化。成熟的自我意识由低到高至少表现在以下三个方面：

1. 能意识到自己的身体、身体特征和生理状况

例如，能知道自己的眼睛、鼻子、嘴等感官在什么地方；能把自己的动作和动作对象区分开来；知道自己的姓名、性别、身材、容貌等。这是生理自我的时期。

2. 能认识并体验到内心的心理活动

或者说能知道自己头脑中的活动过程，即能解释或描述自己头脑中的活动，可以称作心理自我的时期。例如，低年龄儿童有时不能确切地知道某段文字自己是否明白了或是否记住了，这表明他们还没有达到认识并体验到自己的内心活动的水平。

3. 能认识并感受到自己在社会和集体中的地位和作用

这可以说是高级的心理自我的水平，也可以称作社会自我的时期。例如，能正确认识到自己的优点和缺点、优势和劣势，能对自己的实力作出正确的评估，对自己在集体和社会中可能发挥的作用以及自己所处的地位有恰如其分的判断和体验等，就是自我意识在这一水平上的表现。

可见，个体的自我意识从无到有，从简单到复杂，从低水平到成熟，要经历一个漫长的过程，大约需要 20 多年的时间。甚至随着个体生活条件的变化或社会环境的改变，个体还需要对各种新情况进行重新评价和认识，从这个意义来说，形成正确的、成熟的自我意识就是一个人一生的发展任务。

四、自我意识的发展在人格形成过程中的作用

1. 自我意识的发展是人格形成水平的标志

也是推动人格发展的重要因素，如前所述，婴儿出生后的第一年是没有自我意识的，他们不能把自己作为主体从周围世界的客体中区分开来。到了一岁末才有了自我意识的萌芽，以后在实践活动中、在与人们的交往中，使自我意识的水平逐渐发展起来。包括生理自我、心理自我和社会自我的不断丰富、发展，形成一个独特的自我。在此期间，个体在认知、情感、意志等方面也就形成了自己独特的人格特征。可见，一个人自我意识的从无到有，从低水平到成熟，也就标志着一个人的人格的逐渐发展与形成。实际上，自我意识本身就是人格的重要内容。随着个体自我意识的发展，也逐渐促进了个体的学习、生活的自觉性，逐渐形成了符合社会行为规范的道德品质、理想、信念、兴趣爱好等独特的人格特征。从而促进了个体人格的发展。所以，自我意识的发展又是推动人格发展与成熟的重要因素。可见，自我意识与人格发展的关系是相辅相成的，它既是人格发展的标志，又是推动人格发展的重要因素。

2. 健全的自我意识是心理健康的调节者

心理学的研究表明，人的一切心理活动都受自我意识发展水平的调节，心理健

康也不例外。个体生活中产生的这样那样的心理与行为的失衡现象，也多与自我意识的不健全有关。例如，人的抑郁、自卑、厌学、考试焦虑、人际关系不协调等心理上的失衡，甚至心理变态、偏执人格等，都在一定程度上与人不能正确地评价自我，或缺乏正确的自我体验，或不善于自立、自律、自我调控有关，这些也都是自我意识方面的缺陷。

第二节　大学生自我意识的发展历程

大学生的自我意识是在儿童和青少年时期自我意识发展的基础上，进一步发展起来的，既有继承性又有自身的特点。

一、个体自我意识发展的一般历程

心理学的研究表明，个体自我意识的发生、发展大致经历三个阶段，即自我中心时期、客观化时期和主观化时期。

（一）自我中心时期

3 岁前的婴儿基本上属于这一时期，主要是生理自我阶段。正如前述，婴儿刚出生后是没有自我意识的，大约 8 个月左右开始知道自己的眼睛、鼻子、嘴等五官在自己身体上的什么部位，这是生理自我的萌芽时期。直到 3 岁左右，婴儿的自我意识才有了比较明显的发展。开始出现了羞愧感、占有欲和嫉妒感；对第一人称“我”的使用频率提高了；经常会提出“我自己”的要求，这是自立的表现。但 3 岁儿童的行为还是以自我为中心的，即总是把自己的想法和情感投射到外界的事物上去，总是以自己的想法解释外部世界。以为自己的喜怒哀乐就是别人的喜怒哀乐；自己的想法、态度和行为也是别人的想法、态度和行为。

（二）客观化时期

这是自我意识发展的第二阶段，3 ～ 13 岁、14 岁儿童的自我意识基本上属于这一阶段。这个时期是个体接受社会文化影响最深的时期。这个阶段的儿童先是在游戏中学习和扮演各种角色。之后，又接受学校教育，在学校中要接受和承担一定的社会义务和责任，如按时完成作业、参加集体活动、学习各种技能、技巧和社会规范等，通过各种活动，儿童逐渐对自己的社会属性和社会责任有了一定的认识，并尽量使自己的行为得到社会、他人的赞许和尊重，力图使自己成为一个符合社会要求的人。这时的儿童已逐渐能够区别自我与周围事物，并努力调节自我与周围人和事的关系，可以说是获得了社会自我的阶段。

但总的来说，这个时期儿童的自我意识还是比较肤浅的。他们虽然能认识到自己是一个主体，可以认识并解释自己的行为，但却不能很好地了解自己的心理状态。他们的眼光是向外的，引起他们的兴趣和注意的是外部世界。他们往往照搬成人的观点，将其作为自己对外部世界的认识。例如，小学生作出数学题，却不能说明是怎么做出来的，不能解释为什么是对或错的，就表明他们还没有很清楚地认识并体验到自己头脑中（内心世界）的活动过程。

（三）主观化时期

十三四岁以后到成人的自我意识的发展属于这一阶段。这时，个体的自我意识趋于成熟，并逐步获得了心理自我，即较深入地发现了自己的内心世界。在个体的头脑中，已能较明确地区别主观的我与现实的我，他们的理想、信念、价值观、人生观已基本形成，并逐渐趋向成熟和稳定；他们开始关心自己的形象和心理活动，自我认识更加全面和客观；自我体验也更加深刻和稳定；自我控制能力不断发展；不再轻易地认同别人的观点，而是有了自己的独特见解，从此，个人的主观性、独创性不断增强。

可以说，此时个人的自我意识基本上趋于稳定和成熟。但这并不意味着个人自我意识的发展就终止了。因为在今后不断变化的环境中，个体需要不断地重新认识自己、体验自己，不断地自我设计、自我调控和自我完善。

二、大学生自我意识的发展历程

如果说婴儿时期是自我意识的发生阶段，中小学时期是自我意识进一步发展的时期，那么大学时期就是自我意识迅速发展并趋向成熟的时期。一般而言，大学生自我意识的发展要经历一个明显的分化、矛盾、统一、转化和稳定的过程。

1. 大学生自我意识的分化

大学生是心理自我迅速发展的时期，其突出表现是自我意识的分化，这时笼统的我一分为二：主体我和客体我。主体我是自我意识的主体，处于观察者的地位；客体我是自我意识的对象，处于被观察的地位。一般情况下，观察者的自我是理想自我；被观察的自我，是现实自我。

理想自我是指一个人想要达到的完美形象，是一个人追求的目标。理想的自我可能是符合客观现实要求的正确的、积极的理想自我，例如，想成为学识渊博的人民教师，想成为医术高明的乡村医生等；也可能是违背客观现实要求的消极的、虚幻的理想自我，如想成为“时代的超人”等。树立正确的理想自我有利于发挥大学生的积极、主动性，使他们对未来充满自信与期待，努力争取使理想自我成为现实。

如果理想自我失衡，与客观现实的要求相悖，就会导致个体产生猎奇、虚荣、失落、自卑等不正常的心理和行为。

现实的自我是一个人对自己当前所达到的实际情况的意识，即对自己目前实际情况的看法。如“我是个好学生”“我是个诚实的人”等。当然对现实自我的认识，有的可能是符合实际的，有的可能是不符合实际的；有的全面、清晰、具体，有的可能片面、模糊、笼统。

自我意识的分化，使大学生主动、迅速地关注自己的内心世界和行为，并产生了新的认识，开始意识到自己从来没有注意到的“我”的许多方面和细节。因此，这一时期的大学生的自我沉思、自我分析、自我反省也明显地增多起来。大学生自我意识分化的正确与否，取决于社会环境的影响和他们自身的心理发展的水平。

2. 大学生自我意识的矛盾

大学生自我意识分化的同时，必然会导致自我意识的矛盾。因为作为“主体我”的观察者，在观察和评价“客体我”的被观察者时，会不断发现现实的自我存在许多不合乎理想自我要求的情况。因此，产生了主体我和客体我，理想自我和现实自我的矛盾斗争，并导致了大学生的内心冲突和心理矛盾，甚至产生了很大的内心痛苦和强烈的不安感。

大学生这种自我意识的矛盾，常使他们对自我的评价也是矛盾的，对自我的态度是波动的，对自我的控制是不自觉、不果断的。例如，他们时而能客观地评价自己，时而又过高或过低地评价自己；时而对自己很满意，认为自己什么都行，时而又对自己不满，觉得自己这也不行，那也不是；有时觉得自己很成熟、很独立，有时又认为自己很幼稚、太单纯。这是大学生迅速走向成熟而又未完全真正成熟的集中表现，是大学生心理发展过程中的正常现象。大多数的大学生都能通过自我意识不断的分化、矛盾与斗争，逐渐在新的水平上达到自我意识的统一，走向自我意识的真正成熟。

3. 大学生自我意识的统一

自我意识的统一是指自我意识的方方面面在新的水平和方向上的协调一致。例如，主体我和客体我，自我认识、自我体验和自我调控，自我与外部世界（环境、教育、社会发展等）等的协调一致，就是自我意识的统一。它们集中体现在理想自我和现实自我的统一上。

大学生自我意识的统一，既有积极的、正确方向上的统一，也有消极的、错误方向上的统一。积极的自我统一，是指大学生的理想自我比较正确，既符合社会要求，又符合自己的实际。对自己当前的实际情况的认识比较全面，自我评价比较客观，在通往理想自我的过程中，善于总结经验教训，善于对理想自我与现实自我的矛盾进行积极的调控。积极的自我统一是激励大学生进行自我实现的强大动力。消极的自我统一，是指大学生的理想自我与现实自我不一致，或理想自我不符合社会要求，或理想自我不符合自己的实际。例如，有的大学生对自己评价过低，或与确定的理想自我距离太大，经过努力也无法达到理想自我的要求。因而悲观、失望、抑郁、自卑；有的大学生对现实的自我评价过高，偶有成功便盲目自信、骄傲自大；或将理想的自我代替现实的自我，而自我陶醉。消极的自我统一，可能成为个体走向错误道路的起点。这样的大学生应是高校心理咨询和德育工作的重点对象。

消除自我矛盾获得自我统一的途径大致有三：一是，坚持理想自我，努力改善现实自我，使之逐渐接近理想自我；二是，修正理想自我中某些不切实际的过高标准，同时努力提高现实的自我，使理想自我与现实自我的差距逐步接近；三是，放弃理想自我，迁就现实自我。

总的来说，在获得自我意识统一的过程中，首先要解决的问题是确认“理想自我”的正确性与可行性；然后，将确定的理想自我与现实自我相对照，找出二者之间的矛盾和差异；最后，选择有针对性的措施，有计划地去解决矛盾，缩小差距，以获得自我意识的统一，但由于个体的社会背景、生活经验、智力水平、追求的目标等方面的差异，在自我意识分化、矛盾、统一的途径方面都会有差别，最后获得统一的结果和类型也会是不同的，这都是正常的。

4．大学生自我意识的转化与稳定

大学生自我意识的统一并不是一次完成的，而是经过了分化—矛盾—统一；再分化—矛盾—统一的过程。每一次的统一都表示自我意识在质上的转化，标志着新水平的自我意识的诞生。无论是积极的自我统一，还是消极的自我统一，都会使原有的自我意识发生较大的转化。积极的统一使自我意识进一步向健康的、更高水平的方面转化。消极的统一则向相反的方向转化。自我统一后的新的自我的形成，在一定程度上意味着一个人的人格的逐步成熟和稳定。

总的来说，大学生是理想自我与现实自我矛盾的突出时期，也是趋向统一和转化的关键时期。一般来说，一年级大学生还具有一定的依赖性和盲目性；二、三年级的大学生理想成分较多，容易想入非非；三年级以后就显得较沉着和稳定了。而具体到每一个大学生，由于他们的经历不同、环境影响不同、身心发展的水平不同等因素，他们自我分化的时间、自我矛盾的强度和倾向以及自我统一的早晚也会不同。而且，自我意识的发展是终生的，并不是在大学时期经历了自我意识的分化、矛盾和统一后就不再发展了，只不过是逐渐趋于稳定，再变化和发展不会像原来那么急剧和突出了。

三、大学生自我意识发展的特点

（一）大学生自我意识发展的总趋势

我国心理学工作者黄希庭等人于20世纪80年代末、90年代初对我国大学生自我意识的研究结果表明：

第一，我国大学生自我意识的总体发展水平较高，大多数大学生的自我评价与别人对他们的评价是比较一致的；他们的自我认识、自我体验和自我调控基本上是协调统一、同步发展的。

第二，我国大学生的自我意识总体上是随年级上升而发展的。但大三学生在自我认识和自我调控方面的水平却较低，而自我体验最为强烈。他们的内心矛盾冲突最尖锐，思想斗争最激烈，是回顾与展望最多的时期，可以认为大学三年级是大学生自我意识发展的“转折期”。

第三，我国大学生的自我意识具有较明显的时代特点。例如，他们的改革意识、民族意识、竞争意识、成才意识、参与意识、社交意识都比较突出。

研究也发现，我国大学生在理想自我和现实自我之间还存在一些明显的矛盾。主要表现在：①自我意愿高而多，自觉行动低而少；②自我认识较清楚，而自我调控能力相对落后；③过分关注自我、过于看重自己，而对他人、集体、社会考虑较少。这说明我国大学生的自我意识的发展还有待于进一步的深化和加强教育。

（二）大学生自我意识结构中各因素的发展特点

1．大学生自我认识发展的特点

自我认识是自我意识发展的基础，其中自我评价是自我认知的核心成分。大学生自我认知方面的主要特点为：

第一，自我认识更具主动性和自觉性。进入大学后，除了学习上的问题外，大学生最为关心的是对自我的认识，他们经常会认真地思考“我是一个什么样的人？”“我聪明吗？”“别人会怎么看我？”“我将来应该成为一个什么样的人？”等问题。为了获得满意的答案，他们会经常主动地把自己与周围的人进行对照，来评价自己。另外，对能帮助提高自我认识的有关书籍、杂志、心理测量信息也特别感兴趣，并且为了适应时代的要求，还能自觉地参照书籍、媒体中介绍的人物品质与自己做比较，力图将社会期望的品质内化为自我的人格特征。

我国心理学家韩进之教授关于我国大学生自我意识发展特征的调查表明，我国大学生中完全能够进行自我反省和自我调控的人数比例，一至四年级分别为10%、6.25%、28.75%和46.25%；能够自我反省，但需要别人帮助者的人数比例分别为87.35%、91.25%，62.5%和50%；完全不能自我反省者只占1.25%～2.25%。说明，随着年级的升高，能够自我反省的人数比例也越来越高。绝大多数的大学生属于“能够自我反省，但需要别人帮助”的状态。

第二，自我评价能力在增长，但仍有片面性。自我评价是主体对自己的思想、愿望、行为和人格特点所作的某种判断。研究表明，大学生的自我评价能力，随着年级的上升而提高。与中学生相比，大学生的自我评价表现出更现实、更客观、更全面的特点。他们的自我评价与他人（老师、家长、同学）对其的评价已基本一致，其间没有显著差异。

大学生对自我形象的评价方面表现出如下特点：①自我形象的内容更加丰富。能够对自己内心深处的情感体验、需要动机、理想愿望等进行较深入的分析性的描述。而中学生多是整体的、笼统的描述。②自我形象的社会性更加增强，除了与中学生一样比较重视自己的身体和外表外，大学生还更重视对自己的智力才能、气质、性格、社交能力、理想动机等进行分析与评价。③自我形象的概括性水平提高。中学生对自我的描述往往是具体的、局部的；而大学生则更倾向于抽象、概括和全面地描述。例如，中学生描述自己说：“我是中国人”，“我是中学生”，而大学生则可能说“我是龙的传人”，“我是新时代的开拓者”等。

与此同时，大学生的自我评价也表现出一定的片面性。主要体现在对自我的低估和高估。研究表明，绝大多数的大学生都有自我高估的倾向，也有少部分大学生有低估自我的现象。这种对自我高估或低估的片面性，都是源于大学生富于理想、自尊心强、抱负水平高，加之，世界观和人生观尚不健全等原因，因此，还不能把理想自我与现实自我有机地结合起来。

2．大学生自我体验发展的特点

自我体验是个体在对自己进行认识和评价的基础上，对自己产生的满意或不满意的内心感受。自尊感是自我体验最主要的方面。大学生自我体验方面的主要特点为：

第一，大学生自我体验的内容比较丰富。几乎每一个人身上的情感体验中，都同时并存肯定的、否定的，积极的、消极的体验。在一项关于大学生自我体验基本情调的调查中，列举了20对描述情感自我体验的具有相反意义的词或成语，如热情—冷漠、憧憬—悔恨……要求被试从中选出10个能表达自己近半年来的心情的词语。结果表明，大学生自我体验的基调倾向于：热情、憧憬、自信、舒畅、紧张、急躁等。说明了他们情感体验的内容是比较丰富的。

第二，大学生自我体验的敏感性较强。他们对外部世界和内心世界的许多方面的自我体验都比较敏感，尤其关心自己在他人心目中的形象与地位。对别人对自己的看法和意见特别敏感，别人一句漫不经心的话语，往往会引起他们久久的思索，或闷闷不乐，或产生一连串的联想。有时，别人一个赞许的眼神或词语也会使他们久久的体味和暗喜。

第二，大学生的自我体验较为强烈。由于大学生的自尊感比较突出，一旦受挫或失败，就会产生比较强烈的内疚和压抑情绪。取得成绩时所产生的积极、肯定的情绪体验，很容易发展为骄傲自满、忘乎所以。受挫或失败所产生的消极、否定的情绪体验又往往发展为悲观失望、自暴自弃。

3．大学生自我调控发展的特点

自我调控是自我意识在意志方面的表现，指个体自己的行为与心理活动的自我作用过程。大学生在这方面的主要特点为：

第一，自我期望的意向更崇高。随着大学生自我认识的提高和社会对其成长的高度期望，他们形成了一定的理想和志向，并期望在未来获得较大的成就。中学生也有自己的期望和志向，但中学生所构建的各种职业理想多基于个人的兴趣，如当一个医生、一个科学家、一个法官等。而大学生随着价值观、人生观的逐步形成，就形成了一定的政治、道德、哲学观念所支配的理想和信念。如为振兴中华而奋斗，为实现我国社会主义现代化而献身，成为一个诚实的、正直的对社会有贡献的人等。

第三，自我设计、自我完善的愿望较强烈。大学生有了自我成长的理想后，就产生了围绕理想的目标而自我设计、自我完善的意向。他们经常会提出“我应该成为一个什么样的人”，“怎样才能成为我所希望的那种人”等问题。他们期望自己有大方的仪表、风度等良好的外部形象，有广博的知识、才干，有美好的心灵和良好的社会声誉，希望自己成为德才兼备、博学多才、富有开拓性精神、适应性强的人才。总之，期望自己在各方面都变得完美，并为实现这些美好的愿望而采取实际行动。

大学生的自我完善主要与社会的人才标准相联系，更多的是使用社会性的人才标准要求自己，尽量使自我完善与社会的要求相符合。这与中学生以个人的兴趣、愿望为依据，与英雄模范人物联系在一起的自我完善是有区别的。

第三，有强烈的独立意识。随着大学生生理、心理和社会性水平的提高，他们的成人感特别强烈，总是期望摆脱中学时代的依赖性和幼稚性。因此，经常会向成人提出独立自主的要求。他们喜欢独立地观察事物、思考问题，乐于独立组织活动、解决问题。而对成人的絮叨，烦琐的管教和指点十分厌烦。他们要求平等、理解，不愿接受成人对他们生活上的各种安排，渴望真正走自己的路，从而也会带来一些对现实的不满和对成人的反叛倾向。为此，在尊重人格的基础上，积极营造一种相互平等、信任、理解的和谐气氛，对于达到良好的教育效果是十分必要的。

第三节 大学生自我教育能力的培养

一、自我教育的含义

1. 自我教育概述

自我教育是主体自我按照社会要求对客体自我所实施的教育，具体地说，就是主体主动地提出自我修养的目标，并以实际行动努力完善或培养自己的人格品质的过程。它是自我意识的最高级表现，特别是在自我评价能力发展的基础上产生的要求。年幼儿童由于自我评价的能力较低，还不甚理解人格品质的发展及其培养的意义，因而谈不上自我教育。他们需要成人为他们设计培养目标，安排教育内容，并具体帮助他们成长。而大学生随着他们自我意识和独立自主要求的发展，自我教育的要求逐渐强烈起来。自我教育是大学生完善自我、形成人格、实现自我价值的重要途径。但自我教育的能力不是自发形成的，而是个体在社会实践活动中，通过外部教育环境有目的地培养，逐步发展起来的。

2. 自我教育的环节和内容

一般来说，自我教育主要包括以下环节和内容：

首先，是主体认识到学校和社会对自己提出的具体标准和原则，有使自己的言行符合这些标准和原则的愿望，从而产生自我教育的动机。

其次，是主动自觉地分析自己的优点和缺点，正确地进行自我判断和评价。

第三，是制定提高自我和完善自我的计划，明确努力目标和达到目标的措施。

第四，是执行计划。运用各种自我激励的手段，逐步实现提高自我和完善自我的目标。自我激励的手段有自我分析、自我鼓励、自我命令、自我监督等。

可见，激发自我教育的动机，进行自我评价、全面认识自我、制订和实施自我完善的计划等都是自我教育的重要条件。但不同年龄阶段，自我教育的内容和目标是有区别的。

二、大学生自我教育能力的培养

1. 树立远大理想，激发自我教育的高尚动机

理想是人生观的基本内容，它是人所向往的目标，是激励个体为未来的人生目标奋斗的心理倾向。

自我意识虽然是对“我”的意识，但不应成为“为我”的意识。自我意识的最

高境界应该是认清自己的社会职责，超越自我的功利动机，树立起舍己为公的高尚的动机意识。个体一旦树立了符合社会要求的远大理想，就会为实现这个理想而奋斗，形成正确的人生观。如果理想偏离，就会形成只为一己私利而奋斗的错误的、低级的人生观。也只有树立了远大的理想，才能产生正确的、高尚的自我教育的动机。

2. 通过多种渠道全面认识自我

全面认识自我，是形成正确的自我意识的基础。一个人只有全面、正确地认识自我，才能客观、准确地评价自己的优点和缺点、优势和劣势，从而才能制订出合理可行的自我教育计划，并为实现计划目标而不懈努力。

自我意识是自己（主体我）对自己（客体我）的认识，做到全面而准确地认识自我并不容易，需要凭借多种参照系。一般可以从以下几方面着手：

（1）从不同方面全面的剖析自我

首先，要全面剖析自我的人格。人格是对一个人总的描述，它包括了人的思想、态度、兴趣、气质、潜能、人生哲学以及体格、身材、容貌等生理特点。它是一个人心理的、生理的个体性的多方面的综合。而每个人人格的各种因素的优劣是不同的。例如，有人可能长相不美，但知识渊博、兴趣广泛；有人可能智商不高，但思想品德高尚。只有对个人人格因素进行全面的分析和考察，才能知道自己有哪些优点和缺点，长处和短处。如果只看优点不看缺点，就会骄傲自满；只看缺点不看优点就会失落自卑。

其次，要全面分析自我不同角色的表现。一个人在不同的生活环境中扮演着不同的角色。如在家庭中是子女，在学校里是学生，而在班级或学校社团里又可能担任领导。在不同角色地位上的表现和得到的评价可能是十分不同的。如在家里备受父母的宠爱、夸奖；在班级可能学习成绩一般，表现平平；而在学生社团里则可能表现出色。所以，只有把别人对自己扮演的不同角色的评价全面估量，才能更准确地认清自我。

第三，要全面分析自我在不同时期的表现。自我是在不断地发展和变化的。个体在不同时期、不同环境下会有不同的表现，获得不同的评价。例如，在中小学时，一直是学习尖子，表现突出，备受同学的欣赏和老师的青睐；而到了大学则可能学习一般或落后，从未受到过别人的肯定与表扬。因此，对自我的认识，还要通过长期的实践，全面地考核与评估。

（2）通过比较客观地评价自我

个体各方面的好、坏、优劣，不能只依个人的自我观察为依据，而是由个人的实际表现和多方面的评价决定的。

首先，可以通过听取和分析他人对自己的评价来认识自我。心理学的研究发现，个体的自我认识会有意无意地受到他人的评价的影响。虽然，随着大学生心理水平的发展和成熟，不会简单笼统地听取和接受他人的评价，但在接受他人评价前对评价者的情况及其评价的内容进行一定的分析，还是十分必要的。例如，分析评价者是否学有专长，是否值得信任；其评价的态度是否认真、坦诚；其评价的内容与自己的评价是否一致，差距有多大等，然后才会有选择地接受他人的评价，形成关于自我的观念，达到认识自我的目的。因此，虚心听取和认真分析他人的评价，对于拓宽思路，客观地评价自我，是有有益的借鉴作用的。

其次，可以通过与他人的比较来认识自我。因为个体对自我的认识并不是孤立进行的，总是不由自主地将自己与他人进行比较，而且只有在与他人比较的过程中，才能较客观地认识到自己能力的高低，道德品质的好坏，追求的目标是否恰当等，从而才能作出较准确的自我评价。因此，要学会将这种不由自主地比较变成自觉的、有目的的比较。不仅要和与自己情况差不多的人比较，还要勇于与比自己强的人比较。从与他人的比较中认清自己的优势和劣势、长处和短处，从而达到取长补短，缩小差距的目的。

第三，要善于通过自我比较来认识自我。自我比较就是把当前的“自我”（现实自我）与过去的“自我”和将来的“自我”（理想自我）进行比较来进一步认识自我。看看过去的我取得的成就；看看现在的我比过去的我是进步了还是退步了？看看未来我的抱负水平是否恰当？一般来说，过去的成就水平高，就容易对自己作出积极的评价；而未来的抱负水平越高，个体越不容易满足，越难于对自己作出肯定的评价。只有在这种自我比较中，才能比较准确地做出自我评价，才能确定出适合于自己的恰当的抱负水平，并信心百倍地为之努力。

3．不讳疾忌医，积极地悦纳自我

要培养自我教育的能力，除了全面地认识自我外，还要积极地悦纳自我。所谓悦纳自我，就是对自己的本来面目抱接纳、认可、肯定的态度。或者说是无条件地接受自己的一切。对自身的优点和缺点，成功和失败的现象都要抱自我认可、坦然接纳的态度。因为每个人都不是十全十美的，都有优点和缺点，既不会事事能、事事行，也不会事事都不行。因此，应该接纳自己的一切条件，并肯定它的价值，既不自以为是，也不妄自菲薄。对自己的长处要充分发挥，对自己的短处也不要过多地抱怨、自责，要进行客观地分析，扬长避短。

一般地说，短处有两种：一种是可以改变的，如不良习惯、坏脾气、缺乏意志力等。对此，要努力改正。另一种是无法补救的，如容貌、身材、残疾等。对此，也要面对现实，勇于接纳。同时在内在修养、知识学问、心灵美等方面下功夫，以“内秀”补“外丑”。

此外，要学会正确地对待挫折和失败。因为，在个人成长的道路上挫折和失败是难免的。首先要有勇气面对挫折和失败，然后在总结经验教训的基础上，树立自信，再接再厉，不断战胜挫折和失败。

4．加强自我反省和监督，努力完善自我

个体在全面认识自我、积极交纳自我的基础上，要努力完善自我。不断完善自我是个体自我教育的最终方向。它实际上是一个合理确立理想自我，努力提高现实自我的过程，也是一个主动改变现实自我，以实现理想自我的过程。

实现自我完善的重要措施，就是对自身的发展不断地进行反省与监督。对自我进行反省与监督可以从以下几方面着手：

第一，对个人在德、智、体各方面的表现进行反省与监督，看看自身的发展是否符合教育目标的要求。

第二，联系他人的评价进行反省，看看自己的表现是否与别人的评价相符合，并找出问题存在的原因。

第三，取得成绩时要找差距和不足，以勉励自己不骄不躁，继续完善自我。

第四，受到挫折和失败时，要寻找原因，以吸取教训、树立信心、再接再厉。

只有在个体发展的道路上，不断地反省和监督自我，才能改变现实自我，逐渐接近理想自我的目标。

第十一章　高校学生的群体心理与人际关系

第一节　高校学生的群体心理

一、群体的概念

群体也称团体。两个人以上，为了达到共同的目标，以一定的方式联系在一起进行活动的人群就是群体。学校是一个大的群体，年级、班级则是不同层次上的群体。

（一）群体的特点

1. 群体成员之间具有一定的共同目标

为了实现这个目标，群体通常制定一系列规范。长期存在的群体往往还发展起了自己特定的亚文化，有自己的价值观、态度倾向与行为方式。

2. 群体是有组织的人群，具有一定的结构

群体内每一个成员，都在群体中占据一定的位置，执行着一定的角色，有一定的权利和义务，彼此之间相互交往，形成了一个人际关系网络。

3. 群体成员心理上有依存关系和共同感，并存在一定的相互作用与相互影响

偶然聚合的人群没有共同目标与隶属感，没有结构和社会角色的分化，社会心理学家称这类人群为聚合体。

（二）群体的功能

1. 生产性功能

生产性功能是指群体在实现特定的组织目标、完成某项工作任务中的功能。如在工厂中，群体的生产功能体现为完成生产指标，提高生产效率。班级形式的群体是学校里的基层群体，其生产功能体现为教学功能和教育功能，学校通过班级群体来实现培养社会主义接班人的总体目标。

2. 维持性功能

维持性功能是指群体通过人际相互作用，不但满足成员诸如安全、归属和友谊、

获得精神奖励和物质奖励等各种需要，而且还通过它密切成员之间的关系，增加凝聚力，提高士气，从而保证组织的有效运行。学校和班级的维持性功能，体现为对教职工及学生的凝聚功能。

二、群体对个体的影响

群体是由个体组成的，但在群体中的个体不是孤立存在的。在群体中，个人与其他人相互作用，这本身就构成了一个刺激。个人要对这个刺激作出反应，于是表现出不同于独处时的行为。也就是说，群体会对其中的个体产生影响，而个体在群体情境下会出现心理和行为上的变化。

（一）社会助长作用和社会阻抑作用

1．社会助长作用

社会助长作用，也称社会助长，指个人对别人的意识包括别人在场或与别人一起活动所带来的效率的提高。也就是说，个体在群体中活动增质增量的倾向被称为社会助长作用。

最早以科学方法揭示社会助长现象的是心理学家特利普里特。他的研究发现，别人在场或群体性的活动会明显促进人们的行为效率。他让被试在三种情境下，骑车完成 25 公里的路程。第一种情境是单独骑车计时；第二种情境是骑车时让一个人跑步伴同；第三种情境是与其他骑车人同时赶路。结果表明，单独计时情况下，平均速度为每小时 24 英里；有人跑步伴同时，平均每小时达 31 英里；而与其他骑车人同时赶路时，平均时速为 32.5 英里。

产生这种现象的原因是：①由于多数人在一起活动，增强了被他人评价的意识，从而提高了个人的兴奋水平；②增加了互相模仿的机会和竞争的动机，减少了单调的感觉和由于孤独而造成的心理疲劳等。

2．社会阻抑作用

社会阻抑作用，也称社会干扰或社会惰化。指别人在场或与别人一起活动，造成了行为效率的下降。即群体情境使个体活动减质减量的现象被称为社会阻抑作用。

例如，在写文章、解复杂的数学题时，在群体情境下往往不如单独完成得好，有时虽数量多，但质量却不高，就连简单的乘法运算也可能出错。卡特莱尔等人进行了社会助长的研究，他让被试在独自一人、和群体一起两种情境中学习单词配对表。配对的单词有两类，一类是学起来比较容易的同义词，另一类是学起来比较困难的无关单词。结果表明，在比较容易的工作上，群体背景有明显的社会助长作用，成绩好于独自一人的情境；而在困难的无关的配对单词的工作上，效果正好相反，群体背景带来了社会干扰，成绩反而不如一人独自完成的情况。

在什么情况下发生社会助长作用？什么情况下发生社会阻抑作用呢？研究表明，这取决于活动的性质和个人技能熟练的程度。在复杂的脑力劳动中，群体情境对个人有干扰作用；在简单、机械的活动中，群体情境对个体有助长作用。但即使在简单的活动中，也只有在个体已经十分熟练地掌握了活动的技能的情况下，群体才有助长作用，否则也会产生阻抑作用。

3．社会惰化

社会惰化，也称社会惰化作用或社会逍遥，指群体一起完成一件事情时，个人所付出的努力比单独完成偏少的现象。

达谢尔发现，随着共同完成一件事情的人数增加，每个人所付出的个人努力程度也会相应地下降。他用实验的方法测量了拔河比赛中每个人的用力水平，结果发现，参与的人越多，每个人在群体中的平均拉力越小。社会心理学家们在七八十年代所做的大量研究表明，社会惰化作用在现实生活中是广泛存在的，即使是在强调集体主义的亚洲国家和地区，也同样存在着社会惰化现象。

对于社会惰化现象的产生原因，一个普遍认同的观点是，个人的评价焦虑减弱，使个人在群体中的行为责任意识下降，行为动力也相应降低。

不过，研究也发现，人们在以下几种情况下，较少出现社会惰化作用：①群体成员之间关系密切；②工作本身具有挑战性、号召性或有效地激发人们的卷人水平；③以群体成功为目标的奖励引导；④群体有鼓励个人投入的“团队”精神；⑤个人相信群体成员也像自己一样努力。

（二）从众和服从

1．从众

从众是指人们在群体的影响和压力下，放弃自己的意见，而采取与大多数人一致的行为的心理状态，即在知觉、判断、信仰以及行为上表现出与群体中多数人一致的现象。也就是个体在群体压力下表现出与群体中多数人一致的意见或行为的现象叫作从众。

从积极方面讲：从众对于个人适应社会具有非常重要的意义。任何一个社会，无论从社会功能的执行，还是从社会文化延续的角度来说，多数人的观念与行为保持一致都是必要的。只有群体成员的意见统一，才能形成一个群体成员所必须遵从的社会规范，使对群体成员的必要约束得以实现。

从个人的角度说，一个人只有在更多的方面与社会的主导倾向取得一致，才能适应社会，否则，他将为困难所围绕。更何况任何一个人都是有限的，都不可能适应他所遇到的每一种情境，那么，在这种情境下采取从众的方式，可以使他能在最可靠的程度上达到迅速适应社会。

从众有助于形成群体的一致行为，有助于完成群体目标。在学生群体中，只要有一定数量的学生采取一致的行动，就很容易带动起全体学生。因此，只要成功地引导一部分学生遵守纪律，努力学习，帮助同学，这些行为就可能很快地在班级乃至全校蔚然成风。

从众的实质是通过群体来影响和改变个人的观念和行为，因此，一个先进或落后的群体就会影响到其成员的思想和行为。好的群体环境可以使个人朝着好的方向发展,尤其对后进者能起到潜移默化的作用,这是十分有力而又有效的教育转化作用。当然，有着不良风气的群体也会使个人受到不良思想和行为的影响。因此，教师和管理者要善于利用从众心理，用多数人的好思想好作风来制约学生中可能存在的不良思想和行为。同时要特别防止在群体中形成不良的风气和不健康的舆论。

从消极方面讲：传统中的某些具有消极意义的东西或社会上不良风气，也会产生社会压力，也会使人们从众。这种从众是消极的，会助长不良传统的巩固和歪风邪气的蔓延。

此外，从众心理倾向于形成标准化的行为模式，排斥与众不同，因此，如引导不当，有时会窒息人的创造精神，不利于学生个性的发展。这一点是教师应该特别注意的。

从众是群体压力的结果。当个人与群体中多数人的意见不一致时，个人会受到两种压力：一是，信息上的压力。即周围人给自己提供的不同或相反的信息，而人们一般都认为多数人的看法可能是正确的信念，在不十分自信的情况下就可能犹豫不决，以至放弃自己的看法。二是，规范的压力。多数人的意见或行为似乎是一种规范，人们害怕与众不同而遭孤立，于是符合多数人的意见和做法。

从众受情境和个性两方面因素的制约。情境因素主要有：①问题的性质。问题复杂，情况不明，缺乏判断标准时，容易从众。②群体的权威。群体对个体的权威性越强，个人越容易从众。③群体意见的一致程度。当全体群体成员意见一致时，个人从众的可能性最大，只要有一个人表示不同意见，从众的可能性就会大大降低。

个性因素主要有：①一个人的能力、自信心、自尊水平等个性心理特征与从众行为有密切的关系。自我意识发展水平低、不自信、缺乏自尊的人容易产生从众行为。②群体规模、个人的自我卷人水平、文化差异、性别差异等，也都会成为影响从众行为的因素。

2．服从

服从是指个体按照社会要求、群体规范或别人的意志而作出的行为。

服从是人与人之间相互影响的基本方式之一。服从有两种情况：一种是在有组织的群体规范的影响下的服从，如学生对学校纪律的服从。另一种服从是对权威人物的服从，如学生心目中的优秀教师可能成为这样的权威人物。

服从和从众在形式上具有相似之处，但又有实质的区别。服从主要是指对命令、群体规范或者权威意志的服从。这种服从可能是出于自愿，也可能是被迫的。从众不是对群体规范的服从，而是对社会舆论、群体的气氛压力的随从，即“随大流”。

服从在大多数时候都具有积极的社会意义。每个人在社会生活中总要归属于某个社会群体，而遵守和服从这个群体的规范是非常必要的，它有助于维护社会治安，协调人与人之间的关系。如果不能遵守和服从规范，则有百害而无一利。

三、集体心理

（一）什么是集体

集体是为了实现有价值的社会目标，严密组织起来的、有纪律、有心理凝聚力的群体，是群体发展的最高阶段，具有最高的有效性。学校的任何一个班级都应努力建设成为集体。

1．班集体的特征

大学的班集体是教学活动的基本单位，也是大学生学习、生活的基本组织形式。一般而言，班集体具有以下特征：

①有健全的组织结构和领导方式。②有共同活动目标和共同行为规范、纪律制度。③有平等友爱的人际关系和公正有效的调节机制。④集体意志可促使成员为共同任务而努力，并对每个成员的思想道德观念、行为方式产生重大影响。

2．班集体的作用

大学班集体在大学生的学习、生活等各个方面都具有重要作用：

①具有良好班风的班集体，积极因素多，进步力量强，能给学生以多方面的正面教育和积极影响。②良好的班集体，既能防止班级内不健康的小团体的形成，又能抵制不良风气、不良思想的侵扰，减少和消除不良行为的产生；使好思想和好的行为得到传播和吸收，保证学生有一个稳定的、良好的学习和生活环境。③良好的班集体对于培养大学生的集体主义精神、优良的道德品质以及锻炼大学生适应社会的能力，增进心理健康都是十分重要的。

3．班集体的类型

根据班集体的形成过程和发展水平，可将班集体分为以下几种类型：

（1）简单聚合型

这样的班集体形式上是一个聚合的集体，但学生之间彼此生疏，缺乏情感联系，缺乏明确的集体目标，集体活动通常由老师出面来组织。这样的班集体通常是刚入学的新生班级，但是，也有一些高年级的大学班集体，组织涣散，人心向背，故而也属于简单聚合型的班集体。

（2）一般型

大多数的班集体都属于一般型班集体。在这样的班集体中，同学之间有共同的语言和感受，有日益相近或相同的心理需求。班集体中具有能把多数同学团结起来的学生骨干，形成班集体的核心。

（3）成熟型

在成熟型的班集体中，同学们的主体意识较强，集体舆论的质量较高，集体中舆论、竞争、奖惩等组织行为调节机制能够有效地运行，集体团结一心，具有良好的班风。

（二）集体目标的确立

1. 集体目标

集体目标是所有集体成员共同努力所要达到的目的。集体活动的开展，完全取决于集体目标，没有集体目标，集体本身是难以生存下去的。

集体目标可分为长期目标和近期目标。长期目标是指通过集体成员长期的、坚持不懈的努力才能达到的目标。近期目标是指在较短的时间内集体成员所共同致力的目标。一般地说，近期目标往往比长期目标要明确、具体。

集体成员对目标的理解程度，影响着集体成员的努力水平，也会影响到目标实现的进程。一个明确、具体、容易为集体成员所理解的集体目标，对于促进成员的努力水平具有一定的积极意义；而模糊、难以理解的集体目标，往往会抑制成员的动力。

集体目标需要与社会目标保持一致性。对于大学班集体来说，它的目标就是在集体活动中，将集体成员培养成为符合社会主义现代化建设要求的、德智体全面发展的高级专门人才，这与社会的要求是一致的。

2. 集体目标的形成

集体目标制约着群体的心理，它的确立对于集体的形成和巩固起着关键的作用。使集体成员明确集体目标，并自觉为集体的目标而努力，可以通过以下两条途径来实现。

（1）将目标具体化

为了使集体目标成为班集体自觉要达到的目标，班集体的组织者和指导者，包括班主任、辅导员、班长、团支部书记等，必须对目标有深刻理解，并能结合集体及其成员的特点，将目标具体化、操作化，使它具有本集体的特色。应该强调的是，集体目标既应该具有社会价值，以保证集体活动的正确方向；又应该符合集体成员的个人需要，以使目标得到成员的认可。

（2）开展丰富多彩的集体活动

一个健全的集体，离不开集体的活动，集体成员是在集体活动中逐渐加深对集体目标的理解的。集体活动可以是直接的具有教育性的活动，也可以是简单的群体活动。

对于教育性的活动，教师和学生干部及时地、经常地做好学生的思想工作，使他们明确大学期间自己和集体的奋斗目标，明确合格的大学生的标准，明确本专业对学生的要求。班集体可以采取以讨论会等为形式，做到有针对性。

对于简单的群体活动，可以经常开展一些同学们喜闻乐见的郊游、联欢等活动，也可以组织参加一些公益性活动。通过活动，增加学生之间的接触与交往，增加集体的凝聚力。这对于实现集体目标也是具有很大帮助的。

四、群体规范

（一）什么是群体规范

群体规范，是群体中每个成员必须遵守的，已经确立的思想、行为和评价标准。群体的价值和力量，在于群体的成员在行为、认知乃至情绪上表现出的一致性使成员行为标准化。这种统一是建立在价值观以及某些心理特征和心理状态的接近上的，是群体规范影响的结果。群体规范使成员知道，在什么情况下应该表现什么行为，不应该表现什么行为。

（二）群体规范的功能

1．群体支柱的功能

群体规范是群体得以维持、巩固和发展的支柱。群体的成员是根据规范来相互认同的。一个群体的规范越标准化、特征化，成员之间的关系就越密切，整个群体也越集中。反之，群体规范标准越低，群体也就越松散。

2．评价标准的功能

群体规范作为行为参照标准，赋予言语动作以一定的意义，从而直接制约着交往过程中人们对事物的知觉判断、态度和行为。群体规范为每个成员提供了共同的心理参照原则，用来作为衡量一切言行的是非和好坏的标准。

3．行为导向功能

群体规范指示人们满足需要应采取的方式和相应的行为目标。也就是，告诉人们，为了满足个人的需要，应该做些什么和不做什么。

（三）遵从和内化

集体目标形成后，建立起与集体目标一致的群体规范是很重要的，而规范的有效性则取决于个体成员的遵从水平。

所谓遵从，是指个体按照规范去行动。个人遵从规范的行为，可能由于不同的心理状态而表现为不同的水平：

1. 服从

服从是个人表现出符合规范要求的行为，是由于想要得到外部的奖励或免受惩罚。这种完全受外部诱因控制的遵从行为，只是暂时的、表面的，一旦没有了外力的控制，遵从行为就会消失。

2. 认同

认同是个人受到遵从规范的他人或群体的吸引，感到喜欢和以此自居，并以他人为榜样产生模仿而表现同样的遵从行为。

认同虽然是个人受到认同对象的吸引产生行为，但不限于外部奖惩的控制，而是主动自觉地趋同于遵从规范的他人而表现出遵从行为。这种对规范的遵从比服从更主动。但一旦榜样失去了吸引力或改变了，个人的遵从行为也会随之停止。

3. 内化

内化是个人从内心真正相信规范的要求是对的，认为自己确有必要按照规范来行动，并将规范内化为自我要求，因此，遵从规范的行为完全不受外界的控制，而是自律的结果。规范内化后就成为个人一种较稳定的观念和行为习惯。

不管对规范的遵从是从哪一个水平开始的，外部的实际作用都一定会发生变化。外部的行为表现，内化为内部观念性动作，成为一种思想、观念、态度。而存在于“头脑”中的行为准则，是可以超出时空范围，迁移到其他情境或转向未来，指导个人行为的。集体与群体的一个不同之点就在于遵从规范的自觉程度，也就是规范、内化的水平。

（四）建立积极规范的方法

第一，组织全班学生讨论，达成对班规的共识，制定具体规章制度。同时，规定保证措施，组织落实奖惩办法等。

第二，干部以身作则，并形成积极分子队伍，当群体中有 20% 的人采取一致行动时，就会形成一定的群体压力，从而出现从众效应。

第三，要避免形成消极的非正式规范，如果已经存在，要予以纠正。群体中有正式规范和非正式规范。所谓正式规范是由上级下达的或群体明文规定的规范，如学生守则、课堂公约等。所谓非正式规范，是在成员间约定俗成的默契的行为标准，如朋友间有福同享，有祸同担；彼此忠诚，不向老师告密等。

在实际生活中，这种约定俗成的规范往往比正式的规章制度对成员更具约束力。所以，当正式规范与非正式规范不一致时，学生很容易按照非正式规范去行动。与此同时，正式规范则名存实亡。教师在班级管理中，要特别注意是否存在不良的非正式规范，如果有，就要予以引导纠正。

第四，通过舆论发挥群体规范强大的动力功能。群体规范不仅仅是存在于人们心头的一把尺子，默默地衡量着自己和他人的言行，而且它还会表现出来，成为强大的动力，使人们之间互相影响，这就是舆论。所谓舆论，就是群体中多数人对某一行为的共同意见。当群体中出现某一超常行为或特殊事件时，人们根据当时本群体的规范对这些行为作出内容一致的判断或评论。这种判断或评论是带有一定情绪色彩的，使个体感到巨大的压力，这是规范力量的显示。与规范的性质相对应，舆论也有积极和消极之分，对个体的行为也有支持和抑制的不同作用。反过来，舆论又强化了规范。

五、群体内聚力

内聚力是指群体对个体的吸引力，或使群体成员愿留在群体内的力量；也指成员之间的吸引力，它表现为认同感、归属感和力量感。如果这种吸引力达到一定程度，而且成员赋予群体成员资格以一定的价值时，这个群体就具有较高的内聚力。内聚高的群体，其工作的有效性就高。内聚力的大小，主要取决于群体成员对群体的信奉程度。其影响因素主要有以下几个方面：

1. 成员对群体目标的认同

群体靠共同目标来聚合。群体成员对某一目标的认同，形成了一种共同的忠诚。共同的忠诚是成员间相互认同的基础，成员对群体目标的认同感越高，群体内聚力越强。群体缺乏共同目标或成员不认同，群体就没有将成员联系起来的灵魂，就没有内聚力，就会涣散。

2. 群体的领导方式

不同的领导方式，对群体内聚力有不同的影响。勒温（K.Lewin）及其同事的研究表明，民主式比专制式或放任式更有利于提高群体凝聚力。

民主式的领导可以加强群体内部的团结，受到成员爱戴的好的领导，就会成为群体团结的核心。而专制的领导，就会导致成员在工作上对领导的依赖，领导一离开就不工作，同时群体成员之间关系不良，争吵比民主组多30倍，挑衅行为多8倍。因此，作为学生班级领导者的班主任，本人的思想风格、道德风貌、行为作风，都直接影响着群体内聚力的形成。

（三）群体内部的目标结构和奖励方式

1. 目标结构

所谓目标结构，是指群体中个人目标之间的相互依存关系。一般说来，存在三种目标结构，即竞争的、合作的和个人单独的目标结构，要求不同的人际关系，产生对内聚力的不同影响。

多伊奇关于合作与竞争的研究，揭示了教师用来组织学生学习的合作或竞争的不同方式，对同学关系的影响。他将全班学生分为合作的和竞争的两组，要他们讨论同一问题。其中合作组的学生依据全组的活动成绩得分，即得的是相同的分数。而竞争组的学生则依据个人表现得分,谁在讨论活动中表现突出,谁就得最高的分数。

因此，在合作组里，个人与其他人之间的关系就是合作，而在竞争组里，个人与他人的关系就是竞争。结果显示，合作组的学生在讨论中表现出友善的态度，彼此之间迅速地建立起友谊，个人在群体中有安全感；而在竞争组里，学生的行为则富于攻击性、妨害性、反对性和自我防御性。显然，合作有利于增强内聚力，而竞争则会降低内聚力。

2．奖励方式

奖励方式有两种，即个人奖和群体奖。不同的奖励方式对群体成员的情绪和期望有不同的影响。个人奖励有利于激励个人的积极性，但有离散个体成员之间关系的负面作用；群体奖励有增强群体成员归属感、认同感，从而密切关系的作用，但也可能使成员产生依赖感，个人努力不够。因此，两种方式结合使用是必要的，不可偏废。

（四）外部影响

外部威胁可以提高成员的群体价值观念，从而增强群体内聚力。因此，学生班级之间开展竞赛可增强内聚力。

第二节　高校学生的人际关系

一、什么是人际交往

（一）人际交往的概念

人际交往，简称交往。它包括两个方面的含义。从动态角度说，是指人与人之间的信息沟通和物质交换。信息沟通是人与人之间交往的重要形式，是个人与他人建立联系，并通过这种联系丰富和扩展自身的主要途径。从静态的角度说，人际交往是指人与人之间通过动态的相互作用形成起来的情感联系，亦即通常所说的人际交往。它是人与人之间相对稳定的情感纽带。

人是有意识、有情感的动物，无论是什么样的人，只要彼此间有直接的交往，都会导致一定的、性质不同的人际关系产生。正因为如此，人际关系或人与人之间的情感联系，是人与人之间最具普遍性的联系，它对于人的生活与发展有着根本性的影响。

（二）大学生人际交往的特点

1．交往愿望的迫切性

随着年龄的增长，生活空间的扩展，社会阅历的不断增加，大学生的交往愿望也越来越强烈。同时，人际交往又是大学生开阔视野，早日成熟，适应社会的重要途径。因此，大学生表现出比以往更加迫切的交往愿望。

2．交往内容的丰富性

广泛的兴趣、丰富的情感、充沛的精力、活跃的思想，使得大学生对各种自然的、社会的现象都会产生注意，希望自己见多识广，也使得他们交往的内容变得非常丰富。除了专业知识之外，交往的内容广泛，涉及文学艺术、政治、经济、文化、历史、民俗等各个方面。

3．交往系统的开放性

大学生的求知欲与好奇心强，最容易接受新鲜事物，加之他们来自五湖四海，家庭状况、生活经历各异，而且高等学府中又有信息灵通的特点，决定了大学生的社会交往是一个多层次、多方位的开放性系统。

4．交往观念的自主性

日益增强的自我意识水平和独立思考的能力，使得大学生为人处世不墨守成规，无论在交往方式、交往内容还是交往对象的选择上，虽不免受到传统习惯的影响，却十分重视自己的意见和主张，喜欢用自己逐步形成的观念和尺度去评价社会事物，交往观念具有明显的自主性。因而他们在社会活动中敢于大胆发表自己的意见，不愿简单地接受信息、人云亦云，而希望通过交流思想、感情，探讨共同感兴趣的问题。

二、人际交往对大学生成长的意义

人际交往一般是指人与人之间的信息交流过程，是人与人之间发生相互联系的最主要形式。人醒着的时候，大约有 70% 的时间，都用于人际交往的过程。与他人交谈、读书、看报、上课、听广播、看电视，都是在进行人际交往。人际交往的广度与方便程度，对生活质量有极大的影响。因此人际交往在个人成长中具有重要作用。

1．提供必要的信息，保证人的身心发展

作为信息加工和能量转化系统的人类有机体，必须与外部环境保持相互作用，接受外界的各种刺激，并作出适当反应，才能维持正常的生命活动。更为重要的是，人与人交往所提供的信息，不仅具有物理属性，而且具有社会属性。这种具有社会属性的信息，比一般的物理刺激更为重要。对于因战争而独居深山数十年的特殊个案进行的研究，发现人际交往的缺乏，使人的语言能力及认知能力都受到损害。

2. 有助于建立联系，丰富心理内容

任何人，无论精力多么充沛，他的直接经验都是有限的。人要想适应无穷无尽不断变化的外部世界，就必须凭借人际交往，吸取别人的经验成果。人际交往可以使人无论在思想观念上还是在情感上都变得无限。

在情感上，人们同样是通过人际交往来丰富自己的。人们欣赏绘画、摄影作品，看电影、电视，阅读散文、诗歌、小说，实际上都是在体验作者创作的情感历程。不仅如此，受作品的激发，人们在欣赏过程中，还会产生许多作品中没有或超越作品的情感体验和思想观念。在情感体验的性质上，人际交往的过程使积极的情感体验加深，使消极的情感体验减弱。正如一位哲人所说：快乐与别人分享，快乐增加一倍。而痛苦与别人分担，痛苦减轻一半。人际交往，使人生真正变得丰富多彩，使人的有限生命走向无限。

3. 促进自我概念的形成

自我概念包括对自己的观察、评价，对自己的身份和角色的意识，对自己应当怎样行为以及别人对自己如何评价等方面的观念，简而言之，自我概念就是关于自己的概念。如果一个人的自我概念是积极的，相信自己在某种挑战面前能够取得胜利，那么他就会采取行动去迎接挑战；相反，如果一个人的自我概念是消极的，相信自己不能取胜，那么他只能采取退缩的行为，回避这个情境。如果一个人有道德清廉的自我概念，那么他会洁身自好，不轻易与人同流合污。相反，如果一个人没有自信，觉得自己本来就不能与人相比，是社会渣滓，那么他就会破罐破摔，丧失自我完善的要求，做出各种破坏行为。

人的自我概念是在与他人的交往过程中逐步发展起来的。儿童最初并不知道如何评价自己，他们的自我概念直接来自成人的交往。他们将成人对自己的表情、态度和反应当成镜子，并从中看到自己是否可爱、漂亮、聪明、是不是好孩子。通过这种途径形成的自我概念，称为镜像自我。许多个性成熟水平较低、尚未形成独立的价值判断能力的人，其自我概念也同样停留在镜像自我的水平。他们自己不能判断一件事情的好坏，不能自己解决冲突，而必须接受别人的指导。

人际交往的过程不仅影响学生的自我概念，而且通过影响自我概念的途径，也影响着学生自我的实际发展。有一个著名的教育心理学实验曾揭示了教师在与学生交往的过程中，存在着特殊的“预言自动实现”效应，也称罗森塔尔效应。研究发现，那些自知被老师认为是“未来的花朵”和“学业上会有突飞猛进”的学生，一段时间后，智力的提高明显优于对照组学生。老师的期待变成了现实，预言出现了自动实现。

人的自我意识的保持，离不开社会比较过程。社会比较也是通过人际交往实现的。没有信息的交流，彼此对于对方的存在和状态没有意识，也就无所谓比较。人只有通过相互交往，体验到他人的存在，并将自己与他人比较，才可能形成对自己的概念。没有人际交往，没有对他人的体验，就没有参照，没有背景，没有自我。

三、人际关系的建立与维护

通常所说的人际关系，是指人与人之间由于直接交往所带来的情感联系。它是人与人之间的情感关系，是人们交往情绪体验的积淀，也是人们进一步交往的起点，并对人们的进一步交往起着指导作用。

（一）良好人际关系的建立

1. 建立良好的第一印象

第一印象在人际交往中具有重要作用。人们会在初次交往的短短几分钟内形成对交往对象的一个总体印象，如果第一印象是良好的，那么人际吸引的强度就大；如果第一印象不是很好，则人际吸引的强度就小。而在人际关系的建立与稳定的过程中，最初的印象同样会深刻地影响交往的深度。

戴尔·卡内基提出了建立良好第一印象的六条途径可供参考：①真诚地对别人感兴趣；②微笑；③多提别人的名字；④做一个耐心的听者，鼓励别人谈自己；⑤谈符合别人兴趣的话题；⑥以真诚的方式让别人感到他很重要。

2. 主动交往

很多人之所以缺乏成功的交往，仅仅是因为他们在人际交往中总是采取消极的、被动的退缩方式，总是期待友谊和爱情从天而降。这些人，只做交往的响应者，不做交往的始动者。然而，人们知道，根据人际交往的交互性原则，别人是没有理由无缘无故对自己感兴趣的。因此，如果想与别人建立良好的人际关系，就必须主动交往。

3. 移情

人际关系从本质上说，是人与人在情感上的联系。这种情感联系越密切，双方所共有的心理世界范围也就越宽，人际关系也就越亲密。而移情恰恰是沟通人们的内心世界的情感纽带。所谓移情，就是指站在别人的立场上，设身处地为别人着想，用别人的眼睛来看这个世界，用别人的心来理解这个世界。“己所不欲，勿施于人”，积极地参与他人的思想感情，意识到“我也会有这样的时候”“我遇到这样的事情会怎么办？”这样才能实现与别人的情感交流。这种积极地参与别人的思想和情感的能力，可以把自己和他人拉得很近，并能化解很多矛盾和冲突。

（二）良好人际关系的维护

相对人际关系的建立而言，人际关系的维护是一件比较困难的事。尤其是朋友之间发生了某些不愉快的冲突时，人际关系就会遇到困难。这时候，就需要运用一些技巧来维护已经形成的人际关系，使它不至于破裂。戴尔·卡内基从自身的经验中总结出了如下的技巧：

1．避免争论

青年人经常喜欢争论，这是很正常的事。人们发现，这些争论往往都是以面红耳赤和不愉快结束的。事实证明，无论谁输了，都会很不舒服，更何况争论往往会演化成直接的人身攻击，对于人际关系是非常有害的。因此，解决观点上的不一致的最好途径是讨论、协商，而不是争论。

2．不要直接批评、责怪和抱怨别人

卡内基警告人们："要比别人聪明，却不要告诉别人你比他聪明。"任何自作聪明的批评，都会招致别人的厌烦，而缺乏移情的责怪和抱怨，则更是有损于人际关系的发展。要学会用提醒别人的方式，使别人感到自己并不认为他不聪明或无知，决不要伤及别人的自我价值感。

3．勇于承认自己的错误

虽然承认自己的错误是一种自我否定，但承认错误会给自己带来巨大的轻松感。明知错了而不承认，会使自己背上沉重的思想包袱，使自己在别人面前始终不能自如地昂起头。另一方面，承认自己的错误，等于变相地承认别人，会使对方显示出超乎寻常的容忍性，从而维持人际关系的稳定。

4．学会批评

不到不得已时，决不要自作聪明地批评别人。但是，有时善意的批评，是对别人行为的很有必要的一种反馈方式。因此，学会批评还是很有必要的。卡内基总结了几种不会招致别人厌烦的批评方式：①批评从称赞和诚挚感谢人手；②批评前先提到自己的错误；③用暗示的方式提醒他人注意自己的错误；④领导者应以启发而不是命令来提醒别人的错误；⑤给别人留面子。

第十二章　高校学生心理健康教育

随着时代的发展，社会的进步，人们面临着愈来愈多的新问题，承受着越来越大的心理压力。这些压力，给人的心理健康带来一定的影响。大学生处于青年时期，社会经验与社会阅历较缺乏，心理成熟度还不高，身处大学这个人才集中、竞争频繁的环境，更容易出现心理适应不良甚至心理疾病对大学生进行心理健康教育，使其了解青年阶段的心理特点及其发展规律，对正确认识自己、认识社会，加强心理的自我修养和自我教育，形成正确的自我观念和人生观等都将起到积极的作用。更重要的是，对于绝大多数心理健康的学生来说，心理健康教育则是立足于学生心理发展的“最近发展区”，凭借学生现有的发展创造出学生新的心理发展的基础，使学生心理更成熟、更丰富、更健全，促进学生的心理素质发展达到最佳水平。

第一节　心理健康的含义及标准

一、心理健康界定

进入 20 世纪中叶后，由于现代科技与社会文明的迅猛发展，现代社会生活中的人普遍面临着激烈的竞争、频繁的应激、快速的节奏，前所未有的心理压力使人不堪重负，心理健康越来越受到人们的重视。世界卫生组织（WHO）在成立宪章中指出：“健康乃是一种身体的、心理的和社会适应的健全状态，而不只是没有疾病或虚弱现象。”这一章程将心理健康与身体健康放在同等重要的位置，是人们以一种多元视角全面看待健康的产物,反映了现代社会人们对健康概念的全面总结和更新。该组织又在健康的定义中增加了道德健康的内容，以使其更加全面。但是时至今日，关于心理健康的定义问题，在当前学术界仍是一个有争议的问题。国内外学者由于各人所处的社会文化背景不同，研究问题的立场、方法和观点不同，迄今尚未有统一的意见。

什么是心理健康？在美国召开的第三次全美儿童健康及保护会议上，与会者认为心理健康是指个人在其适应过程中，能发挥其最高的智能而获得满足，感觉愉快的心理状态，同时在其社会中，能谨慎其行为，并有敢于面对现实人生的能力。精神病学家孟尼格尔认为："心理健康是指人们对于环境及相互之间具有最高效率以及快乐的适应情况。不仅要有效率，也不只是要能有满足感，或是能愉快地接受生活的规范，而需要三者的同时具备。心理健康者应能保持平静的情绪，有敏锐的智能、适于社会环境的行为和令人愉快的气质。"英格里士（H.B.English）指出，心理健康是一种持续的心理状况，当事者在那种情况下能做良好适应，具有生命的活力，并能充分发展其身心的潜能；这是一种积极的丰富的情况，不仅仅是免于心理疾病而已。第三届国际卫生大会认为所谓心理健康，是指在身体、智能及情感上与他人的心理健康不相矛盾的范围内，将个人的心境发展成最佳状态。日本学者松田岩男认为，所谓心理健康，是指人对内部环境具有安定感，对外部环境能以社会认可的形式适应的这样一种心理状态。

总的来说，以上各种心理健康定义虽然有一定的差异，但都存在一些共同之处，那就是：心理健康是指个体在各种环境中能保持一种良好的心理效能状态，

它主要包括智力正常、情绪健康、意志健全、行为协调、人际关系适应良好、反应适度、心理特点符合年龄特征。

那么，如何衡量一个人的心理是否健康呢？

心理健康（mental health）的概念是由心理卫生（mental hygiene）的概念延伸过来的。就词义讲，卫生一词（英文为 hygiene）是从古希腊神话中健康女神"Hybria"的名字衍化而来的，其原处就含有"健康"之意。现在，心理健康和心理卫生在英文里都是"mental health"。在含义上，心理健康通常指一种积极健康的心理状态，而心理卫生则指一切维护心理健康的活动及研究心理健康的学问。

20 世纪初，美国有一个叫比尔斯（C.W.Beers）的大学生因精神失常被送进精神病院。住院三年期间，他亲眼看见了精神病人所遭受的种种冷漠与非人的生活，以及社会对精神病人的误解、歧视和偏见，不胜悲愤。病愈出院后，立志把自己的余生献给精神病患者。他向各方呼吁，要求改善精神病患者的待遇，并积极从事预防精神病的活动，但收效甚微。于是，他根据自己的亲身经历和体会，用生动的文笔写成了《自觉之心》。当时美国著名心理学家、哈佛大学教授威廉·詹姆斯（W.James）给此书以高度评价，并为书作了序。此书一问世，就在美国引起了轰动，受到社会舆论的重视，得到许多著名学者、知名人士的支持。在社会各界的支持下，由比尔斯发起，成立了世界上第一个心理卫生组织"美国康涅狄格州心理卫生协会'该协会提出五项工作目标：（1）保持心理健康；（2）防治心理疾病；（3）提高精神病患者的待遇；（4）普及关于心理疾病的正确知识；（5）与心理卫生有关的机构合作。

心理卫生运动由此开始了它的历史。

“美国全国心理学卫生委员会”在纽约成立。加拿大成立了全国心理卫生协会。随后，法国、比利时、英国、巴西、匈牙利、德国、日本、意大利、挪威等国相继成立心理卫生组织。第一届国际心理卫生大会在华盛顿召开，会上产生了一个永久性的国际性心理卫生委员会。世界卫生组织总部设立了心理卫生部。从此，心理卫生运动在全世界各地蓬勃展开。

二、心理健康的标准

心理健康的标准问题与心理健康的定义一样，迄今为止仍是有争议的问题，国内外不少专家学者从不同的社会文化背景出发，站在不同的研究立场上，根据不同的原则和方法，作出了不尽相同的表述。

第三届国际心理卫生大会曾具体地指明心理健康的标准是：（1）身体、智力、情绪十分调和；（2）适应环境，人际关系中彼此能谦让；（3）有幸福感；（4）在工作和职业中，能充分发挥自己的能力，过有效率的生活。许多国外学者对心理健康的标准有过论述，美国心理学家马斯洛曾经在和他人合著的《变态心理》一书中列举了心理健康者的 10 条标准：（1）充分的安全感；（2）充分了解自己，并对自己的能力作适当的估价；（3）生活的目标切合实际；（4）与现实环境保持接触；（5）能保持人格的完整与和谐；（6）具有从经验中学习的能力；（7）能保持良好的人际关系；（8）适度的情绪表达及控制；（9）在不违背团体的要求下，能使个性得到发展；（10）在不违背社会规范的情况下，能恰当地满足个人的基本需求。

我国学者所持有的心理健康的判断标准有 6 种之多：（1）以统计学上的常态分布作为标准；（2）以社会规范作为衡量标准，符合公认的行为规范为健康、正常，违反社会规范为异常；（3）以个人主观经验为标准，把当事人自觉痛苦、抑郁，视为不健康；（4）以生活适应状况为标准，生活适应者为正常，生活适应困难者为异常；（5）以病因与症状存在与否为标准；（6）以心理成熟与发展水平为标准。

综上，有研究者总结了我国判断心理是否健康的标准有：（1）从学科归类角度看，有生理学－卫生学标准、教育学－伦理学标准、心理学－社会学标准；（2）从个体心理与社会心理的关系角度看，有社会适应标准、适应与发展标准、适应和谐标准、实践矛盾解决标准等。这些标准对我们衡量大学生的心理健康提供厂一些有价值的依据。根据我国学者的有关研究，结合目前我国大学生的状况，通常认为可根据以下 7 个标准衡量大学生的心理健康：

（一）了解自我，悦纳自我

一个心理健康的人能够体验到自己存在的价值，既能了解自己，又能接纳自己；

有自知之明，即对自己的能力、性格和自身的潜能有较明确的认识，即使对自己无法补救的缺陷，也能安然处之，这是大学生心理健康的重要条件。一个心理不健康的人缺乏自知之明，对自己的优缺点都不能作出恰当的、客观的评价，

总是对自己不满意，从而自责、自怨、自卑；一个心理健康的人对自己不会提出苛刻的、非分的期望与要求，对自己的生活目标和理想也能制定得切合实际，因而对自己总是满意的，同时，会按照自己的目标努力发展。

（二）接受他人，善与人处

人总是处于一定的社会关系中，和谐的人际关系既是大学生心理健康不可缺少的条件，也是大学生获得心理健康的重要途径。心理健康的人乐于与人交往，不仅能接受自我，也能接受他人，悦纳他人，能认可别人存在的重要性和价值。

他们能为他人所理解，为他人和集体所接受，能与他人相互沟通和交往，人际关系和谐；在生活的集体中无孤独之感；在与人相处时，积极的态度（如同情、友善、信任、尊敬等）总是多于消极的态度（如猜疑、嫉妒、畏惧等），因而在社会生活中有较强的适应能力和较充足的安全感。一个心理不健康的人，总是与集体、与周围的人们格格不入。

（三）有较强的情绪调节能力

情绪之所以能影响健康，是因为情绪能通过下丘脑、脑下垂体、植物性神经系统引起身体器官功能变化，这就是情绪（心理因素）可以致病的生理学基础。例如在焦虑、愤怒时，胃黏膜充血，胃酸分泌增多，导致胃溃疡。情绪稳定表明一个人的中枢神经系统处于相对的平衡状态，意味着肌体功能的协调和心理活动的协调。

心理健康的人愉快、乐观、开朗、满意等积极情绪总是占优势的，虽然也会有悲、忧、愁、怒等消极情绪体验，但一般不会长久。同时，能适度地表达和控制自己的情绪，喜不狂，优不绝，胜不骄，败不馁，谦不卑，自尊自重，在社会交往中既不妄自尊大，也不退缩畏惧。对于无法得到的东西不过于贪求，争取在社会允许范围内满足自己的各种需要；对于自己能得到的一切感到满意，心情总是开朗的、乐观的。

（四）适应社会生活

较强的适应能力是心理健康的重要特征。心理健康的大学生，能和社会保持良好的接触，能正确地认识环境，处理好个人与环境的关系；能了解各种社会规范，自觉地用这些规范来约束自己，使个体行为符合社会规范的要求。另外，心理健康者还能动态地观察各种社会现象的变化，以及当这些变化使自己的需要、愿望与社会要求发生了矛盾和冲突时，及时放弃或修改自己的计划，以谋求和社会协调一致，而不是逃避现实，一意孤行，影响心理健康的发展或成为违法犯罪者。当然，也不能要求每一个心理健康的人，对他所遇到的每一问题都解决得尽善尽美。但是，他

考虑问题出发点和解决问题的方法，应当是现实的、积极的。这里所讲的适应，不是被动地一味迎合，更不是与不良风气、落后习俗同流合污，而是在认清社会发展趋势的基础上，不逃避现实，主动适应社会发展的要求。

（五）热爱生活，乐于学习和工作

大学生的心理健康是在各种活动中形成和发展的，也只有通过具体的活动才能表现出来。心理健康的人珍惜和热爱生活，积极投身于生活，并在生活中尽情享受人生的乐趣；而且能将自己的智慧与能力有效地运用到学习和工作中去，能够不断地学习和接受新事物，并能取得一定的成就。这些成就又将为他们带来喜悦和满足，转而又增加他们学习和工作的兴趣。但是，有的大学生不是这样，他们盲目地认为自己太笨，或没有考上一个好大学、好专业，或抱怨自己没有学好是老师教得不好，怨天尤人。这些想法持续下去就会影响正常的学习和工作，这就是心理不健康的征兆。

（六）人格完整和谐

心理学上所讲的人格，是指一个人在他的一生发展的漫长历程中逐渐形成的表现稳定的和持续的心理特点，以及行为方式的总体。健康的人格特征是有机统一的、稳定的，即他所想的、说的、做的是一致的。大学生人格完整的主要标准是：人格结构的各要素完整统一，具有明确的自我意识，不产生自我同一性的混乱，能以积极进取的人生观作为人格的核心，并以此为中心把自己的需要、愿望、目标和行为统一起来。因此如果知道一个人具有某些特征，一般就可以预见他在某种情况下，将会怎样行动。如果一个人的行为表现不是一贯的、统一的，则说明他的心理已经不健康了。这种行为表现互相矛盾的现象在某些大学生身上也可以看到。

（七）心理行为特点符合年龄特征

在人的生命发展的不同年龄阶段，都有相对应的心理行为表现，从而形成不同年龄段独特的心理行为模式。每个人的认识、情感、言行举止应基本符合他的年龄特征，这才是心理健康的表现。如果严重偏离了这个一般规律，那就是心理异常或不健康的表现。例如大学生活泼好动，精力充沛，喜欢探索和创新，如果某个 20 岁左右的大学生老气横秋、老态龙钟，或者像个小孩子那样喜怒无常，甚至对任何问题都拿不出自己的主见，处处依赖家庭，一旦离开父母就生活不下去。

对于这样的人，我们就可以说他的心理是不正常的。个体的心理健康状态是动态变化的。随着个体的成长、经验的积累以及环境的改变，心理健康状况也会因此而改变。每个人在自己现有的基础上都可以为之作出不同程度的努力，都可以追求自己心理发展的更高层次，从而不断发挥自身的潜能。

目的、有计划地考察被试在完全自然条件下发生的语言、动作行为、表情和基本外貌、形态等，并对考察结果进行分类描述和对照，以作出类别判断。这种方法在操作程序上往往比较简便易行，虽然量化水平比较低，但实用性强，应用广。

2. 作业量表法

这是心理健康测量中较为严格的测验之一，它是按照标准的操作过程，以作业的形式来行使刺激并引导被试作出答案，从而测定个体智能发展状况的一种测量方法。这种方法对诊断儿童早期的心理健康状况有较高的应用价值，比纳－西蒙量表问世以来，作业量表法测验日趋完善，现已成为心理健康测量中较为成熟的一种。

3. 心理投射法

这是心理健康测量中又一较为严格的测验，其基本形式有两种，即墨迹测验和主题统觉测验。这种测验是通过呈现一定的刺激材料（通常是没有明确意义的刺激材料）让被试加以解释或者要求把这些刺激材料组织起来。这种方法的基本假设是：当一个人处在意义不明确的刺激情境之中时，他往往会把那种反映自己特有的人格结构强加于刺激情境。而如果知道了一个人如何对那些意义不明确的刺激情境进行解释和组构，就有可能推论出有关个体人格结构的一些问题。心理投射法在心理疾病或精神疾患的检查中应用广泛。

4. 自陈量表法

这是一种让被试自己描述自己、刻画自己的方法－例如，给他一张形容词词表，要求他从中指出哪些能够描绘自己性格的词；或者要求他在大量的直陈句子中指出哪些能够描绘自己性格的句子等。这种方法的一个重要前提是被试能够主动配合和合作，许多个性调查问卷或性格特征调查问卷都属于此类。

5. 心理实验法

这是在某种（些）理论假设的背景下，根据事先预定的目的，通过严格地控制或创设一定条件来引起某种心理现象以便进行测量的方法。这种方法有仪器测量法和情境控制法之分。仪器测量法广泛采用现代科学技术的最新成果，如机器人技术、微电脑技术、核磁共振技术、脑化学分析技术等，因而它是最先进的和最高层次的测量，但目前大多数只用于对心身疾病诊断方面的测量。情境控制法是根据一定的理论假设，把被试安置在事先设计好的某种要求作出特定行为或反应的情境中，并对他们的行为进行观察记录，进而加以评定的测量方法。这种方法在人事招聘、学校教育中的运用较常见。

6. 自省法

这是在一定理论指导下，通过刺激材料的引导，由当事人对自己的心理、语言、行为进行系统的内省，并同外部标准相比较，以判断自己的心理健康类别的方法。这种方法在心理健康自测方面有较高的应用价值。

以上这些测量方法各有所长。自然观察评估法能考察到人在自然状态下的语言行为、情绪情感特征，并且对测量某些特殊人群的心理健康状况有独特的价值；作业量表法主要用于各种能力的测量；自陈量表法、心理投射法主要用于人格的各种测量；心理实验法可以对人的心身疾病、认识水平、情绪特征以及性格、气质等进行测量。鉴于人的心理之复杂性，要想对自己和他人的心理健康状况有全面的了解，需要综合运用各种方法，通过互为佐证才能达到。

三、心理健康教育的意义

大学教育的目标是培养全面发展的、具有综合素质的人才，而大学生的心理素质是综合素质的内容之一。因此在大学生中开展心理健康教育有重要的意义。

（一）有利于大学生认识自己的心理，培养健全的人格

进行心理健康教育，使大学生了解青年阶段的心理特点及其发展规律，帮助学生正确认识自己、认识社会，加强心理的自我修养和自我教育，形成正确的自我观念和人生观，对于消除不利于大学生人格健康发展的因素，培养他们健全的人格将起到积极的作用。

（二）有利于大学生进行自我心理调适，保证学习活动的正常进行

大学生处在青年早期，他们的成人感、自主意识不断增强。在这不断增强的过程中也会存在各种各样的心理矛盾，这些矛盾会线性或非线性地导致反社会行为或异常行为，严重的反社会行为或异常行为会直接危及社会治安、破坏学校秩序、干扰学校的正常运转。加强大学生心理健康教育工作，及时调节、疏导，使处于心理冲突中的学生进行自我心理调适，恢复到正常状态，就可以大大地减少偏态与变态的不适应行为，减少大学生违法犯罪事件与异常事件，维护好学校、社会的正常治安与秩序，保证学习活动的正常进行。

（三）有利于开发智力，促进能力发展

现代心理学的研究表明，大学时期是人生心理素质形成的关键期，及时给予心理指导或训练，有利于开发其智慧潜能，形成正常甚至超常的智能。

（四）有利于养成良好行为习惯，提高社会适应能力

心理和行为是不可分的，良好的行为习惯总是受良好心理素质的支配，同时良好的行为习惯又可内化积淀为一定的心理素质。人的心理素质一旦形成，在相应情境中会产生条件性反应，进而表现为一定的适应能力。心理健康教育可以根据学生行为中的问题采取科学有效的心理咨询、辅导或训练等方式，提高学生相应的社会适应能力。

（五）有利于培养正常、健康、全面发展的新一代大学生

首先，加强大学生心理健康教育工作，使之心理处于健康正常状态，是其形成

良好品德的基础。第一，个体心理只有处于正常健康的状态下才最易于顺应社会，倾向于与社会保持一致，接受社会的各种要求包括道德规范，形成符合社会要求的品德。第二，某些好的品德往往要在某些心理素质的基础上才易于建立起来，因此，只有注重个体的心理辅导，使之处于正常健康的状态，才会形成良好的心理素质，从而有利于其品德的修养。例如，人的一项重要品德是“利他”，而心理学大量的研究表明，人的利他品德要在“移情”这个心理素质的基础上才容易形成，所以注重心理教育，使个体形成移情这个心理素质，才有利于利他这个品德的培养。第三，从反面来看，个体如果心理处于不平衡状态，则最易于形成不良的品德或发生不道德行为。因为心理处于不平衡状态的大学生，往往倾向于接受与主流的社会规范、价值观相悖的观念，对不良规范失去抵抗力或易于接纳不良的规范，从而逐步形成不良的品德。要防止或消除这些非道德行为，从根本上说，就要注重心理健康教育，及时疏导大学生心理产生的不平衡状态。

其次，注重大学生心理健康教育，使其心理处于健康正常状态，是其正常地生活、发展的前提与保证。一般来说，个体经常性地处在心理不平衡状态尤其是不健康状态，会发生损害自我的异常行为，令社会不宁。即使不发生外部的不适应行为，处在不良状态的个体也会因长期处在情绪困扰之中或形成不良的品德，或导致低劣的心理素质。无论哪种情况，对大学生的正常健康的发展都非常不利。反之，如果个体处在正常健康状态，则易于适应社会，内心平和，维持内外平衡，从而能为社会与他人所接受，自我将得到充分的发展，并获得学习上的进步与事业上的成功。

第二节　高校学生心理健康教育的目标与内容

一、高校学生心理健康教育的目标

心理健康教育目标是学校开展心理健康教育的导向和基本依据。它决定着心理健康教育的内容，直接影响着心理健康教育的方法、途径和效果，是检验、评估心理健康教育工作有效性的标准，也是关系到能否把心理健康教育落到实处的一个重要条件。因此心理健康教育的目标应当反映当代先进的教育思想和社会的发展，体现时代的要求。我国学者提出：学校心理健康教育目标应当具有层次性、对象性、阶段性、系统性；目标包括总目标、中间目标及具体目标三个层次。

（一）总目标

总目标应能反映心理健康教育的基本精神，将心理健康教育和其他教育活动区分开来。具体地说，就是要提高全体学生的心理素质，促进学生心理全面、主动、健康地发展。

（二）中间目标

中间目标是对总目标的分解，反映总目标的构成对总目标可以做进一步的分解：从对象上看，分为正常学生和少数异常学生两个维度；从横向看，心理素质可分为认知、情感意志、行为技能、个性等要素，各个要素相互作用、相互制约共同构成有机联系的统一整体；从纵向看，总目标又分为矫治性目标、预防性目标和发展性目标。矫治目标是为少数已产生心理问题的学生提供心理咨询或心理治疗的目标，即减轻或消除当事学生的症状；提供心理支持，帮助学生适应正常生活；重塑当事学生的健康人格。预防性目标是针对青年学生成长过程中心理发展需要而提供的“防患于未然”的心理教育与辅导的目标。具体来说，首先，在认知领域，帮助学生正确认知，包括掌握科学的心理健康知识，建立正确的自我观和社会观，树立健康的人生观、价值观等；其次．在情意领域，培养学生积极而稳定的情感、良好的意志品质，能较为坚强地面对人生道路上的各种挫折和考验；再次，在行为技能领域，帮助学生掌握有效的学习技能，培养学生独立自主的生活能力，帮助学生建立适当的生活方式，获得与环境协调相处的技能，并能在现实社会中保持良好的生存状态。发展性目标是指在预防性目标的基础上，立足于学生心理发展的“最近发展区”，凭借学生现有的发展创造出学生新的心理发展的基础，使学生心理更成熟、更丰富、更健全，促进学生的心理素质发展达到最佳水平但是，对象不同，目标要求也不同。对少数心理有问题的学生，应以矫治性目标为主，以预防性目标、发展性目标为辅对正常学生则以发展性目标为主，预防性目标为辅。比较而言，预防性目标是基础性的，发展性目标是主导性的，矫治性目标是补救性的。三者都是总目标的组成部分，它们相辅相成，是促进学生心理健康发展的保证。

（三）具体目标

具体目标是中间目标在学生各年龄阶段的进一步具体化，反映学生在各个学年阶段的心理发展任务具体目标包括某单元活动的具体目标，以及针对某一特定学生的个别目标，是对在现实生活中发生心理问题和心理障碍，进行及时、直接的辅导。如大一新生的适应问题，毕业生的择业问题，都是在现实生活中发生而尚要及时进行心理健康教育的问题

二、高校学生心理健康教育的内容

高校学生心理健康教育主要包括以下内容：

（一）学习辅导

对学生而言，学习是他们应尽的社会责任和社会义务，学业成绩直接影响他们将来的发展。当前，学业压力是学生最大的心理压力，学生大多数的心理问题由此而产生，因此学习辅导是学生最为迫切的心理需求。有研究者调查发现：学习心理问题是困扰大学生的头号心理问题，大一、大二年级学生尤为突出。大学时代的学习有别于中学时代。中学时代的学习高度紧张．且有学校和家长的监督；大学学习时间的安排相对宽松，但学习的内容难度较大，需要有较强的自制力和全新的学习和思维方法。大学生尤其是大学新生，自制力差，与大学独立学习的要求存在心理距离，经常处于上课过于紧张、下课又无事可做的松紧失调的心理状态，整天忙于整理笔记、完成作业，心理紧张、情绪低落。因此，对大学生要加强学习心理教育，教师要管教管学，掌握学生的学习心理状态，特别注意与专业课相结合的学习心理教育，关注大学生学习中的困难，帮助他们克服学习中的心理障碍。同时，激发大学生学习的兴趣和求知的渴望，帮助他们树立“活到老、学到老”的终身学习意识，培养他们从发展变化的事物中进行学习的能力，使他们在未来的生活中具有适应环境和职业变化的能力。

（二）生活辅导

大学生主要处于青年早期，在生理发展方面已经接近成熟或达到成熟。从其心理发展水平来说，大学生正在走向成熟而又未真正完全成熟，正因为如此，大学生既具有由于迅速走向成熟而形成的主导的积极面，又存在由于未真正完全成熟而产生的某些消极面。这一阶段，对大学生的生活辅导主要包括以下四个方面：

一是使学生了解人的情绪及情绪变化特点，掌握调节情绪的方法，保持乐观的情绪和良好的心境；二是使学生了解社会变化发展的重点及趋势，脚踏实地，提高心理承受能力，以充分的心理准备和较强的适应能力去迎接急剧变化的时代；三是使学生了解人际交往及人际关系的基本知识与技能，学习与他人交往并保持良好的人际关系，处理好与同学、异性及教师各方面的关系；四是使大学生了解青年阶段的心理特点及其发展规律，帮助学生正确认识自己、认识社会，加强心理的自我修养和自我教育。

（三）生涯辅导

生涯辅导是在职业辅导的基础上发展起来的新概念。生涯的英文为 career，也有事业的含义。心理学家舒伯认为：生涯是指与个人终身所从事的工作或职业等有关活动的过程，是生活中各种事件的演进方向和里程，统合了人一生中的各种职业和生活角色，由此表现出个人独特的自我发展（事业发展）形态。生涯辅导是指一套有系统的辅导计划，在辅导人员的帮助下，引导个人探究、评判并整合运用相关的知识与经验，来规划个人的生涯发展。具体来说，生涯辅导的内容如下：

1. 生涯规划及生涯决策能力的培养

生涯发展包括一连串的生涯规划与决策的过程，因此生涯辅导必须协助学生学习如何规划人生以及培养在面对各种抉择情境时的决策能力。如大学毕业求职时的决策能力。

2. 自我状况的了解及个人价值观的澄清

生涯规划与决策恰当与否首先取决于个人对自己价值观的澄清和自我状况的准确评价。因此，生涯辅导不仅要协助个体澄清自己的职业理想、期望等和价值观有关的问题，而且还需要了解个体的能力倾向、兴趣、个性等情况，即解决“我最喜欢干什么”“我能干什么”等问题。

3. 做出合理的选择

在进行生涯规划与决策时，仅考虑个人的能力、爱好、兴趣还不够，还必须考虑客观环境能在多大范围内为我们提供选择的自由。所以，必须协助学生对有关职业与生涯发展的资料进行深入的了解，对现实情景作实事求是的分析与评价。如比较各种选择之间的利弊，最后做出适当而合理的选择。它解决的是“我有可能干什么”的问题。

4. 自身潜能的开发

和所有的学校心理辅导一样，生涯辅导同样强调发现并挖掘个人潜能，给予个人充分的机会，以独特的方式去发展及表现个人的才能。另外，生涯辅导还协助个人适应快速变迁的社会与职业环境，考虑比较灵活和弹性的方式，以达到个体的生涯发展的目标。

对于大学生来说最重要的是就业指导。大学生的心理发展还不够成熟，对自己和社会缺乏准确的认识和足够的心理准备，加上近年来高校扩招，大学生就业越来越艰难，大学生极其需要职业辅导。

第三节　高校学生心理健康现况及主要影响因素

一、高校学生心理健康现况

维护和促进大学生的心理健康，首先必须了解大学生心理健康的现况，而要，了解大学生心理健康的现况，既要研究大多数正常学生心理健康的状况，也要研究少数不正常学生存在的问题。根据许多大学从20世纪90年代以来对大学生所作的调查和测试，我国大学生心理现况有下述特征：

（一）高校学生心理健康水平符合正态分布的规律

多数人是健康的据湖北大学等高校以心理健康的 6 个特征（生活态度、学习动机、自我观念、情绪状态、自控能力和人际关系）作为维度编制问卷所进行的测试，发现接受测查的 14 个系 672 名大学生的心理健康水平，是按“中间大，两头小”的正态规律分布的，即大多数学生的心理状况是健康的，心理不健康的学生只是少数。

上述调查还发现，大学生心理健康水平随年级而提高，特别是生活态度与学习动机两项，年级越高，得分越多。只有人际关系一项在各个年级之间波动较大。

这说明我国大多数学生的心理状态是健康的。

（二）高校学生心理健康的主要问题是成长和发展中的矛盾

大学时期是个人成长过程中又一次面临新的心理矛盾发生、转化而趋向成熟的时期。这个时期产生的心理矛盾，有环境适应问题，有学习问题，有人际关系问题，有自我观念问题，有恋爱和性的问题，还有进一步升学和就业的问题，这些问题是大学生都可能面临的。

大学生从入学开始，就面临对环境的适应。他们离开了家庭，离开了中学时熟悉的老师和同学，来到了大学这个陌生的环境。新的学校、新的学习秩序、新的老师和同学关系都使一年级新生感到生疏而一时难以适应，尤其是新的人际关系使他们感到难以适应。

入学后的另一个难题，是原有的自我观念面临新的挑战。在中学时，他们都是各自学校的优秀者，受到家庭的宠爱、学校的重视和同学们的尊重。然而，进入大学以后，身处强手如林的班集体中，许多学生原来的优势不再存在。有研究表明重点大学的学生比非重点大学的学生心理问题更严重。有的学生感到自卑，

开始同别人和集体疏远；有的学生为了博得新的成功和荣誉而重新努力自我完善，加入了新的竞争行列。大学生开始了自我观念重新调整的过程，这时正是需要心理健康教育的时候。

上大学以后，学习问题又重新产生心理矛盾。有的学生对所报考的学校或专业不满意，有的学生不适应大学的教与学的方法，有的学生则对自己的专业成绩感到不满意。到了三四年级，恋爱问题、择业问题等又成为引起困惑和焦虑的主要问题。这些问题都影响着大学生的思想和情绪，但又都是大学生成长中正常的心理问题，不属于心理障碍或心理疾病。

（三）高校学生是心理障碍的高发群体

心理障碍是所有心理与行为失常的总称，通常所说的精神疾病、心理异常和变态行为都属于心理障碍。心理障碍可分为智力落后、心理疾病、神经官能症、精神

病和变态人格等几种类型，这几种类型又可以细分为各种不同的心理疾病。大学生作为中国社会中文化层次较高的群体，一向被认为是最活跃、最健康的群体之一。如果仅仅从躯体疾患的角度来看，这一看法是对的，但是从心理健康角度来分析这一群体，实际情况就不一样了。国家教育委员会的一份报告说，对全国 12.6 万大学生的抽样调查结果表明，大学生心理疾病患病率高达 20.23%。近几年来，国内许多大学应用《SCL-90 症状自评量表》对大学生的心理障碍进行测查，发现该量表所测的 10 项因子中，除躯体化一项外，其他各项因子皆显著高于国内成年人的常模。

综观已有研究，大学生的心理问题主要表现有：（1）学习目标不明确，缺乏学习动力，学习适应困难，考试焦虑，甚至厌学；（2）人际关系处理不当；（3）人生目标不明确，信仰危机带来精神空虚；（4）恋爱与性的困惑；（5）就业心理困惑，择业心理准备不足；（6）意志不坚定，不能持之以恒；（7）抗挫折能力弱；（8）情绪调控能力差。

ABC 理论是心理学家埃利斯（A.Ellis）提出的关于治疗情绪障碍的理论。这一理论特别强调认知的重要性。主要观点为：情绪不是由某一诱发事件本身引起的，而是由经历了这一事件的主体对这一事件的解释与评价所引起的、这一理论被称为情绪困扰 ABC 理论。其中，A 指诱发事件（activating event）；B 指个体在遄到诱发后产生的信念（belief）；C 指在特定的条件下，个体的情绪及行为的结果（consequence）。通常人们认为情绪及行为反应是直接由诱发事件引起，即 A 引起 C。但 ABC 理论指出，诱发事件 A 只是引起情绪及行为反应 C 的间接原因，人们对诱发事件所持的信念、看法、解释 B 才是引起人的情绪及行为反应的更直接的原因。如，一个人因为失恋（A）而感到愤怒、自卑、伤心（C）。这是因为他抱有这样的信念（B）：我是最好的，是他主动追求的我，我不可能被抛弃，否则就太丢人了。所以，要改变人的情绪及行为，必须从改变人的认知入手，而不是消除诱发事件。为此，帮助人们消除不良的情绪反应，最迅速、最牢固、最持久、最高雅的技术是促使他们清楚地发现自己不合理的观念与行为及情绪的关系，并教导他们主动地有活力的攻击、驳斥（D）自己的非理性信念（B）的方法，一旦攻击成功，便能产生有效的治疗效果（E）。

二、影响高校学生心理健康的主要因素

人的心理健康是一个极为复杂的动态过程，因此，影响大学生心理健康、造成心理障碍的因素也是复杂多样的，其主要因素有如下几个方面：

（一）生物遗传因素

一般而言，人的心理活动主要是由于后天社会环境的影响而形成和发展起来的，

是不能遗传的。但是，一个人是作为一个整体而存在的，他的体形、气质、神经结构的活动特点、能力、性格和某些成分深受遗传的影响，这也间接地影响了个体心理活动的发生和发展。生理遗传对个体心理健康的影响主要表现在以下三方面：一是遗传对家族精神病发病率存在着一种从血缘关系由远到近而呈现由低到高的明显倾向；二是严重的躯体疾病或生理机能障碍导致心理障碍或精神失常；三是大脑或中枢神经系统破坏将导致心理异常。

（二）环境因素

环境因素主要包括社会、学校、家庭对大学生心理健康的影响。

第一，社会。首先，我国是一个封建历史特别长的国家，在封建思想和小农经济下形成的腼腆、含蓄的内向性格极易诱发心理疾患。其次，我们所处的时代是一个急剧变化的时代，随着西方文明涌入和网络时代的到来，迅速涌现的新事物、新思潮给原有传统的价值观念体系以很大冲击，人们很难就人生的价值、幸福生活的一系列问题达成共识，从而使人产生不安和焦虑，久而久之就成为心理问题产生的一个诱因。再次，是由于市场经济的冲击，当前伦理价值正处于由无序性向有序性的重新构建过程，传统的道德思想和现代生活的冲撞使大学生感到无所适从，这样必然会导致他们的困惑、认知失调和心态失衡。据报道，北京高校大学生信奉个人主义的占 41%，醉心于享乐主义的占 41.5%，接受现实主义的占 37.35%，主张集体主义的占 9.25%。

第二，学校。高校中乏力的人格教育、呆板的教学方法、强制性学习、同学关系紧张、师生关系僵化、竞争的无序化、就业的困惑和心理挫折等，均使大学生的心理压力增大而影响心理健康。多年来，我国的高校以“学科本位”为主题设置课程，不重视大学生的心理健康教育。目前，大多数高校只把“大学生心理健康教育”作为一门选修课来开设。尽管许多高校都设有“心理咨询中心”，但工作开展得并不尽如人意，主要是因为咨询手段和方法落后，满足不了学生的要求，以致学生一旦有了心理问题，也不愿意去进行心理咨询。

第三，家庭。研究认为，90% 以上的心理异常大学生的行为问题都直接或间接地与其所处的家庭环境有关。“家庭是人格形成的摇篮。”金国华对云南 10 所高校的 4421 名大学生进行了心理健康状况的全面调查与分析，证实：“大学生心理健康水平与童年时期的健康状况、家庭教养方式与态度及母亲的文化程度有很大关系。”父母文化水平偏低，家庭关系紊乱和不良家庭教育等因素都可能影响大学生的心理健康。事实证明，和谐的家庭氛围有利于学生形成谦虚、礼貌、随和、乐观、大方等良好的人格特征；反之，则易使学生形成粗暴、孤僻、冷漠等不良人格特征。另外，家庭结构的不完整对大学生的心理健康负面影响也很大。

（三）生活事件因素

生活事件是指个体在日常生活中遇到的各种各样的社会生活的变化，如结婚、升学、亲人亡故等。一般来说，生活事件是通过其发生而对个体造成压力，从而对个体抵抗力形成威胁来影响心理健康的。不同性质的生活事件对个体生活的影响是不同的，陈华对 527 名大学生心理健康状况及相关因素调查表明负性生活事件是影响大学生心理健康的首要因素。在应试教育环境下成长起来的大学生，由于所学的知识与生活的现实相差甚远，不能指导学生的日常生活，因而他们往往能在考场上挥洒自如，在实际生活中却困惑迷惘。同学之间、师生之间的关系，恋爱关系等关系的处理困扰着相当多的大学生，学习、就业的巨大压力，激烈的竞争如奖学金的评定、三好学生、学生干部的评选等都会给大学生的心理造成很大影响。

（四）个体因素

大学生正处于身心发展的重要时期，他们在心理上正处于迅速走向成熟而又不完全成熟的过渡阶段。在这一阶段，大学生开始独立地面对全新的生活和环境，各种心理活动异常活跃，充满矛盾，而自我调节能力还不完善。一方面，大学生的智力高度发展，独立思维能力明显增强。另一方面他们在心理上、生理上却存在对家庭和父母的不同程度的依赖，表现为自理能力差，不会自己安排自己的生活，对于大学生活中较多的自由时间不能合理地利用，易形成“自我意识的混乱”和社会认知上的“自我中心观”。所谓“自我意识的混乱”是指个体无法形成正确的自我概念和适宜的自我态度，以致不能达到自我同一性的确立而获得安定、平衡的心理状态。社会认知上的“自我中心观”是指在个体与他人或社会的关系上往往只从自我的立场出发，而不能从他人或社会位置去思考问题或处理问题的认知方式。社会认知上的自我中心观正是阻碍大学生客观认知他人与社会规范的一个心理问题。如许多大学生缺乏良好的集体生活习惯，都希望得到他人的帮助，却较少考虑到去帮助别人，由此而导致人际关系紧张，形成了与内心交友渴望的矛盾，特别是在处理与异性的交往方面不尽如人意。而在当今形势下，社会和家庭对大学生的期望和要求越来越高。不仅要求他们掌握大量的知识，掌握运用这些知识的能力，而且更要求他们善于适应社会，开发自身的潜能，克服工作和生活中的种种困难，能够很好地与人合作，保持积极的心态等。正是由于大学生自身心理的不完善和社会对他们的高期望值，使得大学生经常会在心里产生理想与现实的矛盾、自豪感与自卑感的矛盾、独立意识与依赖心理的矛盾、自我封闭与渴望交往的矛盾、需求与满足的矛盾等等，这些矛盾使大学生心理冲突剧烈，引起他们心理失衡，就会产生心理问题。

第四节　高校学生常见的心理障碍

一、心理障碍

心理健康与否或心理正常与否的界限是相对的，并无绝对的分界线。人们在生活中都曾有心情不好或情绪低落、压抑的感觉，有些人还会出现一些更严重的心理障碍。实际上，心理障碍是极其常见的。心理障碍有很多种类，不同的心理学家与精神病学家，由于其研究和临床的各种需要，对心理障碍有多种不同的分类方法。一般认为，美国精神病学会在其《心理障碍诊断与统计手册》提出的分类是最有效、最易为人们所接受的分类系统。

该系统将各种心理障碍归成十类：

1．神经病：中度适应不良障碍。

2．器质性脑综合征：有某种器质性脑损伤的精神障碍。

3．精神病：无任何身体症状诱发的严重心理障碍

4．人格或个性障碍：社会适应不良障碍，如病理心理及性，酗酒与吸毒等问题。

5．心身障碍：同情绪因素有关的身体疾病，即心身疾病，，

6．智力落后：同低智商有关的障碍。

7．儿童期与青少年期的行为障碍：相应发展阶段特有的障碍

8．短期情境障碍：由特定情境压力引起的障碍，如生活各阶段的适应问题。

9．无明显精神障碍适应证及非特异性适应证：婚姻、社会和职业适应问题。

10．特殊精神运动症：睡眠、言语、学习、饮食及其他精神运动功能障碍。

据统计，在大学生中存在各种心理障碍的人数约占总数的20%，因此在这一节中，我们主要讨论大学生群体中较为常见的三类心理障碍：神经症、精神病和人格障碍。但是需要说明的是，了解大学生常见的心理障碍，是为了及早发现问题，及时求医，得到治疗。一般来说，程度较重的神经症、功能性精神病，会给大学生的生活学习造成很大的麻烦，并且依靠自身的力量是不能解决的，必须主动求医。轻度的神经症有时可以依靠自己进行自我治疗，但一定要在专业人员的指导下进行，切不可自己看书对号入座去生搬硬套。

二、高校学生常见心理障碍分析

（一）神经症

神经症是大学生最常见的一类心理疾病。神经症，又称神经官能症，是一种干扰人的正常生活，削弱人的适应能力的中等程度的心理障碍。是指一组非器质性的大脑神经功能轻度失调的心理疾病。通常，神经症患者不会像精神病患者那样完全失去与外界现实的接触，他们对自己的病态仍然有充分的自知，并可主动寻求帮助。患者通常可以维持某种水平的正常生活，但需要某种专门的帮助。这一组心理疾病在病因、病理和临床表现上有着很大的区别。《中华医学会精神疾病分类》都将神经症分为恐怖症、强迫症、焦虑症、抑郁性神经症、疑病症、癔症、神经衰弱和其他神经症等 8 个类别。这 8 种神经症除癔症表现为周期性短暂发作外，其他的病程大多是持续的，一般有不少于三个月的持续时间。它们的共同特点主要有：起病常与精神因素有关；症状多样，可表现为精神、神经或躯体症状，但检查不出相应的器质性损害；患者一般意识清晰，有自制力，要求治疗；部分患者有性格缺陷。

1．神经衰弱

神经衰弱是大学生最常见的一种心理障碍，易发于精神负担重的学生之中。神经衰弱是以慢性疲劳、情绪不稳、神经功能紊乱，并出现易于兴奋和易于疲劳或衰竭，同时伴有睡眠障碍的一种神经症。

神经衰弱常见的症状有：患者常感脑力不足，容易疲劳，工作效率低下，并常有头痛等躯体不适感和睡眠障碍，但无器质性病变存在。患者的症状时轻时重，病程迁延。神经衰弱的起病与社会因素、心理因素、身体因素等有密切关系。神经衰弱患者多表现出心胸狭窄、敏感多疑、多愁善感、依赖性强、患得患失等人格特征。学习工作持续过度紧张疲劳、生活无规律、负性情绪影响、性格敏感多疑、胆怯自卑、任性好强、自制力差、营养不良、躯体疾病等均可导致神经衰弱的产生。神经衰弱的预防以消除人格弱点为根本，同时注意心理和情绪的调节，加强体育运动。

2．恐怖症

恐怖症是对某种特定的事物或情境引起的强烈的、持续的和不合理的恐惧，且常伴有回避行为。患有恐怖性神经症的大学生知道自己的害怕是过分的和不合理的，但又无法控制自己，因而极力回避所害怕的境遇。恐怖性神经症可能与遗传因素有关，恐怖症患者多表现为内向、被动、胆小、依赖性强等特点，发病率与精神因素特别是具有恐怖情境的精神创伤有关。一旦他们不得不与恐怖境遇接触，即会出现明显的紧张、焦虑、恐惧等情绪反应，并伴有心悸、出汗等症状，严重者甚至昏厥。根据恐怖症所指向的对象，基本上可以将其划分为三种类型，即场所恐怖症、社交恐怖症、物体恐怖症。恐怖性神经症的预防主要有意志、情感、人格的自我锻炼，培养勇敢坚定、沉着镇定、胆大自信等精神，提高对恐惧事物的心理承受力。

3．强迫症

强迫症以反复出现强迫观念和强迫行为为基本特征。主要表现为强迫怀疑、强迫性穷思竭虑、强迫回忆、强迫意向及对立观念等。患有强迫性神经症的大学生常为重复出现的强迫现象而苦恼，他们虽能认识到强迫观念是不恰当的、缺乏现实意义的，但仍无法克服。强迫症主要表现为强迫观念、强迫行为和强迫意向三种。强迫观念通常有强迫回忆、强迫疑虑、强迫性对立思考。例如外出时怀疑门窗是否关好，反复多次检查仍不放心。强迫行为主要有强迫洗涤、强迫计数、强迫性仪式动作，即重复一套刻板动作。强迫意向则是指被一种与当时意愿相反的意向所纠缠，如站在高处总觉得自己会往下跳，这种强迫意向常伴有相应的行动。

强迫性神经症的症状有波动性，一般在心情舒畅、早晨醒来、紧张体力劳动后症状较轻，而在心情烦躁、焦虑、用脑过度时加剧。强迫症的发病与遗传、社会因素、心理因素、生理因素有关。患有强迫症的大学生常具有谨小慎微、优柔寡断、做事细致、爱钻牛角尖、凡事总求十全十美、严格要求自己等人格特点。

强迫症的预防主要是合理安排生活节奏，充实课余生活，调整心态，自我疏导，不过分压抑自我。强迫症的最佳治疗方法是森田疗法。此外，行为疗法中的系统脱敏法、冲击疗法效果也较好。

4．焦虑症

焦虑症是以焦虑为主的神经症，主要表现为与处境不相称的、没有明确对象和具体内容的紧张不安和恐惧惊慌，并伴有显著的自主神经症状、肌肉竞争紧张和运动不安，濒死感、窒息感或失控感3焦虑性神经症有两种表现形式，即急性形式（或称惊恐发作）和慢性形式（或称广泛性焦虑症）。急性形式多在精神创伤后突然发作。患此症的大学生出现大祸临头的感觉，内心有一种说不出的紧张、焦虑、恐惧和难以忍受的不适感。他们感到心跳加剧，胸口疼痛或不适，喉头堵塞或透不过气来。大学生在学业、择业、恋爱等问题上，若遇上重大挫折又长期不能解决问题，则会引起持续的焦虑。焦虑症源于内在心理冲突，常常与社会生活或童年所受精神刺激有关。

焦虑症患者的性格往往是易激惹、易焦虑，自信心不足，缺乏安全感，与遗传有关。焦虑症的预防在于建立正确的自我评价机制，能有效地接受自我、宽容自我，直到战胜自我;同时运用情绪调节和控制的方法进行自我调节，摆脱不良情绪的干扰。

5．抑郁症

抑郁症，是一种持久的心境低落状态，常伴有焦虑、躯体不适感和睡眠障碍。抑郁症主要表现为心情抑郁、情绪低落、精神不振，由此对生活失去兴趣，学习无目的和计划，不愿与人交往，常沉思不愉快的往事。抑郁症患者存在明显的人格异常，如悲观、缺乏自信、多愁善感、易激惹、孤独等。

抑郁性神经症的预防在于树立正确的人生观和价值观，正确看待人生和社会现实，培养乐观、积极、幽默的人生态度，提高对挫折的耐受力。同时了解对不良情绪的识别，学习自我协调和控制的方法。

6．疑病症

疑病症以担心或相信患有一种或多种严重躯体疾病的持久的先占观念为主要临床表现。对健康的过虑，常夸大或曲解躯体的正常感觉，并错误地归因于严重的躯体疾病。尽管临床检查的阴性结果及医生耐心的解释和保证，仍不能动摇患者的疑病观念。他们过于关注自己的身体健康，对任何细微的身体变化都极为敏感。他们经常因要求医生对自己无休止的检查且达不到自己的愿望而焦虑，甚至出现严重的恐惧。疑病症的起病和社会因素、心理因素、身体状况有关。

患者多具有敏感、固执、谨慎和自我中心的人格特征。疑病症的预防在于全面、科学地认识人体的生理病理现象，消除偏执观念，不要对身体健康的要求十全十美。同时加强人格锻炼，克服谨小慎微、自我中心的人格弱点。

7．癔症

癔症，又称歇斯底里症，是由精神刺激或不良暗示引起的一类神经精神障碍。大多突然起病，可出现感觉运动和神经功能紊乱。这类症状可因暗示产生，也可因暗示而病变或消失。

本病与遗传、心理因素、人格特征有关，患者大多为具有高度的情感易变性、高暗示性、自我中心、喜夸耀自己、富于幻想等人格特征。童年的创伤经历往往是成年后发生癔症的重要原因，青春期女性较一般人更易发生癔症。癔症的预防在于培养良好的人格，纠正自己极易受暗示的不良人格特征，同时避免心理紧张和冲突的产生。

（二）精神病

精神病是心理障碍中最严重的一类，心理健康水平最低。精神病患者完全失去了与现实的接触，退回到自己虚构的非理性世界，他们不能正常生活，通常需要住院，有时是终生的。精神病分为器质性和功能性两大类。前者指因外伤或疾病造成明显器质性病因而导致精神功能失调的精神病，后者指尚未发现组织结构病理性改变，病因尚不明了的一组精神病。大学生常见的功能性精神病有精神分裂症和情感性精神病两种类型。

1．精神分裂症

精神分裂症是以基本人格改变，思维、情感、行为相分裂，精神活动和周围环境不协调为主要特征的一类功能性精神病。

本病的主要症状为：（1）思维障碍，表现为自由联想，思维内容松散等。（2）情感障碍，表现为情感冷漠或倒错，情感与思维内容、周围环境不协调等。（3）意志障碍，表现为生活懒散、行为退缩等。（4）感知障碍，表现为幻听、幻觉等。根据症状，该病可分为单纯型、青春型、紧张型和偏执型四种类型。精神分裂症与遗传有很大关系，但遗传并不是一个充分条件，此外还与人格因素和社会因素以及出生时的创伤有关。一般来说，患者发病前多表现为胆小、敏感、好幻想、消极等人格特征，同时还可能遭受家庭危机、恋爱失败、学习受挫或紧张等社会环境刺激。

2. 情感性精神病

情感性精神病，又称情感失常或情绪紊乱症，其症状的特点是心境或情绪具有极端性，或是极度兴奋，或是极度低沉。一般来说，患者具有两种极端情绪的交替反应，称为躁狂抑郁性精神病。具有某一种极端情绪反应的则称为躁狂性精神病或抑郁性精神病。

从症状上来说，躁狂性精神病患者的表现是情绪莫名其妙地突然变化，并且常常是深刻的或喜或悲的极端性变化：躁狂时，患者表现出狂喜、思维飘逸、言语滔滔不绝；而抑郁时，患者则表现出极度的情绪低落，对周围任何事物均不感兴趣，有自杀倾向。躁狂性精神病患者的表现是情绪激昂、精力充沛、思维奔放，

有过激行为产生。抑郁性精神病患者的表现是情绪极度低落，对周围和自身的一切不感兴趣，注意力减弱，终日昏昏沉沉。

一般认为，情感性精神病比精神分裂症更易遗传。此外，幼年的不良情绪反应模仿也是重要的致病因素。生活中的刺激因素是重要的诱发因素。

此外，大学生中可能出现的功能性精神病还有偏执性精神病和反应性精神病。

前者是指以持久的偏执妄想为主要特征的一类功能性精神病；后者则是指由于急剧的或持久的心理压力和冲突导致精神异常的一类功能性精神病。

功能性精神病的预防在于克服大学生个体不良人格特征，完善其人格结构，同时注意培养大学生情绪调节能力，及时调节有遗传倾向学生的生活学习环境。

（三）人格障碍

人格障碍，又称变态人格，是指青春期或少年儿童期发展起来的人格缺陷或人格极不协调的一类精神异常。人格障碍不是功能性精神病，人格障碍者没有认知障碍，智力正常，但他们往往不能对特定情境作出适当的情绪反应和行为。一般认为，人格障碍是在生物、心理和社会文化诸因素共同作用下形成的，有相对的稳定性，较难改变，人格障碍患者往往缺乏自知力，不能吸取教训，认识不到自己的缺陷，因此人格障碍的治疗是一个长期的过程。

大学生常见的人格障碍可以分为以下几类：

1．反社会型人格障碍

反社会型人格障碍，又称社会病态人格。具有反社会型人格障碍的人完全不考虑别人，对自己的任何行为都没有丝毫的自责。他们完全没有良心的概念，对别人没有任何正常的责任感，可以毫不犹豫、毫无内疚地说谎、欺骗和偷盗等。这种人一向放纵自己，而不管自己的行为有什么后果或对别人有什么伤害。他们没有正常的自省能力，很容易受挫折，并往往以暴力行动来发泄自己的不满。本症与家庭、社会环境和教育有关。

2．偏执型人格障碍

偏执型人格障碍又称妄想型人格。这类人格的特点是对别人高度不信任，忌妒别人，并常常因为自己的缺点谴责别人。他们往往对别人要求过高，难与人相处。

3．分裂型人格障碍

分裂型人格障碍表现为退缩、孤僻、害羞、胆怯、不爱社交、怪癖、沉默、缺乏进取心，也有表现为观念、思考、知觉、言谈和行为奇异，有众多的迷信禁忌、玄幻的想象、荒唐的推理、意料不到的异端等。本症的形成与个体的早期心理发展有很大的关系。治疗时可实施社交训练法、兴趣培养法等。

4．攻击型人格障碍

攻击型人格障碍表现为情绪高度不稳定，极易产生兴奋和冲动，意志力薄弱，办事鲁莽，缺乏自制自控能力，心理发育不健全，无真正的悔恨、自责和罪恶感，容易产生不良行为和犯罪倾向。本症与生理、心理、家庭社会因素有关。

5．癔症型人格障碍

癔症型人格障碍表现为心理不成熟性的歇斯底里，具有强烈的戏剧性的情绪反应、高度的暗示性和幻想性，矫揉造作，自吹自擂，装腔作势，引人注目，要求别人多，内心真情少，善恋爱挑逗，自我为中心，依赖性大，常需别人的保证、支持和赞赏，有时善于玩弄和威胁他人。

6．强迫型人格障碍

具有强迫型人格障碍的人极度具有自制力，一向遵从一定的行为规则和良心，不越雷池一步。他们往往过于注重行为的恰当性，工作极为刻苦，很难放松。

7．回避型人格障碍

回避型人格障碍又称逃避型人格，表现为行为退缩、心理自卑、敏感羞涩，面对挑战多采取回避态度或无能力应付。这类性格的人很容易因他人的批评或不赞许而受到伤害，很少与人交往，不敢发表自己的见解，夸大潜在的困难和危险。

8．依赖型人格障碍

依赖型人格障碍主要表现为极度地依赖他人，缺乏自信和判断力，行为不果断，难以独立完成任务，不时需要别人的帮助，过度容忍他人，又容易因未得到赞许或遭到批评而受到伤害，深感自己软弱无助，认为别人比自己优秀。本症与幼儿时期的家庭环境与教育有关，可实施习惯纠正法、重建自信法。

9．自恋型人格障碍

自恋型人格在许多方面与癔症型人格的表现相似，二者不同之处在于癔症型人格外向热烈，而自恋型人格的人性格内向冷漠。这种人格的特点是过分自我关心，行为往往以自我为中心、自私自利。因此，人际关系不好，容易产生孤独抑郁的心情，也容易失败。本症与人格发展过程中的环境与教育有关，可实施解除自我为中心的观念，学会爱别人的心理疏导法。

第五节　高校心理咨询的原则与方法

心理咨询是指通过心理商谈的程序和方法，使得人们对自己和环境有一个正确的认识，以改变态度和行为，并对社会有良好的适应。学校心理咨询的主要对象是学生，特别是有“问题”和“学校处境不利”的学生，其次是教师和家长。开展学校心理咨询，主要是帮助学生学会解决心理发展中的各种疑难问题、克服各种心理障碍。要达到这一目的，心理咨询中必须遵循一定的原则并掌握一些常用的方法。

一、高校心理咨询的原则

心理咨间是一项专业性很强的工作，不应盲目进行，而必须遵循一定的原则。那么学校心理咨询工作应遵循哪些原则呢?

（一）保密原则

保密原则是心理咨询中最为重要的原则。它既是咨询者与来访者确立相互信任的咨访关系的前提，也是学校心理咨询活动顺利开展的基础。

这一原则要求在没有得到对方同意的时候不得将来访者的言行随意泄露给任何个人或机构。咨询者在公开咨询案例研究或发表有关文章必须使用来访者的有关个人资料时，必须采取一定措施充分保护来访者的利益和隐私。当然，保密原则也并不是绝对的，有时需要咨询者智慧的判断力。例如有明显自杀意图或攻击性行为的来访者学生，咨询者就需要冲破保密原则，与学校相关人员进行商量，以避免恶性事件的出现。

（二）信赖性原则

信赖性原则是心理咨询中重要的原则。信赖性原则指咨询人员应以尊重、信任、真诚、平等的态度对待学生，努力与求助学生建立起朋友式的信赖关系，从而保证咨询的顺利进行。

（三）教育性原则

教育性原则是指学校心理咨询人员要针对求助学生产生的心理障碍，提出积极的分析意见，鼓励其积极进取的精神，使之树立正确的世界观、人生观和价值观。学校心理咨询工作也是一项循循善诱的教育工作，它是精神文明建设的组成部分，应当体现时代性和进步性。

（四）主体性原则

在整个咨询过程中，都必须以学生为主体。心理咨询中，心理咨询员真心诚意地与学生相互沟通，让学生坦诚地亮出自己的内心世界，并逐步引导他们进行自我分析、自我判断。在此基础上，咨询人员再进一步提出供学生采纳的建议，并转化为自己的行动。因此，在整个咨询过程中，学生是心理发展的主体，是主动者。若没有学生的自我分析、自我思考、自我选择，只有咨询人员的积极、主动、热情、真诚是不能将咨询人员的建议转化为学生个体的自身行动的。

（五）时间限定原则

心理咨询必须遵守一定的时间限制 t 心理咨询的时间 -- 般规定为 50 分钟左右（初次受理时咨询时间可以适当延长），原则上不能随意延长咨询时间或咨询间隔。电话咨询原则上限定为 30 分钟。当然咨询时间的限定也不是绝对的，根据实际情况，有时可以缩短时间和间隔，适当增加咨询次数。

二、高校心理咨询和治疗常用方法和技术

（一）高校心理咨询的一般方法

学校心理咨询的目的就是对求助学生的心理施加影响，使其认知、情感、意向及人格向教育者所期望的方向转化。下面我们简要介绍一些学校心理咨询中常用的方法：

1. 会谈法

这是由咨询老师同来访同学为特定目的进行面对面交谈的一种方法。咨询老师通过谈话了解学生内心世界的问题和矛盾，也通过谈话使学生的认知、情感和意向发生变化。运用这一方法了解学生的心理问题时，要让学生自由地、无限制地陈述，以充分暴露压抑在心中的矛盾和发泄积压的情绪。对于咨询来说必须把握谈话的目

的，使谈话的过程沿着了解学生和影响学生的线索进行。因此咨询老师应掌握一些谈话的技巧。如对学生坦诚的陈述加以肯定和鼓励，对学生诉说的不幸和痛苦表示理解和同情并适时地对学生进行开导、启发和建议等。总之，谈话必须服从于了解学生、影响学生、教育学生的目的。

2. 观察法

观察法是指有意识地观察学生外部的行为表现（包括面部表情、说话声调、姿势和动作等），以研究和判定其内在活动的方法。

观察是一种有意识的知觉，它是在特定目的的指导下有组织地进行知觉，是在心理咨询中进行的留心观察。观察是与思维相联系的知觉。咨询老师要善于把观察到的信息即时在头脑中进行分析和综合，迅速地作出判断，才能通过察言观色以了解学生的内心世界。

3. 测验法

这是心理咨询老师采用标准化工具对来访同学的心理和行为进行比较客观的测定的一种方法。心理测验的种类很多，在高校心理咨询中常用量表如：娄耀先主持修订的韦氏成人智力量表对来访同学的智力进行测定和分析；宋维真主持修订的明尼苏达多项人格量表或陈促庚修订的艾森克人格问卷对来访同学的个性特点进行测量；A 型行为问卷可用来测量来访同学是否存在心理症状。

但是，采用心理测验的方法应该十分慎重，一是不能过高估计心理测验的信度和效度而迷信心理测验，特别是把心理测验的结果告知本人时，要讲究分寸和策略，以免造成消极的后果。二是对从国外引进的各种心理测验量表，由于编制者及其所在国家的文化、价值观不同，应该采取分析的态度，不能未经我国检测修订就加以搬用。

（二）心理治疗的主要方法

1. 精神分析疗法

精神分析疗法是弗洛伊德创立的，其理论基础即是由其创立的精神分析学说。该方法是使来访者在无拘束的会谈中领悟到心理异常的症结所在，并逐渐改变其行为模式，从而达到治疗目的的治疗方式。精神分析治疗的基本手段是会谈。在会谈时其治疗技术主要有自由联想、梦的解析、阐释、移情等。即让来访者在安静、舒适的环境中，无顾虑地倾诉内心之苦；分析来访者梦境的意义与个人愿望的关系；帮助来访者分析各种心理活动，释其疑、宽其心；使来访者把对亲人的感情转移到咨询者身上，取得信任，从而解除其痛苦。这种方法的主要适应证有癔症、心理创伤、性心理障碍、各种神经症与适应障碍等。

2．行为疗法

20 世纪 50 年代初，美国心理学家斯金纳等人就开始将行为治疗中的操作条件学习原理应用到医院患者身上，并首先提出“行为治疗”这一术语。行为治疗学派认为，人的心理的变化，主要表现为人的行为的改变，行为是指个体的行为，

比如人的言行举止。例如，一个人正处于焦虑的心理状态中，他自然会通过紧张的表情、忐忑不安的动作所表现出来。行为治疗是通过学习训练矫正行为障碍的一种治疗方法。行为疗法是依据条件反射学说和社会学习理论等行为主义学说为理论基础，运用正负强化、行为训练、系统脱敏等行为主义手段，来矫正来访者问题的一种技术和方法。这种方法的主要适应证有儿童行为问题、恐惧症、社交障碍等。行为疗法的具体方法有系统脱敏疗法、冲击疗法、厌恶疗法、条件操作法、全身松弛法、模仿法、扮演角色法、行为限制法等。

3．认知疗法

认知心理学认为人的心理行为受人的认知所支配，某些个人心理问题主要是在错误前提下对现实曲解的结果。认知疗法是根据认知过程影响情感和行为的理论假设，通过认知和行为技术改变来访者的不良认知的一类心理疗法的总称。美国心理学家贝克于 1976 年首次提出认知疗法这一专业术语。合理情绪疗法是认知疗法之一，它认为引起心理失衡的原因并非应激事件，而是人们对应激事件的非理性评价。例如某人因某一突发事件导致抑郁症发作，抑郁并不是由突发事件直接引起，而是由此人对突发事件这一应激事件过于消极的评价引起。在使用这一理论时，咨询师将患者的错误理念一一打碎，并帮助其建立新的理性认知模式，从而使患者的心理和行为得到改善。当然，运用认知疗法重新建立的认知结构，主要是改变思维方法，很难一下子改变价值观、世界观、人生观。

4．人本主义疗法

人本主义疗法又称为以人为中心疗法，其杰出代表是罗杰斯。他认为，人性发展的基本倾向是建设性的。人有追求美好生活，为美好生活而奋斗的本性。健康代表着人格的健全和人性的丰满发展，病态是人格的异化，强调将个体都看成是一个完整的人。人本主义疗法的关键是要创设一种同感、真诚、尊重的人际氛围。同感，指咨询员应深入了解来询者经历到的感情和想法，设身处地地体会他的感受，体察他的思想，直进他的心灵。所谓尊重，也称无条件积极关注，指咨询员对来询者应表现出真诚的热情、尊重、理解、关心和接纳的态度，营造出一种安全的氛围、宽松和谐的环境所谓真诚，是指咨询员应对来访者表现“真我”，不应有任何虚伪和防御，不带假面具，心口一致、言行一致。

第十三章　高校教学成效的测量与评价

教学成效的测量与评价是教学过程中的重要环节，也是教育心理学的一个重要组成部分。我国古代教育家孟子曾经指出，“权，然后知轻重；度，然后知长短。”在学校教育中，教师不仅关心如何组织和开展教学活动，而且也关心教学活动的效果如何，学生是否达到了预期的教学目标，怎样进一步改进教学等。为此，教师就要善于运用测量手段来评价教学目标完成的情况，以进一步修订教学内容，改进教学方法，提高学习效果。

第一节　教学测量与评价的概念

一、教学测量与评价

（一）教学测量与教学测验

1．教学测量

教学测量是考核教学成效的一种方法。这是借助于一定的心理量表及其操作，对学生的学习成绩进行探察，并以一定的数量来表示的考核办法。

（1）教学测量的目的在于考核教学成效

也就是考察教学目标的完成情况，即学生内在的能力与品格等形成的状况。因此，教学测量的目标应以教学目标为依据，测量目标应与教学目标相一致，而不能偏离教学目标。

（2）由于教学测量的对象是学生内在的能力与品格等的形成状况

不能像物理测量那样直接进行，只能借助于一定的心理量表及其操作间接测量。因此，测验量表的科学性是有效教学测量的必要前提。

（3）教学成效是通过测量学习成绩进行考察的

也就是说教学成效是以学生的学习成绩为直接考察依据的。而学习成绩是以一定的数量来表示的。因此，命题的合理性与评分的客观性是有效教学测量的一个重要影响因素。

2．教学测验

教学测验又称学习成绩测验。就是用以测量学习成绩的量表及操作检测教学效果。用测量学的术语讲，学习成绩测验就是选择能代表学习水平的一些行为样本进行考核，并作出数量分析。也就是说，学习成绩测验所包含的只是测量目标的一个样组而不是全部。这个样组必须具有代表性，才能有效地测量学习成绩。

因此，可以说学习成绩测验是教学测量的工具和手段，教学测量是对学习成绩测验所得结果的客观描述。也可以说，教学测量就是借助于学习成绩测验来对教学成效进行定量考核的一种方法。例如，给一个班的学生实施一次数学单元测验，某学生得了 80 分，这个分数就是对这个学生的数学学习水平的一种测量，也就是对他的数学学习行为的数量化描述。

（二）教学评价

所谓教学评价，就是依据教学目标，对学习成绩测验所得的测量结果进行分析及解释。例如，在前面的例子中，80 分意味着该学生的学习成绩是好还是差呢？如果通过与全班学生的成绩相比较，发现 80 分高于全班平均分 2 个标准差，则说明该生的学习成绩在全班是优秀的，这就是对这位学生的学习成绩的一个评价。教学评价主要包含以下两个方面的工作：

1．教学评价必须对学习成绩测验数据所表明的教学成效作出确切的诊断

诊断教学成效就是依据教学目标，运用学习成绩测量数据，判明学生知识技能策略的掌握程度以及能力与品格的形成状况。

2．教学评价必须对教学的成败原因进行分析

并对今后教学工作的改进方面作出明确的规定。教学评价不仅要了解学生的能力与品格的形成状况，更重要的是要找出以往学习中的断裂点和断裂带，分析其成功与失败的原因，并提出改进措施。

（三）教学测量与评价的关系

首先，教学测量是教学评价的前提和手段，教学评价是教学测量的结果和目的。因为教学评价必须以教学测量所得的客观描述为依据，否则，就是主观主义的判断。同样教学测量也不能脱离教学评价，因为教学测量只是对学习成绩测验结果的客观描述，只有通过教学评价，才能判断这种客观描述的实际意义。不通过 + 评价，测量所得的结果也毫无实际价值。

其次，教学测量是对学习成绩测验所得结果的客观描述，是将结果予以数量化，并不考虑结果的实际意义。而教学评价则是对学习成绩测验所得结果的主观判断，对结果进行分析解释，以了解结果的实际意义。只有通过评价，即对测量数据做分析，

判断，测量才有价值意义。

二、教学测量与评价的作用

教学测量与评价是检验教学成效，确定学生学习结果和教学效果的有效手段，是有效教学不可缺少的环节。虽然通过日常调查和观察可以得到有关教学成效的某些信息，但是这些信息往往是很表面的、粗糙的，有的甚至是虚假的。学校教学若缺乏测量与评价环节，教学工作就难免盲目，主观行事。测量与评价作为教学过程中的反馈环节，其作用主要表现在以下几个方面：

第一，有利于检验教学成效

教学测量与评价所提供的反馈信息，既能确定教师的教学效果，又能确定学生的学习水平，因而是检验教学成效的有效途径。

第二，有利于调整和改进教学

教学测量与评价可以帮助教师了解学生能力与品格的形成状况，了解影响学生学习的各种因素，诊断学生存在的学习问题，明确教学中薄弱环节，从而进一步调整教学目标，改进教学内容和教学方法，以提高学生的学习成效，加速学生心理结构的形成。

第三，有利于促进学生的学习

通过教学测量与评价及反馈的信息，能使学生明确自己对有关知识、技能的掌握情况，找出学习中的薄弱环节，从而调整自己的学习行为，把时间和精力集中在需要加强的那些方面，以构建完整的能力与品格结构。

第四，有利于激发学生的学习动机

教学测量与评价可以为学生提供自己学习效果的反馈信息，这种信息的正确归因，将有助于激发学生争胜求成的学习动机。当学生知道自己的学习效果是好的，则可以满足其“获取成功”的需要，从而带来愉快的情绪体验，进一步增强其学习动机。如果反馈的结果说明学习效果不好，往往会引起不愉快的情绪体验，为了“避免失败”，也可以促使学生把压力变成动力，从反面来增进学生的学习动机。

第二节　正确进行测量与评价的基本要求

测验是实施教学测量与评价的工具。工具的好坏，直接影响到测量与评价的结果。那么，评价一个测验好坏的标准是什么呢？如何选择或编制一个良好的测验呢？

一个有效的测验，需要从测验的效度、信度、难度和区分度四个方面加以考虑，还应当对好、中、差的学生或学生集体有充分的辨别力。

一、效度

（一）什么是效度

效度是指测验的有效性、正确性，也就是测验所能达到测量目的的程度，它是衡量一个测验质量的重要标准。例如，想要测查学生的世界史知识，而试卷却采用英文命题，这种测验结果就难免要受学生英文水平的影响，因此，就很难测查出学生掌握历史知识的真实情况，这种测验的效度就是很低的。

效度总是同测验的测量目标密切有关。一个对某一目标有效的测验，不一定对其他目标也有效。例如，一个测验能“甄别”严重违反社会常规的人，但它不一定能正确评价人格结构，预测各人的独特成就。所以，对一切测量的目标都适合的测验是没有的。

在心理与教育测量中，效度问题之所以产生，主要是由于许多测量对象不是物质实体，而是结构概念，如人格、智力等，因而这种测量是间接的，推论的，它不是以要测量的特性或能力的直接的行为样本的根据，而是测量同结构概念有关的，或是反映该概念的另一种可测的因素着手进行的间接测量。由于测验是根据行为样本对所要测量的目标作间接推断，因此，效度只能达到某种程度，不可能全有或全无。

效度通常以一个反映测量目标的参照标准为基础，以测验结果与此标准的相关系数为效度系数来加以表示。效度系数越大，表明测验的效度越高，测验也就越可靠。

（二）效度的类型

由于测验的目的不同，测验的效度也就有所不同。一般来讲，测验效度主要有以下三类：

1. 内容效度

所谓内容效度，是指测验题目在多大程度上代表了所要测量的全部内容。也就是指测验的题目在多大程度上代表了所想测量的结构概念的整个内容。测验所选的项目是否符合所要测量的东西，其代表性是否适当。

学习成绩测验特别重视内容效度。它要求测验题目在内容上，题目之间的比重上，都能很好地符合教学目标的要求，既突出学科的重要部分，又反映出学科内容的比重。如果一个测验中含有许多偏题、怪题，或题目只覆盖了少数章节的内容，则会降低该测验的内容效度。

另外，测验题目文字晦涩、含糊不清，致使学生难于正确理清解题，也会导致测验效度降低。

为了保证学习成绩测验的内容效度教师在自编测验时，需要注意两点：

（1）对测量目标应有一个明确的界定，有一个定义完好的内容范围

对学习成绩测验而言，它所要测量的学生能力的形成状况，而能力是概括化和系统化了的知识、技能与认识策略。因此，在编制学习成绩测验时，应依据教学内容和教学目标，对能力心理结构的知识因素、技能因素和策略因素进行综合测量。

（2）测验题目应是所界定的内容范围中的代表性取样

即根据教学目标的重要性来选择题目，以保证测试题目比例适当，避免随机取样造成各部分内容比例失调，主次不分。由于学习成绩测验的内容范围容易确定，因此，学习成绩测验的效度主要取决于测验题目的代表性。为保证测验题目具有代表性，一般要对测验的内容范围做系统分析，将该范围区分为各个细目，并对每个纲目作适当加权，然后根据权数从每个纲目中随机取样，直至得到所需数目的题目。

鉴定学习成绩测验的内容效度最常用的方法是请有关学科专家和有经验的教师对大纲和教科书作全面考察，并与测验题目作系统比较，看测验题目是否适当地代表了所规定的内容。如果测验题目具有较好的代表性，说明该学习成绩测验具有较好的内容效度。

2. 构想效度

构想效度是指测验对某种理论的符合程度。例如，如果某个智力测验所得到的结果，与该测验所依据的智力理论关于智力的一些假设相符，那么，这个智力测验就具有构想效度。当测验的目的是用来测量能力、创造力、人格等抽象而带有假定性的物质或结构时，应重点考虑测验的构想效度。

要建立具有构想效度的测验，必须先从某一理论出发，导出与这一理论构想有关的基本假设；据此设计和编制测验；然后由果溯因，审查测验结果是否符合心理学的理论见解。例如，能力，它是一种概括化与系统化了的知识技能。根据这一理论，可以提出下面三项假设：①能力随学习的进程（年级）而增长；②能力不由年龄决定；③能力和学习成绩密切相关。如果我们据此编制学习成绩测验，并对测验结果分析后发现，测验分数随年级的上升而提高；同一年级不同年龄的学生无显著差异；测验得分高的学生平时学习成绩好。那么，我们就可以说，该学习成绩测验具有良好的构想效度。

检验构想效度的方法很多，比较简单和常用的方法有以下几种：①利用测验的内容效度。根据某种理论构想所编制的测验如果有内容效度，也就证明了该测验有一定的构想效度。②利用相容效度，将测验结果与另一个效度已知的同类测验结果进行相关检验。如果相关度高，就说明所编制的测验具有一定的构想效度。③利用预测效度。如果用以测量某一理论构想的测验可以有效地预测某一行为，那么，可

以说该测验具有一定的构想效度。

3．预测效度

预测效度是指测验结果对受测者将来的行为或特质进行预测时的有效性。一个测验预测得越准确，就越有效。其中被预测的行为是检验效度的标准，简称效标。

例如，用大学人学时的考试成绩来预测学生进入大学后的学习成绩，用职业测验结果来预测个体今后的实际工作能力，用人格测验来预测以后患精神病的可能性等。预测效度在能力测验、诊断测验和筛选测验中十分重要。

检验测验的预测效度，最主要的难点在于找到合适的效标。预测效度一般可以通过考察测验分数与效标的关系来确定。常用的办法是求得两者之间的相关系数。相关系数高，说明该测验的预测效度高。

二、信度

（一）信度与信度系数

1．信度

信度是指测验的稳定性、可靠性，也就是测量的前后一致性程度。信度涉及测验是否准确可靠的问题。如果受测者在多次进行某种测验时，所得到的测验分数几乎相同，那么，就可以认为该测验稳定、可靠，是一个可信的测量工具。但是，高信度并不是测验追求的最终目的，它只是使测验有效的一个必要条件，而不是充分条件。

2．信度系数

信度指标通常以相关系数表示，即用同一被试样本所得的两组资料的相关系数作为测量一致性的指标，称为信度系数。按照计算信度的不同方法，测验信度可分为以下几种：

（1）再测信度

将同一测验先后两次施测于同一组被试，求得两次测验分数间的相关。它反映测验分数的稳定程度，其相关系数又称稳定系数。再测信度易受练习及被试主观状态等因素的干扰。

（2）复本信度

将两个等值测验或一个测验的平行复本施测于同一组被试，比较被试两次得分的一致性系数，即相关系数，又叫等值系数。以此来考察两个复本测验的等值程度。

（3）分半信度

在对一组被试实施一个测验以后，将测验对等的两半（奇数题目与偶数题目）的分数分别计算出来，比较这两半分数的相似性。即用同一组被试对同一测验对等的两半的测验得分的相关系数表示信度。

（4）评分者信度

对一组被试实施某一测验以后，让不同的评分者进行评分，比较不同评分者评分的一致性程度。

在学科测验中，复本信度和分半信度的计算较为常见。复本信度要求事先编出两套以上在内容、形式、数量、难度等方面均等值的测验，而分半信度则要求同一测验的奇数题和偶数题两部分保持等值。

（二）信度的影响因素

1. 测验的长度

增加测验的长度，可以提高试题取样的代表性，因而有助于提高测验的信度。但必须注意，只有当新增加的题目和原来的题目取自同一总体，即与原题目具有同值时，增长测验才能改进信度。

2. 测验难度

试题的难度影响着测验分数的分布。当测验对某一团体过难或过易时，该团体的分数范围将会缩小，信度也就会随之降低。只有当测验难度适宜时，团体的测验分数才会分布最广，测验信度才会达到最高。

测验的难度和信度没有简单的关系，要使信度达到最高，能产生最广分数分布的难度水平方为合格。当测验难度过大，远远超出被试的能力水平时，被试对许多项目作随机反应，即瞎猜，则所有被试的总分接近随机分布，其信度会极低。反之，测验太容易，几乎所有被试均能正确回答，则分数分布很集中，信度也会很低。

3. 动机和焦虑水平

受试者的动机和焦虑水平是否适当，也都会影响测验信度的高低。即使一个测验经过精心编制，题目取样具有代表性，由于受测者动机和焦虑的变化也会给测验信度带来影响，这是最难控制的因素。

由于学生的应试动机不同，影响到他的注意力、持久性和情绪状态，表现为不同的焦虑水平，从而影响被试的测验成绩，使信度受到影响。一般说来，适当的动机和焦虑水平是保证测验信度的必要条件，过强或过弱的动机和焦虑水平，都不利于测验信度的提高。

4. 施测过程因素

测验的环境条件，如通风、室温、采光等条件，会影响到测验的稳定性。室内燥热、考场周围嘈杂、座位拥挤、考试秩序混乱等都会导致测验信度下降。主试错误理解指导语，不按规定严格施测，或故意制造紧张气氛等，也会影响测验的信度。

总之，信度反映着测量的一致性程度，效度反映着测量的准确性程度，二者同为鉴别测验优劣的客观指标。一个良好的学绩测验，必须既有较高的信度，又有较高的效度。应该说明的是，虽然信度和效度都是鉴定测验质量的指标，但两者并不完全一致。一般而言，效度高的测验，其信度也一定高；而信度高的测验，其效度却不一定高。也就是说，高信度是高效度的必要条件，但非充分条件。

三、难度

难度是指测验题目的难易程度。项目难度是相对的，而不是绝对的。项目的难度水平多高才合适，取决于测验的目的、项目的形式以及测验的性质。在学校教育中，对于那些旨在考查学生对某些知识和技能是否掌握了的准备性测验和形成性测验，可不考虑其难度水平，只要教师以为重要的、应该具备和掌握的内容，就可编入测验，没有必要因题目过易或过难而加以淘汰。如果测验用于对学生的能力作出等级区分，则需要适当控制测验题目的难度。一般说来，可选择 1/2 中等难度（P 值在 0.5 ~ 0.7 之间）的题目，1/4 难度较高的题目，1/4 难度较低的题目。这样便可对好、中、差三类学生作出较好的区分。

四、区分度

区分度又称鉴别力，也就是测验项目的效度，它是指被试在某个题目上的得分与其测验总分之间的相关程度。项目的区分度反映着项目对所测量的属性或品质的鉴别程度。在编制测验时，选择区分度高的题目可以提高测验的内部一致性信度。

难度与区分度都是评价测验项目的质量的重要指标。难度与区分度之间的关系是：难度过低（题目太容易）或过高（题目太难）都不利于区分学生的能力，只有中等难度的项目，其区分度才最佳。

第三节　教学测验的类型及其应用

一、教学测验的类型

教学测验的种类繁多，从不同的角度可以划分为不同的类型，学绩测验是根据测量对象的不同而区分的有别于智力测验、人格测验等的一种类型。在学校教学中，经常使用的学绩测验主要有以下几种：

（一）常模参照测验和标准参照测验

在学校教学过程中，教学测验可以用来测量和评价学生在一定群体中的等级，也可以用来测量和评价学生是否有效地完成了教学目标。前者是常模参照测验，后者是标准参照测验。

1．常模参照测验

常模参照测验是将每个学生的学习成绩与整个学生团体的平均成绩（常模）相比较，来确定每个学生在团体中的相对位置，将学生分类排队。其特点是：

（1）学生成绩的高低是相对的

它着重学生个人之间的比较，适于区分学生的成绩水平，可供选拔、编班、编组之用。

（2）要求试题有很强的鉴别力

常模参照学绩测验所遵循的基本假设是：团体中多数人的作业成绩处于中等水平，作业成绩极好和极差的人只是少数，即成绩分布近似常态。为此，在编制常模参照学绩测验时，首先应选择大量中等难度的测验题目，然后再同样地增加少量较难和较易的题目，以保证测验成绩尽可能呈正态分布。

（3）常模参照学绩测验与标准参照学绩测验相比

测量范围更为广泛，项目区分度也大一些，充分显示了个别差异。

（4）常模参照学绩测验重视名次排列

鼓励竞争，对学生的学习能起考核和监督的作用，但缺少诊断困难的效用，容易引起过度紧张与焦虑。

2．标准参照测验

通过将学生的学习成绩与教学目标所要求的掌握标准相比较，来确定学生的学习水平，属于标准参照学绩测验。其特点是：

（1）标准参照学绩测验，以体现教学目标的固定掌握标准为参照点，其目的是检验学生对某种知识技能的实际掌握水平，侧重于学生目前成绩的高低，而不是去比较学生之间的差异，不是表示他在同班集体中的相对位置。（2）标准参照学绩测验所注重的是测验题目是否从数量上和质量上同要测定的内容范围相一致，是否很好地反映了教学目标的要求，不是一味地强调测验题目的难度和区分度。在这类测验中，如果发现大多数学生都不能通过某一测验题目，则需要检查这一题目是否偏离了教学目标的要求，若确如此，则应予以删除；或者考虑是否教学方法不当，使学生没有正确领会等。（3）利用标准参照学绩测验，能够有效地诊断教学中存在的问题，对改进教学过程设计，提高教学成效很有帮助。

（二）准备性测验、形成性测验与总结性测验

1．准备性测验

准备性测验一般在教学活动开始之前施行，目的在于了解学生对未来的教学活

动的准备状态，即是否有完成新的教学任务所必需的基本知识和基本技能，从而有效地安排教学。

准备性测验一般属于掌握性测验，试题难度较低、考核内容主要是有关的基本知识和基本技能，为制订教学目标和教学计划提供依据。这种测验往往在老师不了解学生的知识和能力时,或者所预测的结果非常具体并有明显顺序性的情况下采用。

2．形成性测验

形成性测验一般在教学过程中进行，目的在于了解学生在教学过程中达到教学目标要求的程度，探究教学中存在的问题或缺陷，以便及时调整教学，提高教学的自觉性和主动性。

形成性测验通常也属于掌握性测验，试题根据教学内容和教学要求制定，可难可易，一般由任课教师本人根据教学进度和实际教学情况实施。但它一般不以区分学生的优良程度为目的，不重视对学生分等鉴定以及学生间成绩的比较。

3．总结性测验

总结性测验一般在教学活动结束后进行，目的在于考察教学目标达到何种程度，判明是否有必要修订教学目标，重新进行教学补救，同时检查教学活动的组织是否得当，教学内容的安排是否合理并确定学生的学习成绩。

总结性测验因其涉及范围广，所以测验的内容必须注意代表性，各种试题的比例应与整个课程各类学习结果所占的比例相当。

（三）标准化学绩测验与教师自编测验

1．标准化学绩测验

标准化学业成绩测验是指由学科专家和测验编制专家共同按照标准化程序，为受过某种教学或训练的人员编制的测验，目的在于评价经教学或训练后的实际工作表现。

所谓标准化程序，包括选有代表性的材料编成测验试题；选取有代表性的被试，从而得到有代表性的一组分数；根据测得分数的统计分析，求出常模；按照规定程度建立效度与信度；明确规定施测和记分方法。简而言之，标准化测验就是已经具备常模、效度、信度、施测程序和记分方法等基本条件的心理教育测验。标准化学绩测验是标准化测验的一种，智力测验和人格测验都可以是标准化测验。

由于标准化学绩测验具有客观性和可比性的优点，所以它是评价学生学业成绩的重要工具之一。这种测验在国外使用较为普遍。例如，美国教育测验中心举办的托福考试（TOEFL）和研究生入学考试（GRE），考核非英语国家学生的英语水平，决定是否录取留学和授予奖学金，都是标准化学绩测验的实际应用。目前，我国的标准化测验工作也正在开始，汉语水平考试（HSK）是其中的代表，外国学生通过四级才能进入中国大学学习，通过六级才可申请攻读硕士学位。

2. 教师自编测验

教师自编测验是指教师根据自己的教学经验和教学风格，自行设计和编制，用来考查学生学习进步情况的测验。

由于学校科目繁多，教学检查需经常进行，而标准化学绩测验的编制又相当耗费人力、物力和时间，其内容也不一定与教学进度相符合。教师自编测验，操作过程简单，施测手续方便，应用范围一般限于自己所任教的学科，在实际教学中颇为有用，所以它是大学里应用最多和教师最愿意用的测验。

虽然这种测验未经标准化，但其编制也需遵循一定的原则。例如，测验应能测量明确规定的学习结果，忠实反映教学目标；测验应能测出预期的学习结果和教材的代表样本；测验应按预期的学习结果选择试题类型，测验要有效、可靠等。教师只有掌握了教学目标，并熟悉各种形式的试题特点与性能，方能编制出恰当的测验，保证评价工作的顺利进行。

二、学绩测验的编制

编制学绩测验的核心是命题。要编制良好的学绩测验，最重要的是要掌握命题的基本原则、方法和技巧。

（一）命题的_般原则

1. 试题要符合测验的目的

学绩测验的目的多种多样，有些是为了了解学生的背景知识；有些是为了测查学生对知识、技能的掌握程度；有些则是为了区分学生能力的差异，供人才选拔之用等。学绩测验的目的在命题时必须明确。测验的目的不同，编制测验的取材范围及试题难度也就有所不同。

2. 试题内容的取样要有代表性

由于学绩测验只是测量目标的一个样本，而不是全部，为了保证测验具有较高的内容效度，学绩测验的试题必须具有代表性，即必须能够代表欲测查的教学目标的全部内容，而不能只偏重某一方面，而忽视其他方面的内容。另外，试题的编制还必须考虑教学大纲和教材中的重点，使各部分内容的试题比例适当，突出重点，而不能一味追求偏题、难题和怪题。

3. 题目格式应多种多样

在同一份试题中，应依据测验的目的与要求的不同，选择各种不同的试题形式，不宜“单打一”。如果要考查学生对概念的记忆，适于用简答题；要考察对事物的辨别和判断，适用多选题；而要考查学生综合运用知识的能力，宜采用论述题。此外，格式应明确，不要使学生发生误解。

4．试题的文字要简明扼要

测验题目的文字应力求浅显简短，不要使用艰深晦涩的字词，要排除与题目无关的多余信息；同时又不能遗漏解题所必须依据的条件，否则，试题便无法解答。

5．答案应正确可靠

对于标准化学绩测验，应有不致引起争论的正确答案，即试题的答案应该是没有疑义的、可靠的。

6．各试题应彼此独立

同一测验中的各个试题，不应含有暗示本题或他题的正确答案的线索。如果一个题目的命题或答案的内容，为另一个题目的答案提供了线索，那么，这后一个题目就失去了测验的意义，得分也就不能准确地反映其学习成绩。

以上是编制学绩测验命题时所应遵循的一般原则。只有遵守这些原则，学绩测验才有可能达到较高的信度和效度。

（二）试题的类型

学绩测验中的题目类型很多，概括起来可分为客观题（固定应答型）和主观题（自由应答型）两大类。

1．客观题

客观题，又称固定应答型试题，它是让学生从测验编制者事先拟定的答案中辨认出正确答案。客观题是标准化测验中的主要题型。这种题无论谁去评分，所评定的结果都是相同的，也就是说，这种题型具有客观的评分标准。客观题的具体形式有很多种，主要有再认式的，如选择题、判断题、匹配题等；也有回忆式的，如填空、名词解释等，答案都很简单。

（1）选择题

选择题一般分为单项选择和多项选择两种。单项选择题是要求受测者从多个备选答案中选出一个正确的答案，或者是从多个备选答案中选出一个最贴切的答案。多项选择题是要求受测者将备选答案中所有正确的答案（至少是两个）都选出来，多项选择题的答案是组合式的，其答题难度高于单项选择题。

由于多选题可适用于文字、数学和图形等不同性质的材料，可以考察记忆、分析、鉴别、推理、理解和应用知识的能力，再加上它的评分客观、省时，学生猜测的可能性相对小些，因此在标准化学绩测验中被广泛采用。但是，由于答案固定，测不出组织材料的能力和创造力；同时由于题量大，还要为每个题目编写迷惑答案，任务较为繁重。

（2）判断题

判断题又称是非题或正误题，它要求受测者对一个论点的正确与否作出判断。它主要适于考查学生对简单概念或知识的了解，测查学生对所学知识的正确辨认及判断能力。它具有编写容易，取材广泛、易于计分等优点。但是由于答案非对即错，猜测的可能性大，因此其可靠性较差，在标准化学绩测验中很少使用。

（3）匹配题

匹配题实际上是选择题的复合形式，它一般是将性质属于同一类的项目列为一栏，将性质属于另一类且与前一类项目有关的项目列为另一栏，让受测者根据两栏中项目间的关系作出适当的匹配。匹配既可以是完全匹配，即各栏项目的数量相等，也可以是不完全的匹配，即各栏的项目数量不等，以减少猜测的可能性，匹配题能够同时考查学生对各类相关事物和知识的内部联系的理解，因此，不失为一种有价值的客观题型。

总之，客观型（固定应答型）试题主要用来测量知识的广度，有利于全面考查学生对所学材料的掌握情况，而且客观省时，因此，在标准化学绩测验中应用很普遍。但是，它难以测量学生的分析综合、组织连贯等高级心理能力。

2. 主观题

主观题又称自由应答型试题。它是让被测者用自己的语言或动作来对某一问题作出回答，如填充题、简答题、论述题、联想题、操作题等。

虽然主观题均以回忆为基础，但是各种题目形式的作用有所不同。

（1）填充题

填充题通常是以一句话、一段文章、一个公式等略去其中的关键成分，留出一处或几处空白，让受测者填充，以达到文章完整。填充题的优点是：编写容易、节省时间、猜测概率最低。缺点是容易产生出题者意想不到的答案，评分不如选择题方便客观。填充题适用于考察知识的记忆和理解，有时也可考察推理和判断能力，在诊断性测验中特别有用。

（2）简答题

通常以提问的方式进行命题，它要求受测者按自己的认识，用自己的语言自由作答，只不过是要求回答得精练一些，分量也轻一些。它适合于考查学生对知识的记忆和理解程度，还可测量对材料的概括能力。

（3）论述题

通常以提问的方式进行命题，要求受测者按自己的认识、用自己的语言自由作答。它要求回答得完整、严肃。论述题有利于学生清楚地表达自己的思想，可以考查学生对材料的理解深度和对材料的组织能力、综合能力，有时还可以测量评价能力和创造能力。

（4）联想题

主要用来了解学生的知识结构状态，以诊断学习中的断层。

（5）操作表演题

主要考察的是学生对操作性知识的理解程度和运用水平。

总之，主观题型试题，以回忆为基础，主要用来考查学生对所学材料的理解和巩固程度以及对材料的灵活组织和分析综合能力。但是，由于它们取样的代表性差，评分的客观性差，在标准化的学绩测验中很少使用。

（三）命题的准备和搜集

1. 制订编题计划

在命题前，应根据教学大纲，列出教学内容和行为目标的双向细目表，并依据本次测验的性质、目的，确定题目的取材范围、形式与数量。

命题前，测验蓝图的制订，通常就是编制一张双向细目表。它能有效指出测验所包含的内容和要测定的各种目标以及相对重视的程度。所谓内容，就是能力与品格的构成要素，即有关的知识，技能、态度等；所谓目标就是教学中所要达到的要求，即有关知识、技能、策略的掌握层次及态度的水平。

但是，根据教学大纲编制的教学内容和教学目标的双向细目表，只是学绩测验的一个总的蓝图。在具体编制测验时，还必须根据本次考试的性质和目的，将它具体化。即要依据本次考试教材的内容，确定题目的取材范围；题目的形式；题目的数量以及相对的重要性。

2. 进行命题准备和搜集

测验计划制订后，就该着手搜集有关资料，编写试题。为此，教师在平时的教学中就应有所准备，随时在教材中重要的地方做好标记；在批改日常作业和单元测验时，及时记录学生所犯的常见错误；注意积累各种现成试题和自编试题，将它们记在卡片或电脑上，分类存储，以建立试题库。

由于试题难度是命题时要考虑的一个重要因素，因此，教师在建立题库时，不仅应把搜集或自编的试题分类存储，而且还应根据自己的经验及学生的作业成绩，将试题分为难、中、易三个等级，每类试题都按由易到难的顺序排列，这样在选编试题时便会得心应手。

三、测验的评分及结果分析

（一）学绩测验的评分

虽说命题是编制学绩测验的核心，但有了一套好的命题并不等于就有一个好的测验，因为测验的评分系统也会影响到测验的信度和效度，从而影响测验的质量。为此，学绩测验的评分应注意以下几点：

1. 评分标准要客观公正

学绩测验常常既含有客观题，又含有主观题。对于客观题来说，其答案固定，标准统一，评分比较客观。但对于主观题来讲，其答案比较灵活，标准较难把握，不同的评分者间评分标准很难一致，即使是同一个评分者，其评分标准也会受情绪、疲劳、试卷前后位置引起的对比效应以及对学生的成见所影响。因此，为了尽可能使评分标准统一，为了使评分尽可能客观，一般可采取每人负责评阅一题以及多人评阅求平均的办法。

2. 评分标准要明确具体

评分标准要规定答案要点及可接受的变式。对于答案固定的题型来讲，提供一个标准答案就可以了，但对于答案较灵活的题型来讲，只提供一个标准答案远远不够。因为这类题的答案一般都较复杂，非个别词语和两三句话就能说明的，因此，必须在答案中明确指出各个要点，并对各要点的记分加以说明。由于同一问题可以从不同的角度，用不同的方法进行回答，因此，这类题的评分标准除规定一般的答题要点外，还应给出各个要点的可接受的变式。

3. 评分标准应按照题目的难易及要点的主次制定

由于不同的测验题测试的内容、目标和难度均有所不同，有些题测试较低水平的认知能力，有些题测试较高水平的认知能力，有些题回答起来比较简单、容易，有些题回答起来比较复杂、困难等。因此，各试题的分数不能平均分配，而应突出其难度差异。对于要点较多的试题，各要点的分数应根据要点的重要程度加以区别记分，这样才能使记分比较合理。

4. 评分标准应注重内容而不应注重形式

由于学绩测验的目的在于测查学生对有关知识、技能、策略的掌握程度，因此，评分时应该注意答题的内容而不是答题的形式。除中文科目之外，其他科目试卷的评阅，不应受错别字、书法、句法以及卷面整洁等因素的影响。

（二）测验结果的分析

运用科学的测量工具得到精确的测分后，还必须对学绩测验的结果进行分析和解释。主要包括对测验本身和对教学活动两个方面的分析。

1. 对测验本身的分析

对每个测题而言，测验结果的分析，可以了解每个测题的性能，提高测验编制技术，积累好的试题。测验分析主要应分析的是难度和区分度。对于多选题，还要分析备选答案的适合度，考察标准答案是否正确、是否唯一、是否过于明显，错误答案是否有迷惑性等。

就整个测验而言，应分析其信度和效度，并确定其分数分布。分数分布反映的是整个测验的难度，它直接依赖于组成测验项目的难度。如果被试样本具有代表性，一般说来，分数是常态分布的。当分数不是常态而是偏态时，有两种情况：一是正偏态，分数密集在低端，这表明缺少难度低的题目，应加入一些较容易的项目，直到分布大致符合常态方可继续使用；一是负偏态，分数堆积在高分端，说明缺少足够数量的难题，应加入较难的项目，使整体大致呈常态分布。当然，并不是任何测验都要求分数呈常态分布。掌握性测验，如用于教学前的摸底，出现正偏态是正常的；如用于总结性评价，则出现负偏态才说明教学是有成效的，否则，说明教学是失败的。

2．对教学活动的分析

对教学活动而言，测验结果的分析，可以对教与学提供反馈信息，从而改进教学，促进学习。为实现这一目的，首先，就要对测验中发生的错误进行登记和分析；然后应对学生发生的错误进行分析，以说明教学中存在的问题。诸如是基本概念不明确，还是基本技能不熟练？是教师讲述不清楚，还是学生理解不透彻？最后，应针对教学中存在的问题提出改进措施，以促进学习。

参考文献

［1］代静著．高等教育管理与教学研究［M］．西安：西安交通大学出版社．2017.

［2］王艳著．高等教育管理与大学生心理健康教育［M］．成都：电子科技大学出版社．2017.

［3］梁迎春，赵爱杰著．高等教育管理与质量评价研究［M］．西安：西安交通大学出版社．2017.

［4］刘振海，谢德胜著．终身教育视域下我国高等教育管理体制研究［M］．沈阳：辽宁教育出版社．2018.

［5］李艳芳．新时期高等教育管理路径及实践策略研究［M］．长春：东北师范大学出版社．2018.

［6］董立平著．高等教育管理价值通论［M］．厦门：厦门大学出版社．2014.

［7］刘明亮著．高等教育管理与大学生创新能力培养研究［M］．北京：科学技术文献出版社．2017.

［8］高健著．高等教育管理的多方位思考［M］．沈阳：辽宁大学出版社．2014.

［9］庄小平著．高等教育管理实践与探索［M］．长沙：湖南教育出版社．2011.

［10］燕良轼主编．高等教育心理学［M］．长沙：湖南师范大学出版社．2015.

［11］张文新主编．高等教育心理学［M］．济南：山东大学出版社．2008.

［12］刘媛媛．高职教学管理中教育心理学的有效运用分析［J］．现代职业教育．2016，（33）：90.

［13］苏超．管理心理学在高校学生管理中的运用研究［J］．学周刊．2016，15（15）：29-30.

［14］杜薇．浅议管理心理学在高校学生管理中的应用［J］．科学与信息化．2016，（28）：113，115.

［15］李晓兵．心理学知识在高校教育管理中的实践［J］．教育现代化．2018，5（29）：244-246.

［16］刘红红．高职学生教育管理中积极心理学应用研究［J］．当代旅游．

2019，（4）：94.

［17］齐桂林．心理学策略在高职学校班级管理中的应用［J］．内蒙古教育．2016，（23）：34.

［18］王岑．应用心理学在高校教育管理中的有效应用［J］．课程教育研究．2017，（43）：51–52.

［19］刘晓凤．教育心理学在高职教学管理中的有效应用［J］．佳木斯职业学院学报．2019，（1）：27，29.

［20］李秀梅．积极心理学视域中的大学生情绪管理［J］．青少年学刊．2015，（2）：19–21.

［21］王静媛．大学班级管理中心理学的渗透——读《教育心理学》有感［J］．课程教育研究．2017，（30）：172–173.

［22］梁川．高等学校心理学教学方法的改革与探讨［J］．经营管理者．2015，（6）.

［23］郭圣鹏．高校心理学教育的多元化分析［J］．山西青年．2017，（15）：177.

［24］郝杰．积极心理学与班主任智慧［J］．江苏教育．2015，（36）：56–58.

［25］肖冬梅．心理学视野下高等职业学院教育策略研究［J］．时代金融（下旬）．2015，（3）